공부의 신,
문재인 바로 알기

– 문재인은 어떻게 사법시험을 합격했는가?

저자 이 윤 섭

머리말

"문재인 대표와 대화할 때는 녹음기를 켜놔야 한다."

"애초에 정치인의 말을 온전히 믿지 않았지만 … 인간적인 배신감마저 느꼈다. 이런 건 정치 도의를 떠나 기본적인 인성의 문제다."

- 김종인 -

정치인이 허언(虛言)을 잘하는 것은 누구나 아는 일이지만 문재인은 그 정도가 차원을 달리한다. 그 이유를 살펴보면 출생한 곳, 나이 등 모든 것이 의심스러운 문재인의 삶과 관련이 있다. 특히 오로지 반정부 시위만을 목표로 대학교에 들어가 활동했는데, 언제 공부해서 단기간에 쉽게 사법시험을 합격했는지 상식으로는 도저히 이해가 가지 않는다.

그럼에도 문재인의 삶의 역정을 살펴볼 수 있는 자료는 희소하다. 자신의 삶을 미화 윤색한 문재인의 자서전이 거의 유일한 자료이다. 자서전에 나오는 문재인의 삶을 한국 현대사의 틀에서 보면 많은 진실을 판정할 수 있다. 여러 사람의 증언이 나와야 더 분명히 알 수 있지만, 이 책의 분석으로도 거짓으로 가득 찬 문재인의 삶을 벗길 수 있다.

특히 문제가 되는 것이 문재인의 사법시험 합격이다. 장기간 열심히 공부해야 하는 것이 고시 공부의 특징인데, 문재인은 전혀 힘들이지 않고 합격했다. 마치 1980년 보스톤 마라톤 여자 부문 우승자 로지 루이스(Rosie Ruiz, 1953~2019)의 경우와 비슷한 느낌이 든다.

로지 루이스는 1953년 쿠바 수도 아바나에서 태어났는데, 1962년 가족이 모두 미국 플로리다로 이민을 왔다. 1972년 사우스 브로워드 고등학교(South Broward High School)를 졸업하고 네브라스카주의 웨인 주립대학(Wayne State College)에 들어갔다. 1977년 음악 학사 자격으로 졸업했다.

1970년대 후반 뉴욕으로 이주한 루이스는 79년 기업 메탈 트레이더즈(Metal Traders)에 일자리를 얻었다. 그리고 같은 해 뉴욕 마라톤 대회에 나갔는데, 2시간 56분 29초로 11위를 했다. 이로써 보스톤 마라톤 출전 자격을 얻었다. 뉴욕 마라톤 대회 신청도 마감 당일 늦게하여 출전할 수 없었으나 루이스가 뇌종양으로 살날이 머지않다고 하소연하여 주최 측이 출전을 허락했다.

1980년 4월 21일 열린 보스톤 마라톤에서 로지 루이스는 레이스의 출발을 알리는 총성이 울린 뒤 엉뚱한 곳에서 시간을 보내다가 결승선을 1km도 남겨두지 않은 지점에서 몰래 마라톤 코스에 끼어들어 결승선을 통과했다. 2시간 31분 56초의 기록으로 우승! 이는 보스톤 마라톤 여자 부문 신기록이었고, 역대 여자 마라톤 3위에 해당하는 기록이었다.

남자 부문 우승자 빌 로저스(Bill Rodgers)는 루이스가 숨을 헐떡이지도 않고 땀도 별로 흘리지 않은 모습을 보고 기이하다는 생각이 들었다.

혜성처럼 등장한 무명 마라토너는 태연자약한 얼굴로 방송사 여기자와 인터뷰를 했다.

마라톤 경기는 이번이 딱 두 번째라고 했다. 제대로 된 훈련도 해본 적이 없는 듯했다.

"어떻게 기록을 단축한 거죠? 인터벌 트레이닝을 격하게 했나요?"

(Have you been doing a lot of heavy intervals?)

"누가 당신이 말한 그것을 묻더군요. 그게 뭐예요?"

(Someons else asking what you ask what it is. What are they?)

"2시간 56분에서 2시간 31분. 누가 코치나 조언을 해주었나요?"

(Two fifty six to two thirty one. Is someone coaching you or advising you?)

"아, 아니요. 나 스스로 해요."

(Ah, No. I advise myself.)

"마라톤을 뛰고도 피로해 보이지 않네요?"

(You don't seem fatigued after the gruling race?)

"오늘 아침 일어날 때 에너지가 넘쳤어요."

(I got up with a lot of energy this morning.)

인터뷰하던 여기자도 의심이 들어 다음과 같은 말로 끝마쳤다.

로지 루이즈, 미스터리에 쌓인 여성 우승자. 우리는 모든 체크 포인트에서 그녀를 놓쳤습니다. 그녀는 2시간 31분이라는 환상적인 기록으로 들어왔습니다. 여기서 우리는 그 기록을 확인해야 합니다. 그러나 시청자 여러분들은 오늘 여기 미국 보스턴에서 세계 수준의 엄청난 스피드를 보았습니다.

(Rosie Ruiz, th mysterious woman winner. We missed all our check points.

She came to finish fantastic two thirty one. We have to confirm that time this point. But you way had world class speed here today in Boston, America.)

보스톤 마라톤 코스는 웰즐리 구역을 통과한다. 웰즐리 대학(Wellesley College) 재학생들은 대학 캠퍼스를 지나쳐 달리는 선두권 여성 마라토너들에게 격려의 함성을 크게 지르는데, 루이스는 인터뷰에서 웰즐리 구역을 통과하면서 무엇을 보았냐는 질문에 이를 언급하지 않았다. 선두권으로 뛰었던 여성 마라토너들은 이를 이상하다고 보았다.

땀을 너무 안 흘리는 것 말고도 의심스러운 구석이 너무 많았다. 불과 6개월 만에 기록이 25분 이상 빨라진 것도 상식을 뛰어넘는 일이었다. 세계적인 여자 마라톤 선수라고 할 수 있는데도 허벅지 근육이 너무 빈약했다. 5km마다 있는 체크 포인트에 남은 기록이 하나도 없었고, 레이스 이모저모를 담은 사진 3천 장 가운데 루이스가 찍힌 사진은 한 장도 없었다. 보스톤 마라톤을 중계한 동영상에도 루이스는 보이지 않았다.

또한 여성 마라톤 주자 가운데 루이스를 본 사람이 아무도 없었다. 준우승자인 재클리 가로(Jacqueline Gareau)는 18마일(28,962m) 지점에서 선두였고, 패티 라이온즈(Patti Lyons)는 17마일 지점에서 2위였다. 루이스가 이후 이 두 선수를 제쳤다면, 이 둘이 루이스를 보지 못했을 리가 없었다.

이튿날 4월 22일. 하버드 대학생 존 포크너(John Faulkner)는 신문
에 실린 로지 루이스를 알아보고 깜짝 놀랐다.

"(결승선을 800미터 앞두고) 관중 속에서 튀어나오는 사람을 봤어
요. 선수처럼 보이지 않았어요. 별일 아니라고 생각했는데, 그가 상
을 받았다니 믿을 수 없네요."

다른 하버드 대학생인 마호니(Sola Mahoney)도 결승선에서 800m
떨어진 커몬웰스 애버뉴(Commonwealth Avenue)에서 지켜보던 관
중 사이에서 루이스가 튀어나오는 것을 보았다고 증언했다.

로지 루이스가 뛴 첫 번째 마라톤 대회인 뉴욕 마라톤에서도 중간에 지
하철을 탔다는 목격자 증언이 나왔다. 프리랜서 사진작가인 수전 머로
(Susan Morrow)는 지하철에서 그녀를 만나 육상을 화제로 대화했고 같
이 지하철을 내려서는 뉴욕 마라톤의 결승선 인근까지 걸어갔다. 여기에
서 루이스는 부상을 입은 마라톤 주자라고 주장했다. 마라톤 진행 봉사자
들이 그녀를 응급처치실로 옮기고는, 마라톤을 완주한 주자로 기록했다.
뉴욕시 마라톤 관계자들은 조사를 시작했는데, 루이스가 결승선을 통
과한 것을 입증할 수 없었다. 4월 25일 뉴욕 마라톤 위원회는 루이스가
마라톤 완주를 할 수 없었을 것이라며 79년의 뉴욕 마라톤 대회 출전은
무효라고 선언했다.

대회가 끝난 뒤 여드레 후 주최 측인 보스톤 육상협회(Boston Athletic Association)는 뉴욕 마라톤 위원회의 결정에 따라 루이스가 출전 자격이 없었다며 우승은 무효라고 했다. 2시간 34분 28초 기록으로 2위였던 캐나다 마라토너 재클린 가로가 우승자로 인정되었고 2시간 35분 8초 기록으로 3위였던 패티 라이온즈가 2위가 되었다. 라이온즈의 기록은 미국 여자 마라토너로서는 역대 최고 기록이었다.

로지 루이스는 죽을 때까지 자신의 결백을 주장했다.

"나는 조금의 의심도 없어요. 내가 한 일을 내가 알아요. 언젠가 다시 내 실력을 입증해 보이겠어요."

그러나 루이스는 두 번 다시 마라톤을 뛰지 않았다.

[문재인 등 고등고시 합격이 의심스러운 자들에게 합격했던 시험 문제를 다시 풀게 하면, 1차 시험의 영어 문제라도 다시 풀게 하면 몇 점이나 나올까?]

1982년 루이스는 그녀가 다니던 부동산 회사의 공금 6만 달러를 횡령한 혐의로 체포되었다. 1주일 후 5년간의 보호관찰 처분을 받고 석방되었다. 1983년에는 코카인 밀매에 연관되어 체포되었다. 이번에는 3년 보호관찰 처분을 받았다.

2019년 7월 8일 로지 루이스는 암으로 사망했다.

"루이스가 잘못을 인정했다면 모든 논쟁에서 벗어날 수 있었을 겁니다. 하지만 그렇게 하지 않았죠. 남은 생애 내내 그는 이 사건으로부터 뛰어 도망쳐야 했어요."

(로지 루이스를 인터뷰한 방송인 밥 로벨의 회고)

루이스에게 '우승'을 도둑맞았던 캐나다 선수 재클린 가로는 루이스의 사망 소식을 듣고 이렇게 말했다.

"누구나 실수를 하죠. 어쩌면 마음 한구석으로는 자기도 찜찜했을
지도 모르죠. 그녀가 (죽기 전에) 스스로를 용서했기를 나는 바라요.
나는 그녀에게 나쁜 감정은 없어요."

'루이스 사태' 이후 마라톤 대회를 주관하는 조직위원회는 다양한 방법을 동원해 갖은 속임수를 적발하고 퇴출하고자 노력했지만, 속임수는 계속 있었다.

2015년 마이크 로시(Mike Rossi)라는 이름의 마라토너가 인터넷에서 유명 인사가 되었다. 그는 자신이 보스톤 마라톤에 참가하는 모습을 자녀에게 보여주고 싶다며, 가족이 유명한 마라톤 대회에 참가하는 것을 지켜보고 응원하는 건 교육적으로도 가치 있는 일인 만큼 아이들이 학교를 안 가도 결석으로 처리하지 말아야 한다는 주장을 펴 인터넷에서 많은 지지와 응원을 받았다.

자신의 기록뿐 아니라 아이들의 교육까지 생각하는 '의식 있는 아빠 마라토너' 반열에 오른 마이크 로시에 관해 사람들은 관심을 가지며 이것저것 찾아보기 시작했는데, 그의 마라톤 기록도 그 가운데 하나였다.

보스톤 마라톤을 비롯해 유명한 대회에는 풀코스 마라톤에 참가하려면 최근 얼마간 정해진 시간 내에 풀코스를 완주한 공인 기록을 제출해

야 한다. 그런데 로시는 펜실베니아주 리하이 밸리(Lehigh Valley)에서 열린 비아 마라톤(Via Marathon)이라는 대회에서만 난데없이 좋은 기록을 세워 보스턴 마라톤 참가 자격을 얻었을 뿐 평소 실력으론 42.195km를 완주할 만한 마라토너가 아니었다. 유난히 그 대회에서만 갑자기 잘 뛴 것인가? 대회 주최 측이 찍은 수많은 사진 가운데 로시의 모습은 출발선과 결승선에서만 찾아볼 수 있었다는 점 등 석연찮은 구석이 너무 많았다.

기자 데렉 머피(Derek Murphy)는 마라톤에 관하여 이런 식의 사기가 많다고 보고 조사를 했다. 로시처럼 갑자기 상식적으로 이해할 수 없는 수준으로 기록을 단축한 경우가 얼마나 많은지 찾아보았다. 어느 날 갑자기 축지법 같은 초능력을 가지게 된 게 아닌 이상 몰래 지름길로 가로질렀거나 어떤 식으로든 속임수를 썼다고 밖에 할 수 없는 사례들을 모아보았다. 사례를 조사하면 조사할수록 생각보다 거짓말쟁이들이 많다는 사실에 놀라지 않을 수 없었다. 그러다 데렉 머피는 마라톤에서 속임수를 쓰는 사람들을 적발해 퇴출하는 캠페인 사이트 marathoninvestigation.com을 운영하게 되었다. 웹사이트에서 다룰 소재가 없어 걱정한 적이 없다고 한다.

1980년 루이즈 사태를 겪고 난 뒤 마라톤 대회를 주최하는 조직위원회는 속임수를 막기 위해 다양한 방안을 마련했다. 대회 참가자들이 달리는 내내 착용해야 하는 종이 번호판에 전자칩을 부착해 구간별로 정해진 지점을 통과할 때마다 자동으로 구간 기록이 저장되도록 했다. 최종 기록뿐 아니라 공식 대회 웹사이트에서 구간별 기록도 공개해 두어서 중간에 숨어 있다가 코스에 끼어드는 루이즈 같은 속임수는 통하지 않게 되었다.

그러나 또 다른 속임수 수법이 등장했다.

신종 거짓말쟁이들이 노리는 대회는 보스턴 마라톤 같은 대회에서 뛰기 위해 공인 기록을 인정받아야 하는 상대적으로 규모가 작은 대회들이다. 이런 대회들은 원활한 대회 운영을 위해 참가자의 숫자를 제한하는데, 제때 신청하지 못한 이들 가운데 대회에 참가하고 싶은 이들과 미리 참가 신청을 했지만 뛸 수 없게 된 이들이 대회 참가권을 직접 거래하기도 한다.

바로 이를 악용해 이른바 "이름표 바꿔치기(bib muling)"라 불리는 속임수를 쓰는 사람들이 있다. 3시간 28분 25초라는 뛰어난 완주 기록을 내어서 2019년 보스턴 마라톤 참가가 확정됐던 한 60세 남성의 경우가 대표적이다. 그는 2018년 미네소타주 덜루스에서 열린 할머니 마라톤(Grandma's Marathon)을 위와 같은 훌륭한 기록으로 완주했다.

그런데 진상은 이랬다. 이 남성은 대회에 참가할 수 없게 됐다며 자기 이름표를 온라인에서 팔았다. 그 이름표를 산 사람은 달리기 선수 못지 않은 실력의 20대 여성으로 이었는데, 그녀가 할머니 마라톤 대회에서 3시간 28분 25초로 완주한 것이다. 그녀는 자기 기록이 60세 남성의 기록으로 둔갑해 보스턴 마라톤 조직위원회에 제출되리라고는 꿈에도 생각하지 못했다. 신원을 조작해 가짜 기록을 제출한 사실이 적발된 뒤 그 남성은 할머니 마라톤 대회에서 영구 제명되었고 보스턴 마라톤 출전도 당연히 무산되었다.

머리말 11

데릭 머피 기자가 운영하는 웹사이트에는 이름표 바꿔치기로 의심된다는 제보가 꾸준히 들어온다. 남들을 속여 마라톤 대회에 나가려는 사람들이 사기치는 이유도 꽤 다양하다. 순전히 권위 있는 대회에 나가보고 싶은 경우도 있고, 마라톤 대회를 빌미로 다른 도시를 여행하려는 사람도 있다. 대회에 참가하면 받을 수 있는 기념품 때문에 그러는 사람이 있는가 하면 소셜미디어에 이 사실을 올리고 주목받고 싶은 욕심에 거짓말을 하는 사람도 있다. 정작 뛰지도 않고 받게 된 메달을 가지고 그럴듯한 사진을 찍어 올리고 "그 나이에 열정도 대단하셔라!" 같은 찬사를 받고 싶은 것. 원래 이 정도로 잘 뛰던 사람이 전혀 아니었는데, 평소 운동하던 걸 고려하면 42.195km를 완주하기 어려워 보이는 사람인데 갑자기 유명한 대회에 나가니 의심스럽다는 내용의 제보들이 오곤 한다.

정치인들은 이미지 개선을 위해 여러 가지 속임수를 쓰는 일이 많은데, 마라톤을 이용하기도 한다. 인간의 한계를 겨루는 마라톤을 완주하거나 좋은 기록을 내면 매우 긍정적인 이미지를 준다.

2006년 멕시코 정치인 로베르토 마드라조 핀타도(Roberto Madrazo Pintado, 1952 ~)는 제도혁명당 후보로 대통령 선거에 출마하여 30% 득표로 낙선했다. 부패한 정치인 마드라조는 표를 확장하기에 어려움이 컸다.

2007년 베를린 마라톤에 출전한 마드라조는 사기를 쳤다. 55세의 나이에 2시간 41분 12초라는 놀라운 기록으로 결승선을 통과했다. 그런데 복장이 다른 선수와 달리 바람막이 수트에 긴 바지를 입고 있어서 이것부터 이상했다. 25km와 30km의 체크 포인트에서 찍힌 사진이 없었다. 더구나 20~35km 구간 기록이 21분으로 세계 기록 41분의 절반 수준이었다. 이것으로 속임수가 증명되었다. 멕시코에서는 큰 소동이 났다.

2023년 멕시코 시티에서 일반인 3만 명이 출전한 마라톤 대회가 열렸다. 1만 1천 명이 부정을 저질러 실격했다. 이들 가운데 마라톤 세계 기록을 세운 자가 많았다.

마라톤을 완주했는데도, 피로하지도 않고 땀도 거의 흘리지 않는 마라톤 주자.

장거리 달리기에 어울리는 근육이 없는데도, 놀라운 기록을 세운 마라톤 주자.

고시 공부에 전혀 관심이 없어 오로지 정부 전복 운동만 하다가 힘들이지 않고 단기간에 사법시험을 합격한 고시생.

필수과목인 영어가 제로에다가, 돌머리에 시험준비도 제대로 하지 않고 합격한 고시생.

문재인이 사법시험을 합격한 비결은 무엇인가?

Contents

머리말   3

사법시험 개요   15

첫번째 이야기 문재인은 언제, 어디서 태어났는가   23

두번째 이야기 반정부 데모가 목적인 문재인의 대학 생활   55

세번째 이야기 구속, 군 복무, 사법시험 공부   87

네번째 이야기 복학, '서울의 봄', 사법시험 합격   211

다섯번째 이야기 비밀 감찰관(監察官) 문재인   267

사법시험 개요

사법시험 개요

* * *

　사법시험은 대한민국에서 법조인을 선발하기 위해 1963년부터 2017년까지 실시했던 국가시험이다. 1963년 16회 시험을 끝으로 폐지된 고등고시 사법과의 후신이다. 1947년부터 1949년까지는 "조선변호사시험", 1950년부터 1963년까지는 고등고시 사법과가 실시되었다.

　2001년에 사법시험법이 제정되기 전까지는 대통령령인 사법시험령에 근거하여 실시됐다.

　1969년까지는 절대평가제였으나, 1970년부터 정원제로 바뀌었다.

　처음 사법시험 합격자는 서울대 사법대학원에서 연수를 받았으나, 1971년 사법연수원이 생겨서 이후 이곳에서 2년간 연수를 받았다. 1980년까지는 최종 합격자 발표가 전반기였으므로 사법연수원은 여름에 들어갔다.

　1963년부터 사법시험과 행정고시를 대졸자만 응시할 수 있게 했고, 고졸 이하의 사람은 사법 및 행정요원 예비시험을 쳐서 합격자만 응시할 수 있었다. 예비시험은 법률 지식을 묻는 것이 아니라 대졸과 비슷한 학식이 있는지 평가하는 시험이었다. 이 시험은 수준 이하의 응시생들을 거르는 목적이었다. 1971년부터는 대학 재학 3학년 이상이면 사법시험과 행정고시에 응시할 수 있도록 했다.

1973년부터 자격 제한이 철폐되어 대학 재학생이나 대졸 아닌 이도 응시할 수 있게 되었다.

사법시험은 제1차(객관식), 제2차(서술형 주관식), 제3차(면접) 등 세 번에 걸쳐 치러진다.

합격 후 반드시 사법연수원을 수료하여야 판사, 검사, 변호사의 자격이 주어지므로, 엄밀히 말하자면 사법연수원에 입소할 자격을 얻기 위한 시험으로 볼 수 있다.

처음에는 3차 시험(면접)이 없었으나, 1972년부터 3차 시험이 시행되었다. 3차 시험은 대체로 형식적이었지만 극소수 탈락자도 있었다. 1980년 22회 사법시험 때까지는 합격자 전원이 판사, 검사로 임용될 수 있었다.

시험 횟수도 처음에는 연 2회 시행도 했었다. 1963, 1964, 1967, 1970년에는 연 2회 사법시험이 있었다. 1971년 13회 사법시험부터 연 1회로 고정되었다.

1970년 12회 사법시험까지는 고정된 합격자 수를 보장하지 않고 2차 시험에서 평균 60점 이상을 획득해야 합격할 수 있었으나 1971년 13회 사법시험부터 등수로 일정한 수의 합격자를 뽑았다.

1971년 시행된 13회에서 1977년 시행된 19회 사법시험까지 합격자 수는 60~81명이었다. 1972년의 14회 사법시험은 합격자가 80명, 1975년의 17회 사법시험은 60명이었다. 이후 조금씩 늘려 1978년 20회 사법시험은 100명, 1979년 21회 사법시험은 120명, 1980년 22회 시험에서는 141명을 선발했다. 이때까지는 거의 100% 판사, 검사로 임명되었다.

1980년 가을 전두환 대통령이 정원을 대폭 늘리도록 하여 1981년 23회 사법시험부터 300명수준으로 합격 정원을 늘렸다. 가을에 최종 합격이 발표되었고 이듬해 3월에 사법연수원에 들어갔다. 1995년 37회 사법시험까지 300명 수준 정원이 지켜졌다. 이 기간 동안에는 합격자의 절반 수준인 150명 정도가 판사 검사로 임용되었다.

김영삼 정부에서 로스쿨 도입 이야기가 처음 나왔으나 사법시험 선발 인원을 300명에서 1,000명으로 단계적으로 늘리기로 결정했다. 1995년까지 300명을 선발했고 1996년 38회 사법시험에서 500명을 선발한 이후 매년 100명씩 증원되어, 2001년 43회 사법시험 이후 1천 명씩 선발했다. 그러다 2007년 국회에서 법학전문대학원 도입이 확정돼 사법시험은 폐지 수순을 밟게 되었다.

기존 수험생들에 대한 신뢰 보호 차원에서 사법시험을 당장 없애지 않고, 선발 인원을 단계적으로 감축했다. 이에 따라 2009년까지만 1,000명 정원을 유지하고 2010년 800명, 2011년 700명, 2012년 500명, 2013년 300명, 2014년 200명, 2015년 150명, 2016년 100명, 2017년 50명으로 단계적으로 축소됐다.

2012년 5월 10일, 법학전문대학원(로스쿨) 설치 인가를 받은 대학의 종래 학부 법과대학의 폐지 시한은 2017년으로 정하여, 그전까지는 명칭과 조직, 수업 과정이 존치되었다. 교과부는 2008년 로스쿨을 인가하면서 2008학년도까지만 법대 신입생을 받도록 하였다.

공부해야 하는 분량이 압도적으로 많아서(행정고시의 3배 정도) 대한민국에서 존재했던 모든 시험 중 가장 힘들게, 그리고 오래 공부해야 하는 시험이었다.

> 운이 좋았음을 부인할 수 없다. 사법시험 합격자 수가 우리 때의 10배로 늘어난 지금도, 운이 작용한다고 하는 것이 옳을 성싶다. 왜냐하면 공부 분량이 엄청나기 때문이다. **제대로 공부하려면 10년의 세월도 부족하다.** 불완전한 공부로 짧은 시간에 고시 합격하는 것은, 자기가 잘난 탓이 아니라 운이다.
>
> – 고승덕 (제20회 사법시험 합격 / 정치인).
> 저서 《포기하지 않으면 불가능은 없다》

1차에서 보는 민법은 널리 보는 민법강의 책 기준으로 2,000페이지 이상, 형법과 헌법은 1,500페이지 이상이었으며, 선택과목은 500~600페이지 정도의 분량이었다.

1, 2차를 모두 합쳐서 총 7,500~10,000페이지의 분량에 육박한다. 이는 기본서에 한해서 그렇다. 문제집, 판례집 등을 더하면 공부해야 할 양은 훨씬 더 늘어난다. 대개 600페이지가 넘는 두꺼운 단행본 책 60권을 3회 이상 읽어야 하는데 처음 읽을 때는 1년이란 시간이 모자란다. 그러므로 체력이 부족한 사람은 공부 분량이 적은

행정고시나 외무고시로 바꿔 합격하기도 했다.

이 방대한 분량을 모두 이해하고 기억하는 것은 사람의 기억 용량을 초과하는 것이다. 논리적 흐름에 따라 자연스럽게 연결되는 것들을 깨닫고, 조문 등을 참조하면서 굳이 외우지 않아도 될 내용들은 넘기고 핵심 내용들만 추려가며 효율적으로 공부해야 합격에 유리하다.

법학은 각 과목마다 거의 모든 개념들이 유기적으로 연계되어 있기 때문에 압축된 필기 노트만 가지고는 법리를 이해할 수 없다. 그래서 수험생들이 그 두꺼운 책들을 짧게는 2~3년에서 길게는 수십 년 동안 공부해야 했다.

첫번째 이야기

문재인은
언제, 어디서 태어났는가

첫번째 이야기

* * *

문재인은 언제, 어디서 태어났는가

문재인의 삶을 살피는데 1차 자료는 문재인 자서전이다. 그런데 문재인 자서전은 거짓과 은폐투성이다. 상식의 눈으로 살펴보면 믿어도 되나 하는 생각이 들며 고개를 갸우뚱거리게 된다. 특히 유년기와 사법시험 합격 과정을 애매하게 기술해서 의심, 의문에서 벗어나려 한다. 부산으로 가서 노무현과 합류하는 일도 기이한 변명을 한다.

의심이 많이 가는 대목을 살펴본다.

【문재인 자서전은 1부 만남, 2부 인생, 3부 동행, 4부 운명으로 구성되어 있다. 집안 내력과 고시 합격에 관해서는 2부 인생에 소개되어 있다.】

2부 인생은 아버지와 어머니란 소제목으로 시작한다.

아버지와 어머니

내 부모님 고향은 함경남도 흥남이다. 우리 집안은 여러 대에 걸쳐 흥남에서 살았다. 문씨 집성촌(集姓村)이 있을 만큼 친척들이 모여 살았다고 한다. 문씨 집성촌은 소나무 숲이 둘러싸인 마을이어서 '솔안마을'로 불렸다. '솔안마을'하면 인근에서 알아줬다고 한다. 집 성촌을 이루면서 오순도순 모여 살던 부모님과 친척들의 행복은 전 쟁으로 끝이 났다.

부모님은 1950년 12월 흥남 철수 때 고향을 떠났다. 아직 젖먹이였던 누나를 업고 피난을 내려왔다. 국군과 미군이 두만강까지 올라갔다가 예상치 못한 중공군 개입으로 후퇴하게 된 상황이어서, 전열만 가다듬으면 금방 수복할 것으로 전망했다고 한다.

그래서 노인들은 남고 젊은이들만 잠시 난을 피한다는 생각으로 떠난 집들이 많았다. 우리 집도 조부모님은 남았다. 아버지는 조부모님 생사를 끝내 모른 채 돌아가셨다. 나중에 조부모님이 돌아가셨다는 소식은 전해 들었지만, 정확한 시기는 알지 못한다.

피난은 미군 LST 선박으로 이뤄졌다. 그러나 정작 피난민들은 미군이 자신들을 어디로 데려가는지도 몰랐다. 2박 3일 동안 배 밑창에서 생활했다. 중간에 미군의 통제가 느슨해졌을 때 사다리를 타고 갑판 위로 올라가 볼 수 있었다. 그때 육지 쪽의 불빛이 가깝게 보였는데, 포항이라고 했다. 그제서야 행선지가 남해안 지역임을 짐작했다. 도중에 크리스마스라며 미군이 사탕을 몇 알씩 나누어 주기도 했다. 미군이 피난민들을 데려다 준 곳은, 경남 거제도에 임시로 마련된 피난민 수용소였다.

【재인이는 줄기차게 부모가 흥남 철수 때 남으로 내려왔다고 주장

한다. 우선 흥남 철수를 설명한다.

1950년 10월 18일 밤 모택동(毛澤東, 1893년 12월 26일~1976
년 9월 9일)은 북한 지역으로 출병 준비를 마친 장군들에게 전보를
쳤다.

> 등화(鄧華), 홍학지(洪學智), 한선초(韓先楚), 해방(解方), 그리고 하
> 진년(賀晉年) 동북군구 부사령관에게.
> 4개 군과 3개 포병사단은 재빨리 예정된 계획에 따라 조선의 북부
> 에 들어가서 작전을 펴라.
> 내일 19일 밤 안동(安東)과 집안(集安)에서 압록강을 건너되 엄밀히
> 비밀을 지키라. 부대가 도하하는 것은 매일 황혼이 시작될 무렵부터
> 다음날 새벽 4시까지이고 5시 이전에 은폐를 완료하여 확실하게 검
> 사하라. 첫날 밤 2~3개 사단의 도하를 준비해 경험을 얻은 다음, 다
> 음 날에는 병력의 증가 혹은 감소 상황을 참작해 실행하라. 나는 고
> 강(高崗)과 팽덕회(彭德懷) 동지에게 직접 알리겠다.

> 10월 18일 밤 21시 모택동

10월 25일 오전 중공군 제40군 제118사단 354연대와 353연대
가 운산군 온정리(溫井里)에서 한국군 6사단 2연대 3대대와 첫 전투
를 벌였다. 중국인민지원군 사령관 팽덕회는 한국군 제1, 5, 8사단
을 목표로 공세를 취해 이들을 섬멸한 다음 미군과 영국군을 공격하
라고 지시했다.

10월 25일부터 시작하여 11월 5일 중공군의 1차 공세(1차 戰役)가
끝났다. 큰 타격을 입은 미군은 중국의 참전을 확인하고 청천강 이남

으로 후퇴했다.

11월 8일 중국 공산당은 참전을 대외에 공표했다.

11월 25일 9개 군을 동원한 중공군의 2차 공세가 시작되었다.】

겨울인데도 고향에 비해 따뜻한 남도의 날씨와 더불어 거제도 사람들의 넉넉한 인심이 아무 준비 없이 내려온 피난민들을 품어 줬다. 그들이 솥이나 냄비 같은 취사도구와 먹을거리를 나눠 주며 피난 생활 초기의 어려움을 넘길 수 있도록 도와줬다. 나중에 각지로 흩어진 집안사람들이 어쩌다 한데 모여 피난살이 시절의 추억담을 주고받는 것을 들어보면, 그때 거제도 사람들의 따뜻한 인심을 고마워하는 이야기가 많았다. "거꾸로 남쪽 사람들이 흥남으로 피난왔다면 우리가 그렇게 잘해 줄 수 있었을까"라고 말하곤 했다. 거제도를 거쳐 간 흥남 피난민들은 그 고마움을 잊지 못해 보은(報恩) 운동을 하기도 했다. 흥남시민회나 성공한 사람들이 개인적으로 거제 지역 학교에 장학금을 보냈다.

어머니, 아버지는 2~3주 정도 예상하고 고향을 떠났다고 한다. 그러니 그야말로 적수공권(赤手空拳) 빈털터리로 내려온 것이다. 아무 연고 없는 남쪽에서 제대로 생활할 수 있는 준비도 전혀 없이 낯선 땅의 삶을 시작했다. 뿌리 잃은 고단한 삶이었다.

아버지 집안은 그래도 가까운 친척들이 함께 피난을 내려왔지만 어머니 쪽에서는 아무도 내려오지 못했다. 외가 동네는 흥남의 북쪽을 흐르는 성천강 바로 건너에 있었는데, 흥남으로 들어오는 '군자교' 다리를 미군이 막았기 때문이다. '흥남 철수'를 다룬 글에서 읽은 기억에 의하면 '흥남 철수'를 앞둔 가운데 피난민이 감당할 수 없이 몰려드는 것을 막기도 하고, 적(敵)이 피난민에 뒤섞여 침투하는 것을 막으려고 그렇게 한 것이라고 했다. 어쨌든 어머니는 이남에서 혈혈

단신이었다. 피난살이가 너무 힘들고 고달파서 도망가고 싶을 때가 많았는데, 세상천지에 기댈 데가 없어서 도망가지 못했노라고 농담처럼 말씀하시곤 했다.

나는 거제에서 피난살이 중에 태어났다. 시골집 방 한 칸에 세들어 살 때였다. 하필 주인집 아주머니도 함께 임신을 한 바람에, 출산 때는 임시로 구한 다른 집에서 나를 낳았다고 한다. 같은 집에서 애를 낳으면 안 된다는 속설 때문이었다. 큰집에 아들이 없어서 큰집과 우리 집을 통틀어 첫아들이었다. 모두들 기뻐하고 축복하는 가운데 태어났다.

【큰집은 큰아버지 댁을 뜻한다. 문용형은 형제가 모두 월남? 그렇지 않다면 문재인은 흥남의 집성촌에서 태어났다는 자백!】

나중에 어머님 회갑 때 어머니를 모시고, 내가 태어난 곳을 비롯해 부모님이 피난살이하던 곳을 둘러본 일이 있다. 30년 세월이 흘렀는데도 어머니는 살던 동네, 살던 집들을 모두 기억했다. 어머니와 연세가 비슷하거나 더 많은 할머니들이 어머니를 알아보고는, 누나 이름을 붙여 옛날 부르던 호칭대로 '세월네!'라고 부르며 서로 반가워하는 것을 보았다.

아버지는 포로수용소에서 노무 일을 했다. 어머니는 거제에서 계란을 싸게 사서 머리에 이고, 나를 업은 채 부산에 건너가 파는 행상을 했다. 그걸로 조금씩 저축을 했고, 돈이 약간 모이자 내가 초등학교에 입학하기 조금 전에 부산 영도로 이사했다. 이사를 벼르다가 내가 초등학교에 입학할 때가 되자 그걸 계기로 실행에 옮기신 것이다.

【1965. 2. 남항초등학교를 졸업했으니 입학은 1959년 3월이 된

다. 1959년 연초에 거제도를 떠났다는 주장.】

이사 올 때 큰 배에서 내린 다음 조가 누렇게 머리를 숙인 밭들을 지
나 이사가는 집에 도착했던 기억이 난다. 그때 영도는 행정구역상으
로 부산시였지만 논밭이 많은 농촌이었다.

거제는 내가 태어난 곳이지만 어릴 때 떠나왔기 때문에 별로 기억에
남아 있지 않다. 함께 피난 온 집안들도 비슷한 시기에 모두 떠나서,
연고가 남아 있지도 않다. 그래도 나에게는 태어난 고향이고 부모님
이 피난살이를 한 곳이어서 늘 애틋하게 생각되는 곳이다. 청와대에
있을 때, 그래도 거제 출신이라고 거제 지역 현안에 대해 도와달라
는 요청이 오면 늘 신경을 쓰곤 했다.

【대화할 때 녹음기가 필요한 재인이 말을 얼마나 믿을 수 있는가?
주민등록상으로 문재인은 1953년 1월 24일 경상남도 거제시에서
아버지 문용형(文龍炯)과 어머니 강한옥(姜漢玉) 사이에서 태어났다.
호적상으로 둘째이자 장남이다.

호적을 보면 2남 3녀이다.

호적상의 생년
장녀 문재월(1949~)
장남 문재인(1953~)
차녀 문재성(1955~)
삼녀 문재실)1957~)
차남 문재익(1958~)

문재인의 출생 연도와 과연 대한민국에서 출생했는지는 의문의 대

상이었고, 문재인이 어머니라고 하는 여성이 친모가 아닌 계모란 주장은 계속 있어 왔다.

이와 관련한 인터넷 신문 《뉴스메이커 USA》의 2023년 7월 23일 자 기사

〈확인 취재〉

"문재인 아버지는 6·25 때 남침한 북한군 장교였다"

최영수 기자

당시 학도병들 "경북 영천에서 인민군 상위 문용형 생포 … '흥남철수 때 부모가 피난 내려왔다'는 문재인 발언은 거짓말"

故 윤월 스님
"1957년, 부산에서 문용형을 다시 만났을 때 어떤 여자가 그에게 '재인이 아빠!'라고 불렀다"

문재인 전 대통령(이하 문재인)의 아버지가 6·25 전쟁 당시 남침한 북한군 장교였다는 증언이 2021년부터 연이어 터져 나왔다. 이해 2월부터 나온 이 같은 증언은 지금도 인터넷과 유튜브를 뜨겁게 달구고 있지만 웬일인지 당시 문재인 정권이나 한국언론은 애써 침묵하고 있다.

평소 그들의 언행으로 봤을 때 '가짜뉴스'라고 주장할만 하지만 '문재인 사람들'은 이 같은 증언을 '모르쇠'로 일관하고 있다. 문재

인은 지금까지 자신의 아버지 문형용(1920~1978)과 어머니 강한옥(1928~2019)이 1950년 12월, 흥남철수 때 상선(商船) 메러디스 빅토리(Meredith Victory)호를 타고 월남(越南)해 거제도를 거쳐 부산에 장착해 살았다고 말해왔다.

이 같은 내용은 지난 2017년 5월 발간된 그의 자서전 '운명'에도 등장한다. '아버지 문용형과 어머니 강한옥, 누나 문재월은 1950년 12월, 흥남 철수 당시 미군의 LST를 타고 월남했다. LST(Landing Ship Tank)는 전차상륙함으로 군함이다.

그러나 문재인은 취임 후 첫 방미 기간인 2017년 6월 28일 버지니아주 콴티코 국립 해병대박물관에 위치한 장진호 전투 기념비를 참배하면서는 "부모가 메러디스 빅토리호를 타고 월남했다"고 연설했다. 메러디스 빅토리호는 화물선이다.

한국에서 발간한 자신의 책에서 전차상륙함이라고 공표해 놓고, 방미 중 연설에서는 메러디스 빅토리호라고 다른 배를 언급해 논란을 낳았다. 어느 것이 진실인지는 문재인 자신만이 알 것이다.

또한 문재인은 지난 2018년 빅토리호 선원들의 방한을 앞두고 보내온 편지의 답장에서 "흥남철수 때 훌륭한 미국 선원들이 없었다면 나의 부모님이 거제도에 오지 못했을 것이고 오늘의 나도 없었을 것"이라고 답장한 바 있다.

〈편집자 주: 흥남철수 작전은 중공군이 6·25 전쟁에 개입하여 전세가 불리해지자, 1950년 12월 15일에서 12월 24일까지 열흘간 동부전선의 미군 10군단과 국군 1군단을 흥남항에서 피난민과 함께 구출시킬 목적으로 실행된 대규모 철수 작전을 말다. 이 작전을 통해 10만 명의 연합군과 9만 명의 민간인이 무사히 적진을 빠져나올 수 있었다. 당시 유엔군의 작전 암호명은 비공식적으로 '크리스마스 카고(Christmas Cargo)'로 알려져 있으며, 철수작전이 큰 피해 없이 성공적으로 완료되어 '크리스마스의 기적(Miracle of Christmas)'이라고도 불린다.〉

하지만 6·25 당시 문용형의 행적을 폭로한 학도병들과 방첩대원의 증언으로 인해 앞서 언급한 문재인의 발언은 모두 새빨간 거짓말이었음이 드러났다.

이 같은 사실을 최초로 폭로한 사람은 학도병 출신의 윤월 스님(2021년 9월 14일 88세로 작고, 속명 서승남). 故 윤월 스님은 2021년 2월 16일 유튜브 《뉴스타운TV》(대표 손상윤, 주필 조우석)에 출연해 "나와 2명의 학도병이 1950년 8월 29일, 경북 영천 보현산에서 북한군 상위(한국군의 중위와 대위 중간 계급) 문용형을 생포했다"고 증언했다.

자신을 백선엽 장군 휘하 부대원으로 상주, 다부동 전투 등에 참전한 학도병이라고 소개한 윤월 스님은 "다부동 전투 이후 북한군 장교 13명이 투항하는 등 전세가 국군에게 유리해지자 상부에서는 우리에게 6사단, 8사단 작전지역인 영천 보현산에 주둔할 것을 명령했다"고 밝혔다.

윤월 스님은 "8월 29일, 보현산 풀숲에 숨어있던 인민군 상위 문용현을 우리가 체포했다"면서 "당시 문용형이 '투항한다'고 해놓고는 우리 지시를 따르지 않아 내가 폭력을 행사한 기억이 있다"고 말했다.

이어 윤월 스님은 "우리가 문용형에게 '투항할 생각이면 흰색 러

닝셔츠를 벗어 흔들라'고 말했지만 그는 진짜 투항할 의사가 없는 듯 숨어서 우리말을 따르지 않았다"며 "이에 화가 난 내가 생포 후 문용현을 구타하자 그는 '제네바 협정' 운운하며 내게 거칠게 대들었다"고 증언했다.

당시 문용형은 30세의 북한군 장교였고, 윤월 스님은 17세의 소년병이었으니 문용형 입장에서는 무척이나 자존심이 상했던 것 같다. 윤월 스님은 "당시 문용형이 자신의 이름을 문용준이라고 밝혔던 기억이 난다"면서 "아마 대한민국에 정착하면서 이름을 개명(改名)한 것으로 보인다"고 전했다.

윤월 스님 등 학도병들은 생포한 문용형을 상급부대에 넘겼으며 부대에서는 조사 후 문용형을 거제도 포로수용소로 보낸 것으로 알려졌다. 이해 4월 14일, 영천시 화북면에서 만난 80대 남성은 자신의 이름을 밝히지 말아달라며 기자에게 이런 말을 했다.

"영천(당시는 영천군)에서 오래 산 노인들은 6·25 때 학도병들이 보현산 전투에서 북한군 장교를 생포했다는 사실을 아는 사람들이 꽤 있다. 그 사람 이름이 문용형인지는 모른다. 하지만 문재인이 대통령에 당선된 후 '6·25 때 잡힌 인민군 장교가 문재인 아버지'란 소문이 돌았다. 나도 그때 들었다. 지금도 영천에는 '문재인 아버지가 여기서 포로로 잡혔다'라고 아는 사람들이 적지 않다"

이 남성이 기자에게 소개시켜준 70대 여성도 "나도 몇 년 전에 소문을 들었다"면서 "영천에는 문재인 아버지 생포를 사실로 알고 있는 사람들이 많다"고 전했다.

한편 학도병 서승남(윤월 스님)은 문용형 생포 며칠 후인 9월 1일, 전투에서 부상을 당해 귀휴(歸休) 명령을 받았다. 불과 3개월간의 짧은 학도병 생활은 이렇게 끝났다.

그는 부상으로 인해 전시 현역입대는 못하고, 학교를 다니며 미군 151공병대대 통역관으로 일했다. 윤월 스님은 휴전 직후인 1953년 8월 30일, 해병대 31기로 자원입대해 백령도, 해병사령부 정훈감실, 진해 보급창 등지에서 근무했다.

윤월 스님이 해병대 입대를 결심하게 된 계기는 북한군에 의한 형의 납치와 누나의 죽음 때문이었다. 해병대는 입대 3년만인 1956년 9월 전역했다. 윤월 스님이 문용형을 다시 만난 것은 전쟁이 끝난 후 4년 만인 1957년 8월 18일, 부산 자갈치 시장에서였다.

다음은 윤월 스님의 증언 내용이다.

"시장을 걷다가 우연히 만났다. 세월이 7년 가까이 흘렀지만 문용형을 쉽게 알아볼 수 있었다. 그도 나를 금방 알아봤다. 문용형이는 뒤끝이 있었다. 과거 1950년 8월 생포 과정에서 내가 폭행한 사실을 마구 따지고 들었다. 나도 지지 않고 언성을 높였다. 이때 어떤 여자가 그에게 '재인이 아빠!'라고 불렀다.

당시 문용형 곁에는 7~8세 정도로 보이는 남자아이(문재인)가 서 있었다. 이 부분에서 난 큰 의문을 갖고 있다. 문재인이가 53년생이라면 당시 만 4세의 나이일 것이다. 그러나 도저히 그 아이는 만 4세의 아이가 아니었다. 내가 4세와 7~8세 아이를 구분 못하겠는가? 난 많은 이들이 주장하는 '문재인 1949년생 설'이 맞다고 생각한다"

이후 윤월 스님은 문용형을 세 번째 만났다.

"나는 1964년 불가(佛家)에 귀의(歸依)했다. 이후 1966년 또는 67
년, 부산 영도다리 옆 약재상 거리를 걷다가 문용형이를 또 만났다.
이때는 세월이 흘러 옛 감정이 많이 사그라든 탓인지 그냥 서로가
쳐다만 보다가 '피식' 웃고 헤어졌다. 노무현 정권 때 문재인이가 청
와대 민정수석으로 근무하는 것을 보고 옛 기억을 되살려 보니 그의
아버지가 문용형이란 사실을 확실하게 알게 됐다.
내가 나이가 먹었어도 기억력 하나만큼은 뛰어나다. 내가 이제와서
이런 증언을 한 것은 갈수록 문재인이가 아버지와 같은 공산주의자
란 사실을 떨쳐 버릴 수 없기 때문이다. 나는 북한 공산당에 의해 집
안이 멸문(滅門)당한 사람이기에 '빨갱이'라고 하면 이가 갈린다."

학도병 전우였던 김철수 씨, 문용형 생포사실 인정하면서도
윤월 스님 폭로 강력만류 ··· 알고 보니 아들이 민주당 시의원

윤월 스님의 증언이 《뉴스타운 TV》를 통해 방송되자, 많은 국민
들과 우파 진영은 들끓었다. 윤월 스님의 증언 내용은 문용형을 함
께 생포한 학도병 출신 김철수 씨에게도 전해졌다. 김 씨는 방송 후
6일 만인 2월 22일, 윤월 스님이 머무는 충청도 모 사찰로 스님을
찾아왔다. 그는 사찰까지 광주광역시 민주당 시의원 아들이 운전하
는 차를 타고 왔다.

김철수 씨는 윤월 스님과의 만남에서 "얼마를 받아먹고 이런 짓을
하느냐?"고 면박을 준 후 "문재인 대통령 아버지와 관련한 폭로를
즉각 멈추라"고 요구했다. 이에 윤월 스님은 김 씨를 진정시키며 "나

와 함께 증언하자"고 설득을 했다. 그러나 김 씨는 "그럴 수 없다"며 스님의 제안을 거부했다. 아마 그는 민주당 시의원인 아들의 눈치를 보는 듯 했다. 하지만 김 씨는 문용형의 생포 사실만큼은 부정하지 않았다.

윤월 스님은 "김 씨가 내게 공개증언을 더 이상 하지 말아 달라"고 요구는 했지만 "문용형 생포 사실과 1950년 8월 29일이라는 생포 일자(日字)만큼은 분명히 확인시켜 줬다"고 말했다. 또 윤월 스님은 "김 씨와는 2020년 4월에도 만나 함께 기억을 더듬으며 문용형 생포 사실을 확인한 바 있다"며 "그러나 내가 유튜브 방송에 나가 공개 증언을 할 줄은 몰랐던 것 같다"고 전했다. 윤월 스님은 이날 김 씨와의 만남에서 새로운 사실도 알게 됐다.

다음은 윤월 스님의 계속되는 증언이다.

"김철수 씨는 학도병으로 전투를 치르다 현역 입대를 했다. 현역 생활을 하던 김 씨는 우리가 생포한 문용형의 근황이 궁금해서 1952년, 거제도 포로수용소로 그를 찾아갔다고 하더라. 당시 김 씨는 문용형이를 만나서 안부를 묻는 등의 대화를 나눴다고 말했다".

본지 취재 결과 문용형은 당시 이승만 대통령의 결단으로 1953년 6월 18일부터 21일까지 단행된 반공포로 석방으로 거제도 수용소를 빠져나왔다. 이후 문용형은 거제도에 잠시 거주하며 사찰(寺刹) 청소부 등의 잡일을 하다가 부산으로 이주해 살았다.

기자가 거제도에서 만난 박모(78) 씨는 이렇게 말했다.

"난 평생을 거제도에서 살았다. 우리 거제도 토박이들은 문재인 대통령의 고향이 거제도란 사실을 아무도 믿지 않는다. 과거 문재인이 서울에서 열린 거제도 향우회 모임에 참석하려다 쫓겨난 사실을 알고 있는가? 거제도 사람들은 웬만한 사람들끼리는 학연, 지연, 혈연으로 연결돼 있다.
문재인 아버지란 사람은 (당시에는 이름조차 몰랐지만) 반공포로 석방 후 잠시 거제도에 머물다 타지로 간 것으로 알고 있다. 정확하게 얼마나 머물렀는지는 나도 모른다. 하지만 동네 형들은 그의 인상착의를 분명히 기억한다. 확실한 것은 그가 섬에 머물 때 결혼 한 적도 애를 낳은 적도 없다는 사실이다"

한편 윤월 스님의 증언 직후 《뉴스타운 TV》 측은 청와대에 윤월 스님 증언에 대한 해명을 요구하는 질의서를 보낸 것으로 알려졌다. 《뉴스타운 TV》의 조우석 주필(전 중앙일보 기자. 전 KBS 이사)은 "우리의 답변요청에도 불구하고 청와대 측은 지금까지 아무런 반응이 없다"면서 "아마 이와 유사한 사건이 벌어졌다면 청와대가 난리법석을 떨며 증언자를 '고소하겠다'고 발표했을 것"이라고 말했다.

조 주필은 "윤월 스님과 김철수 씨의 증언으로 인해 문재인 부모의 흥남 철수 및 자신의 출생 사실 등이 모두 허위인 것으로 드러났다"며 "거짓 인생을 살고 있는 문재인은 스스로 대통령 직을 내려와야 마땅하다"고 강조했다.

청와대가 무반응으로 일관하자 마침내 우파진영이 들고 일어났다. 지난 2021년 4월 2일, 국민혁명본부장 전광훈 목사와 윤월 스님은 청와대 앞 광장에서 공동기자회견을 열고 문재인에게 진실을 밝히라고 촉구했다.

이날 윤월 스님은 "문재인 아버지 문용형을 영천 전투에서 생포한 사람은 나 서승남을 비롯 김철수, 소홍렬(작고) 3명의 학도병이었다"면서 "북한군 소속으로 자유대한을 침공한 아버지가 흥남 철수 때 월남한 민간인이었다고 거짓말하는 문재인은 대통령 자격이 없다"고 말했다.

윤월 스님은 "내 주장이 거짓이라면 문재인은 나를 고소하고 감옥에 보내라"고 강조한 후 "문재인은 거짓으로 점철된 자신의 인생을 속죄하고 대통령직을 사퇴해야 마땅하다"고 덧붙였다.

전광훈 목사는 "같은 종교인으로서 윤월 스님에게 힘을 실어주기 위해 이 자리에 섰다"면서 "문재인이 침묵하는 것은 윤월 스님 등 당시 학도병들의 주장에 반박할 말이 없기 때문"이라고 말했다. 이어 전 목사는 "문재인의 민낯은 세월이 흐를수록 속속 드러날 수밖에 없다"고 역설했다.

당시 방첩대원 "문용형은 1천 5백 명 부대원 지휘해 낙동강 전투도 참가했다"

윤월 스님의 증언이 도화선이 되어 문용형의 실체를 폭로하는 또 다른 주장이 터져 나왔다. 또 다른 증언자는 6·25 당시 방첩대(CIC) 대원이었던 김인호(2021년 당시 96세) 씨. 평북 영변이 고향인 그는 해방이후 북한 지역에서 반공 활동을 하다 북한군에 잡혀 흥남 교화소(교도소)에 투옥됐다.

1950년 가을, 흥남을 수복한 국군 덕분에 교화소에서 풀려날 수 있었다. 김 씨는 교화소를 나오자마자 국군에 입대, 방첩대원이 됐다. 이후 방첩대장 공병식 중령이 김 씨 등 대원들에게 명령을 하달했다. "흥남지역 공산당 핵심간부 문용형을 체포하라" 하지만 당시 김 씨는 문용형이 상위 계급장을 달고 남침했다가 그해 8월, 영천에서 포로로 잡힌 사실을 모르고 있었다.

김 씨는 2021년 3월 24일 《뉴스타운 TV》 인터뷰에서 "문재인은 틈만 나면 자기 아버지가 갖가지 회유에도 불구하고 공산당 가입을 하지 않은 훌륭한 인물이라고 말하고 있지만 그것은 명백한 거짓말"이라고 밝혔다. 김 씨는 "문재인 아버지 문용형은 흥남지역 공산당 핵심분자"라면서 "6·25때 흥남교화소 죄수와 소년병 등을 주축으로 한 1천 5백 명의 부대원을 이끌고 낙동강 전선까지 남침한 인물"이라고 말했다.

문용형은 일제강점기 시절, 함흥농고를 졸업하고 함경남도 함흥시 서쪽에 위치한 함주군 흥남읍사무소 농업계장으로 일한 사실이 있다. 이 정도 직책이면 문용형은 문재인이 그토록 싫어하는 친일파(親日派)일 수밖에 없다.

또한 문용형은 해방 이후 김일성 정권 아래서는 함주군청 농무과장이자 조선노동당 핵심간부로 변신했다. 문용형이 1920년생이니까 그는 북한에서 20대 때 '출세가도'를 달린 셈이다. 1950년, 김일성은 6·25 직전에 전시 동원령을 선포했다.

이에 따라 중간 관리급 이상 공무원에게는 장교 계급장이 자동적으로 주어졌다. 이 과정에서 함주군청 농무과장 문용형에게는 상위 계급장이 지급됐다.

〈편집자 주 : 한국의 위관급 계급은 소위, 중위, 대위 3단계지만 북한은 소위, 중위, 상위, 대위 4단계이다.〉

모든 정황을 종합해 볼 때 문용형은 해방 직후 결혼을 해 1949년 북한에서 문재인을 낳은 것으로 추정된다. 친어머니는 지난 2004년 7월 금강산에 열린 이산가족상봉 때 만난 이모 강병옥(본명 안순옥)이 유력하다. 남한의 어머니 강한옥(2019년 사망)은 계모(繼母)가 확실하다는 것이 강한옥 주변 사람들의 전언이다.

익명을 요구한 강한옥의 지인 A 씨(부산 거주)는 기자에게 "문재인의 주장대로라면 강한옥 씨의 고향은 함경남도 함주"라면서 "내가 강한옥 씨와 한 동네에서 20년 이상 살았지만 강씨가 함경도 사투리 쓰는 것을 한 번도 못 봤다"고 말했다.

A 씨는 "강한옥 씨가 남한으로 온 것이 23세임에도 불구하고 함경도 사투리를 안 쓰고 죽을 때까지 억센 부산 사투리를 쓴 점을 문재인은 어떻게 해명할지 궁금하다"고 전했다.

이어 A 씨는 "문재인의 계모가 강한옥이란 사실은 부산 바닥에서 공공연한 비밀"이라면서 "문재인 아버지가 남한에서 새장가를 가서 1남 2녀(문재인과 누나 문재월 포함 2남 3녀)를 낳은 것으로 알고 있다"고 밝혔다.

첫번째 문재인은 언제, 어디서 태어났는가 **41**

"문재인이 절친인 송철호 울산시장에게 사석에서 '나와 1949년생 동갑'이라고 말한 정보가 있다"

전직 고위 정보기관원 B 씨는 "2004년 이산가족 상봉 당시 강한옥은 억센 부산 사투리로 '병옥이가?'(병옥이냐?)라고 했고, 북한의 동생은 함경도 사투리로 '언니 맞소?'라고 물었다. 23세에 월남한 강한옥이 함경도 사투리를 잊었다고 보느냐?"고 반문했다.

B 씨는 "당시 청와대 민정수석이던 50대의 문재인은 70대 이상만 이산가족 상봉이 가능함에도 불구하고 권력을 이용한 가족 상봉을 해 정권 내에서도 말이 많았다. 또한 당시 정보기관원들도 북한 여동생과 남한 언니의 닮은 모습을 하나도 발견하지 못해 이상하게 생각했다"고 전했다.

이어 B 씨는 "지난 2019년 10월 29일 강한옥은 대통령 어머니임에도 불구하고 경호원도 없는 6인 병실에서 쓸쓸하게 지내다 세상을 떠났다. 그녀가 병원에 입원했을 당시 며느리 김정숙이 병문안 한 번 가지 않은 것에 대해 어떻게 생각하느냐"고 반문했다.

이어지는 B 씨의 증언이다. "강한옥이 입원했던 부산가톨릭의료원 메리놀병원은 낡고 오래된 부산의 중형급 병원에 불과할 뿐이다. 강한옥은 자신의 아들이 대통령이란 사실을 병원 측에 알리지 않았고, 메리놀병원 의사들조차 이 같은 사실을 알지 못했다. 강한옥이 문재인의 어머니라는 사실이 알려진 것은 10월 16일 문재인이 병원을 찾고 나서이다.

강한옥이 정녕 친모라면 문재인과 김정숙이 이처럼 홀대했겠나? 아마 서울로 이송시켜 삼성의료원이나 세브란스병원 또는 서울대병원 같은 고급 대형병원 특실에 입원시키고 청와대 경호원들로 하여금 병실을 지키도록 했을 것이다. 그리고 자주 병문안도 다녔을 것이다.

강한옥은 엘리베이터도 없는 허름한 5층짜리 아파트에 살았으며, 병원 6인실에서 지내다 외롭게 생을 마감했다. 난 이 상황을 보며 문재인 부부가 결코 좋은 사람들이 아니라고 생각한다"

또한 B 씨는 "문형용이 거제도 포로수용소에서 풀려난 것이 1953년 6월인데, 1953년 1월생 아들이 있다는 것이 믿겨지느냐"며 "나는 문재인이 1949년 북한에서 출생한 것으로 알고 있다"고 말했다.

B 씨는 "문재인이 절친인 송철호(1949년생) 울산시장에게 사석(私席)에서 '사실은 나도 49년생'이라고 말한 정보가 있다"며 "현재 문재인이 공식적으로 밝히고 있는 1952년 또는 1953년 출생연도는 모두 허위일 가능성이 크다"고 덧붙였다.

그렇다면 북한 태생인 49년생 문재인이 어떻게 남한에 와서 1953년 1월 24일생으로 둔갑할 수 있었을까.

이에 대해 B 씨는 이렇게 말했다.

"6·25 전쟁 직후는 혼란이 극도로 심한 시절이었다. 정부 문서 관리도 엉망이었고 피난민이 하도 많아 생년월일, 이름 등을 제대로 파악할 수조차 없었다. 북한에서 온 사람들이 그냥 불러주는 대로 가족관계가 만들어질 때였다.
혼란을 틈타 문재인과 누나 문재월의 생년월일이 결정됐을 것이다.
당시에는 휴전선이 지금처럼 철통같을 때가 아니라 남북을 오가며 이산가족을 연결시켜 주는 브로커들이 많았다고 한다. 나는 문용형이 포로수용소에서 풀려난 후 거제를 떠나 부산에 정착했을 때 북한에 있는 지인과 연락이 됐거나 브로커들을 만났을 것으로 본다.

그들이 '어린 문재인'과 누나 문재월(호적상 1949년생)을 부산까지 데려왔을 것으로 본다. 언론인 이도형 씨 등 일부에서는 문용형이 50년대 중반 입북해서 문재인과 문재월을 데리고 왔을 것이란 주장도 했다.

하지만 지금으로서 이 부분은 추정만 할 뿐 풀리지 않는 '미스테리'이다. 분명한 것은 문재인과 문재월은 흥남철수로 남한에 오지 않았으며 나이도 가짜란 사실이다. 문재인이 49년생이고, 호적상 49년생인 문재월은 그보다 한두 살 많을 것으로 추정된다."

"문재인은 지금 '리플리 증후군'에 걸려 있는 것 같다"

문재인의 미스테리는 이밖에도 몇 가지 더 있다. 문재인은 지난 2012년 대선 무렵 자신의 유일한 거제도 친구라며 신해진이란 사람을 언론에 등장시켰다. 두 사람은 문재인이 7세 때 거제도를 떠나기 전 절친이었으며 50년 만인 지난 2009년 다시 만났다고 밝혔다.

두 사람이 함께 있는 사진은 홍보자료로 많이 사용됐다. 또한 거제도에서 문재인이 태어날 때 탯줄을 잘랐다는 '탯줄 할머니' 추경순(2012년 당시 82세)도 등장시켰다. 그러나 이 점에 대해 기자가 만난 거제도 노인들은 코웃음을 쳤다.

기자가 "문재인의 부모가 한국전쟁 때 월남해 거제면 명진리 남정마을에 살았고, 문재인이 어릴 때 부산으로 이사했다고 한다. 사실인가?"라고 질문하자 몇몇 노인은 비아냥거리듯 "그렇다고 하면 그런가 보지"라고 말했다. 거제면에서 만난 83세 김모 씨는 "신해진이고 추경순이고 모두 소설을 쓰고 있다"며 "문재인이 여기서 태어난 적이 없는데 무슨 거짓말을 하는지 모르겠다"고 말했다.

김 씨는 "22세 처녀(추경순)가 산파 노릇을 했다는 얘기는 생전 들어본 적도 없다"면서 "대통령 출마 하려고 자기들이 만든 얘기일 것"이라고 전했다. 이어 김 씨는 "50년 동안 연락 한번 안 하던 친구를 대선을 앞두고 갑자기 언론에 공개하는 것이 정상이라고 생각하느냐"며 "거제도에서 문재인이 태어났다고 믿는 노인들은 아무도 없을 것"이라고 강조했다.

또 거제면의 이웃 동네인 상문동에 거주하는 이모(78·여) 씨는 자신을 거제도 토박이라고 소개한 후 "거제도에 진짜 문재인 생가(生家)가 있다면 내가 벌써 가봤을 것"이라고 말했다. 이 씨는 "문재인이 거제도에서 태어나고 부산으로 7세 때 이사 갔다는 말은 내가 2010년 이전에는 들어 본 적이 없다"며 "정식 산파도 아닌 22세 처녀가 신생아의 탯줄을 잘랐다는 얘기는 해도 너무한 거짓말"이라고 전했다.

이밖에도 기자가 거제도에서 만난 사람들은 "문재인의 고향은 거제도"란 말에 대부분 기가 막히다는 표정을 지어 보였다. 이들은 기사 서두에 언급한 "과거 문재인이 거제향우회 모임에 참석하려다 쫓겨난 적이 있다"란 얘기를 기자에게 많이 들려주며 "언론보도를 믿지 말라"고 전했다.

이번 '문재인 출생의 비밀' 취재를 위해 본지는 2개월이 넘는 시간을 확인작업에 쏟아부었다. 이번 취재에 대한 결론은 제19대 대통령 문재인은 생년월일, 고향, 가족관계 등 모든 주변 환경이 불확실한 미스테리한 인물이란 점이다. 그는 신분세탁 과정을 통해 피난민 아버지를 만들고, 가짜 생년월일과 고향을 만든 것으로 보인다.

그런 까닭에 문재인은 6·25 때 생포된 북한군 장교 문용형에 대한 발언은 단 한마디도 못하고 있는 것이다. 자신의 아버지는 흥남에서 철수하는 메러리스 빅토리호나 미군 LST함를 타고 남한에 왔어야만 하기 때문이다.

아버지의 고향도 만나는 상대방에 따라 흥남과 함흥에서 오락가락한다. 아마 문재인은 지금 '리플리 증후군(Ripley Syndrome)'에 걸려 있는지도 모른다. 그는 많은 거짓말을 하면서 그것이 진실이라고 굳게 믿는 듯하다.

부산에서 만난 강한옥의 또 다른 지인 C 씨(여)는 자신을 "강 여사의 오랜 이웃주민"이라고 소개한 후 기자에게 이런 말을 했다.

"문재인은 아버지 문용형이 1978년 세상을 뜬 이후 처자식을 제외하고 남한에 아무런 친인척이 없는 셈이 됐다.

그나마 계모 강 여사가 가장 가까운 인척이었는지도 모른다. 문재인이 퇴임 후 아무런 연고도 없는 경남 양산으로 간 이유도 강 여사의 고향이 양산이기 때문일 것이다. 내가 이렇게 말하는 것은 강 여사가 살아생전 내게 한 말이 있기 때문이다. 문재인의 고향이 진정 거제도라면 생가를 정성껏 멋지게 복원해서 살지 왜 양산으로 가겠는가?

함남 함주군은 북한에 있는 문재인 생모의 고향이다. 문재인 말씨가 정통 부산, 경남 사투리라고 생각하나? 그의 말씨에는 어린 시절 살던 지역의 억양이 섞여 있다고 생각한다. 아마 문재인은 죽을 때까지 자신의 실체를 숨길 것이다.

차라리 '장인이 공산주의자였다고 마누라를 버릴 수 없지 않느냐'고 말한 노무현이 더 솔직했는지 모른다. 때가 되면 평소 강 여사가 내게 해준 말을 다 털어놓고 싶다. 아무튼 대한민국의 전직 대통령 문재인에게 많은 사람들이, 많은 부분을 속고 있다는 사실만큼은 분명히 말해주고 싶다"

서울·영천·거제.부산 = 최영수 기자

문재인의 이모로 알려진 강병옥(본명 안순옥으로 추정)이 외모 등 여러가지 정황상 문재인의 친모일 가능성이 높다는 추리가 있다.

문재인 자서전에 자신의 출생을 묘사하는 부분에서 '큰집에 아들이 없어서 큰집과 우리 집을 통틀어 첫아들이었다.'라는 구절이 있다. 함흥의 문씨 집성촌에서 태어난 것을 실수로 드러낸 것이다!】

* 적국 시리아의 국방부 차관이 될 뻔했던 이스라엘 고정 간첩 엘리 코헨 *

엘리 코헨(1924~1965)의 본명은 엘리야후 벤 샤울 코헨(Eliahu ben Shaoul Cohen)으로 1924년 이집트 알렉산드리아에서 태어났다. 그의 부모는 이른바 미즈라힘(중동 지역에 거주하는 유대인)으로 1914년 오스만 투르크 제국의 한 지방이었던 시리아 알레포에서 이집트로 이주했다. 어릴 때부터 유대교를 깊이 신봉했던 엘리 코헨은 커서 랍비가 되고자 했다. 유대인 교육기관인 예쉬바(yeshiva)가 폐쇄되자 카이로 파룩 대학에서 전기공학을 전공했다. 그는 히브리어, 아랍어, 영어, 프랑스어를 능숙히 구사했다.

1948년 이스라엘이 건국되자 1949년 코헨의 부모와 형제들은 이스라엘로 이주했다. 코헨은 학업을 마치기 위해 이집트에 잔류했다.

코헨은 이스라엘 정보부와 협조하여 이집트 거주 유대인의 이스라엘 이주를 돕기도 했다. 1951년과 1955년 체포되었으나 증거 부족으로 석방되었고, 1956년 수에즈 위기로 2차 중동전쟁이 발발하자 이집트는 유대인 추방 정책을 전개했고 코헨은 이해 12월 이스라엘로 귀환했다.

1957년 코헨은 아랍인 특징이 있는 외모와 아랍어·프랑스어·히브리어에 대한 언어 능력 덕분에 코헨은 이스라엘 군 정보국인 아만(Aman·당시 188부대로 호칭)에 발탁되어 여러 언어로 발행되는 주간지와 월간지를 번역했다. 아만은 그를 심리 검사했는데, 용감하고 기억력은 좋으나 자신을 과대평가하고 불필요한 모험을 하는 경향이 있었다. 이 때문에 아만 요원으로 부적합하다는 평가를 받았다. 코헨은 아만을 떠나 백화점의 회계사 자리를 얻어 2년간 일했다.

1959년 코헨은 이라크 태생의 유대인 간호사 나디아 마자드와 결혼했다. 나디아가 임신으로 간호사직을 그만두고 코헨도 구조조정으로 일자리를 잃었다. 이 무렵 시리아와 이스라엘의 갈등이 심화되어, 이스라엘 정보 당국은 시리아에 침투시킬 인물이 필요해졌다.

코헨은 1년간의 훈련을 받았는데, 코란과 이슬람교 기도문을 외우는 훈련도 받았다. 현장 시험을 통과하여 시리아 정치와 군 엘리트층에 침투할 현장 요원으로 임용됐다.

이집트에서 태어나고 성장한 코헨은 이집트인으로 위장하기를 바랬으나, 이집트 정부가 전 국민에 관한 기록과 모든 여권 기록을 갱신하고 있기 때문에 적발될 가능성이 있었다. 시리아는 그런 기록이 없으므로 추적을 피할 수 있었다.

코헨은 카말 아민 타베트로 신분을 세탁했는데, 신분 위장은 이랬다.

부모는 둘 다 시리아인. 아버지 이름은 아민 타베트.

어머니 이름은 사이다 이브라힘. 누나도 한 명 있다.

레바논의 베이루트에서 태어났고 3살 때 가족과 함께 이집트 알렉산드리아로 이주.

누나는 1년 후 죽었고 부친은 직물 상인으로 일함. 숙부는 1946년 아르헨티나로 이주.

1947년 가족 전부가 아르헨티나로 이주. 아버지는 1956년 사망. 어머니도 6개월 후 사망. 여행사에 근무하다가 사업을 시작해 크게 성공.

1961년 2월 코헨은 아르헨티나 부에노스아이레스로 침투하여 우선 3개월간 스페인어를 배웠다. 부에노스아이레스에는 대규모 아랍 공동체와 시리아 난민의 주요 인사들이 거주하고 있었다.

시리아 여권을 소지한 코헨은 현지에서 아랍 음식점, 아랍 영화가 상영되는 영화관, 아랍인 정치 문화 모임에 드나들었다. 무역을 해 큰돈을 번 부유한 사업가로 고국 시리아로 돌아가 이스라엘에 대항하고자 하는 꿈을 가진 '시리아 이민자'로 행세했다. 여기서 1년을 보내며 많은 아랍계 정치인과 외교관과의 교류를 통해 사교계 인사로 명성을 쌓았다. 당시 그가 교류한 인사 중에는 아랍 세계 잡지 편집장인 압델 라티프 하산(Abdel Latif Hassan)과 아르헨티나 주재 시리아 대사관 무관이며 훗날 시리아의 군사혁명위원회 의장이 된 아민 알 하페즈(Amin al-Hafez) 등이 있다. 이들을 통해 코헨은 시리아 입국을 위한 추천서를 받는 데 성공한다.

1962년 7월 아르헨티나를 떠나 이스라엘 텔아비브로 잠시 귀국

해 시리아 침투 계획을 완료한 다음 12월 취리히로 갔다. 1963년 1월 제노바와 베이루트를 경유해 시리아의 다마스커스로 이주했다. 코헨은 시리아 육군본부와 가까운 아부 아멘 Abu Ramen의 고급 주택가에 호화 저택을 렌트했다. 그의 집은 외국 대사관들과 부유한 사업가의 저택, 정부 고위층 관저들 사이에 있었다. 엘리 코헨은 비밀 장비들을 집 안 곳곳에 숨겼다.

이때 시리아의 정치 군사 지도자들은 새로운 협력자, 자금 제공자가 되어 줄 사람이 필요했다. 카말 아민 타베트는 꼭 필요한 사람이었다. 코헨은 시리아 상류층과 친분을 쌓아갔다. 6개월 만에 코헨은 다마스쿠스 상류층에서 유명 인사가 되었다. 관대함을 드러내려 다마스쿠스의 빈민들을 위한 공공 급식소 건설 기금으로 상당한 돈을 기부하기도 했다.

코헨은 매일 아침 8시에 취득한 정보를 송신기로 이스라엘로 보냈다. 시리아 육군본부의 통신부서는 무수한 메시지를 송신하므로 인근에서 송신하는 코헨의 메시지를 알아차릴 수 없었다.

코헨이 이스라엘에 보낸 정보에는 바트당의 득세에 관한 것이 있었다. 코헨은 바트당이 집권할 가능성이 크다고 생각해 이 당에 많은 기부를 했다. 1963년 3월 군사 쿠데타가 일어나 바트당이 집권했는데, 코헨이 부에노스아이레스에서 친분을 쌓은 아민 알 하페즈 장군이 새로 설립된 내각의 국방부장관이 되었다. 7월에는 바트당 내에서 정변이 일어나 하페즈 장군이 혁명위원회 의장이 되었다.

[1963년 모사드 국장이 된 메이어 아미트는 몇 달 간 아만 국장도 겸임했다. 아미트는 아만 소속의 131부대를 없애고 요원을 모사드로 이관했다. 이에 엘리

코헨은 소속이 아만에서 모사드로 바뀌었다.]

코헨은 아르헨티나에서 구축한 인맥을 활용해 바트당 지도부의 구성원들과 교류했고 시리아 국영방송의 대(對)남미 지역 방송책임자로 활동했다. 그리고 군 장성과 장교 및 권력층과 교류하며 막대한 정치자금을 풀고 미인계 공작을 벌였다. 그는 아르헨티나 체류 시절 인연을 맺은 하페즈 알 아사드 장군이 대통령 격인 혁명위원회 의장이 되자 이를 배경으로 고위 군부 인사·당 간부들과 인연을 쌓는다. 자신의 저택에 고위 인사와 상류사회 미인들을 불러들여 파티 장소를 제공했다. 초대된 손님 명단은 다마스쿠스의 저명 인사들을 기록해 놓은 인명 사전으로 보일 정도. 국방부장관 등 몇몇 장관, 하페즈 혁명위원회 의장 부부도 참석했다. 하페즈 의장 부인은 밍크 코트를 선물 받았는데, 많은 상류층 여성도 보석을 선물 받았다. 자동차를 선물 받은 정부 고위 인사도 많았다. 코헨은 집권 바트당에 막대한 정치자금을 제공했고 그 인연으로 당에서는 그를 국방부 차관으로 추천하기도 했다.

코헨은 이러한 네트워크를 통해 시리아의 주요 핵심 정보에 접근할 수 있었다. 1964년에 시리아는 이스라엘의 물 공급원인 긴네렛 호수를 차단하려는 굴착 공사를 시작했다. 그러자 코헨은 이를 이스라엘에 알렸고 11월 13일 시리아와 이스라엘이 교전을 벌였다. 이스라엘 공군이 관련 장비와 시설을 폭격하여 계획을 무력화시켰다. 시리아 공군은 이 전투에 참여하지 못했다. 조종사들이 새로 들여온 Mig 전투기 조종에 숙달하지 못했기 때문이었다. 물론 코헨은 이 정보도 모사드에 전달했다. 코헨은 굴착 공사도 구체적으로 알았으므로 이스라엘 공군은 효과적으로 수로를 공격할 수 있었다. 1965년 시리아는 수로 변경 계획을 포기했다.

또한 이스라엘 남서부에 있는 골란고원의 군사시설은 이스라엘에 직접적 위협이 되었다. 코헨은 민간인 신분으로 골란고원의 군사보안시설을 세 차례나 방문하여 부대 배치 현황과 무기체계 등을 파악해 고스란히 이스라엘에 알렸다. 동시에 그는 군인들을 태양으로부터 보호한다는 미명 아래 요새 근처에 유칼립투스를 심을 것을 제안하여 시리아 벙커가 눈에 띄게 되었다. 이것은 1967년 이른바 6일 전쟁 시 승리의 결정적 계기를 제공했다. 여기에 코헨은 탱크 트랩 위치·시리아 조종사 명단·다양한 무기 스케치 등 핵심 정보를 입수하여 제공했다.

시리아의 비밀정보기관 무하바라트(Mukhabarat)의 팔레스타인 담당 부서장인 타야라는 1964년 여름부터 시리아 정부가 한밤중에 내린 결정도 다음 날이면 '이스라엘의 소리' 아랍어 방송을 통해 보도되는 것을 알았다. 1964년 11월 13일 이스라엘 공군의 폭격이 너무나 정밀해 크게 놀랐다. 타야라는 이스라엘이 시리아 정부 최고위층에 간첩을 심어 놓았다고 확신했다.

타야라는 1964년 겨울 소련의 장비를 이용해 무선 전파를 추적했으나 실패했다.

1965년 1월 초 새로운 통신 장비를 실은 소련 선박이 시리아의 라타키아 항구에 도착했다. 1월 7일 시리아 군은 구식 통신 장비를 교

체했다. 새로운 장비를 설치하고 점검하기 위해 시리아 군의 모든 통신이 24시간 동안 중단되었다. 이 동안 담당 장교가 수신기에 희미하게 포착된 신호 하나를 발견했다. 무카바라트 대원들은 소련의 탐지기를 가지고 신호의 근원지를 찾아갔다. 신호는 끊어졌으나 전문가가 계산한 결과는 카말 아민 타베트의 집이었다. 무카바라트의 고위 장교는 계산 착오로 받아들였다. 그러나 저녁에 다시 한번 신호가 포착되었다. 무카바라트 대원이 다시 탐지에 나섰는데 결론은 같았다.

1월 8일 아침 8시 정각 무카바라트 대원 4명이 현관문을 부수고 침실로 들어갔다. 코헨은 자신의 저택에서 이스라엘에 송신하고 있던 채로 체포됐다. 이 소식에 시리아 상류층 인사들이 받은 충격은 이루 말할 수 없을 정도였다. 바트당의 지도자 중 한 사람, 혁명위원회 의장의 개인적인 친구, 사교계의 명사인 그가 이스라엘 간첩이라니!

증거는 너무나 명백했다. 송신기, 마이크로필름, 암호가 적힌 종이 등등 …

하페즈 혁명위원회 의장이 직접 찾아가 심문하기까지 했다.

그는 이렇게 회고했다.

심문을 하면서 그의 눈을 들여다보는데 갑자기 의심이 크게 들었다. 내 앞에 있는 남자가 아랍인이 아닌 것 같았다. 그래서 아주 조심스럽게 이슬람교와 코란에 대해 몇 가지 질문을 했다. 나는 그에게 코란의 제1장인 수라트 알 파티하(Surat Al-Fatiha)를 암송해 보라고 했다. 타베트는 몇 구절도 제대로 말하지 못했다.
그는 너무 어렸을 때 시리아를 떠나서 잘 기억이 나지 않는다고 자기를 변호하려 애썼지만, 그 순간 나는 그가 유대인임을 알 수 있었다.

첫번째 문재인은 언제, 어디서 태어났는가 **53**

1965년 1월 24일 시리아 정부는 "중요한 이스라엘 간첩을 체포했다"고 발표했다. 코헨이 혼자서 간첩 활동을 한 것인지 스파이 조직망을 보유했는지 알 수 없었던 시리아 정부는 정부 인사 69명을 체포했고 교분이 있는 인사 400명을 심문했다.

수사 과정에서 어려운 문제가 발생했다. 시리아의 주요 정치인, 군 고위층, 사업가들 상당수가 코헨과 절친한 사이였다. 수사관들은 그들을 조사할 수도 없었고 이름도 유포할 수 없었다.

코헨은 특별 군사재판에서 사형을 선고받았고 그해 5월 18일 다마스쿠스의 시장에서 공개 교수형에 처해졌다. 코헨 체포 이후 이스라엘은 막대한 자금 제공과 함께 억류하고 있는 시리아 스파이 10명과 교환하자는 등의 제안을 했으나 실패했다.

두번째 이야기

반정부 데모가 목적인
문재인의 대학 생활

두번째 이야기

* * *

반정부 데모가 목적인 문재인의 대학 생활

문재인은 1971년 2월 경남고를 졸업했다. 문재인의 성적은 경남고에서 하위권이었다.

1971년 1월 서울에 와서 서울 소재 모 대학에 응시했으나 낙방했다. 이때는 340점 만점인 대학 입학 예비고사를 치고 그 점수를 고려하여 가고 싶은 대학에 원서를 접수하고 그 대학에서 본고사를 치르던 때였다.

한국의 대학 입학시험 제도는 광복 후부터 1968년까지는 각 대학에서 자체적으로 출제하고 선발하는 대학별 고사 위주였다.

1954학년도에는 대학별 고사 전에 자격시험으로 대입연합고사가 치러졌으나 1회 시행 후 폐지되었다. 1958~1961학년도에도 각 대학이 정원의 10%를 내신 성적만으로 무시험으로 선발했다.

1962학년도에는 대학별 고사가 금지되고 대신 국가 주관의 대학

입학 자격고사가 시행되었고 1963학년도에는 대학별 고사와 병행하여 치러졌으나 2회 시행 후 폐지되었다.

1969년도에 입학하는 대학 수험생부터 국가에서 실시하는 대학입학 예비고사가 시행되면서, 대학별 고사는 '본고사'라고 불리게 되었다.

예비고사를 도입한 가장 중요한 목적은 각 사립대학의 입시 부정문제를 해소하기 위해서였다. 대학별 고사 체제하에서 입시는 전적으로 각 대학에서 관리·감독하였다. 대학 재단이 양심불량이면 너무나 수준 이하의 학생이 돈으로 대학생이 되니(有錢 大入, 無錢 高卒), 그런 애들을 가르치고 졸업시켜 주어야 하는 교수들의 불만이 커졌다. 입시 부정을 막기 위해 국가에서 대학 입시를 관리·감독해야 한다는 목소리가 높았고, 결국 일제고사 형태의 예비고사가 시행되게 되었다.

대입 예비고사는 69학번부터 적용되었다(첫 시험은 1968년 12월 16일에 실시).

대입 예비고사 시험 출제 방식은 체력장 20점 포함 340점 만점으로 고교에서 이수되는 대부분의 과목을 포함한 사지선다형이었다. 초기 컷오프는 340점 만점에 210~220점 정도였다. 이후 난이도가 올라가면서 70년대 후반에는 컷오프 점수가 180대로 내려갔다.

대개 11월에 예비고사를 치르고 12월 결과가 나오면 합격생은 이듬해 1월 초순 전기 대학에 원서를 내고 중순 무렵 시험을 쳤다. 대학에서 치는 시험을 본고사라 했다. 불합격하면 후기 대학에 지원하든지 재수를 했다. 처음에는 대학 정원의 1.5배만 합격시켰다가 72학번은 1.8배를 합격시켰다. 이러니 본고사 경쟁율은 대학마다 다르지만 평균 1.5대 1이었다가 1.8대 1이 되었다. 이 때문에 입학정원을 채우지 못하는 대학이 많아져 등록금 수입이 줄어들었다. 대학의 요구로 나중에는 2배를 합격시켰다.

이후 예비고사의 비중이 높아짐에 따라 이러한 도입 취지는 성공하여 대한민국에서 대학 입시 부정을 줄이는 데 크게 기여했다.

초기에는 예비시험은 통과만 하면 그만이고 본고사만으로 전형을 했으나, 1974학년도 입시부터 예비고사는 종래의 "지원 자격"에서 실제 대학 입시에 성적이 반영되는 구조로 바뀌게 된다. 그리하여 예비고사 시험 성적과 대학별 본고사 시험 성적이 함께 반영되어 대학 입시가 치러졌다.

76학년도 대학 입시에서 대부분의 대학이 반영율을 대폭 높이게 되었는데, 문교부는 79년도 가운데 연대, 고대 등 일부 대학은 예비고사 성적 반영 비중 100%의 특차 무시험(본고사를 치르지 않는) 전형을 하기도 했다. 또한, 79년도 대입 예비시험부터 삼수 감점제를 적용, 삼수생 이상의 경우 최종점수에서 3점을 감점하도록 했다.

1976년 1월 31일자 『동아일보』는 당시 재수생의 실태를 보도하는 기사를 냈다.

"우선 재수생의 형태를 크게 두 가지로 구분할 수 있다. 첫째는 꼭 일류대학에 들어가야겠다는 학생들이고 둘째는 아무 대학이든 들어가고 봐야겠다는 학생들이다. 후자의 유형 속에는 예비고사에조차 불합격되고 취직도 안돼 오갈 데가 없는 학생들이 많이 끼어 있다.

두번째 반정부 데모가 목적인 문재인의 대학 생활 **59**

일류대학을 목표로 재수하는 학생들은 대개의 경우 학구 의욕이 왕성하고 생활도 성실한 편이다. 이들 가운데는 입학시험에서 1, 2점 차이로 억울하게 떨어졌거나 충분한 실력이 있으면서도 시험운이 나빠서 실패한 학생이 많다. 서울의 J학원이 작년에 조사한 바에 의하면 조사 대상 3백 명 중 51%가 전기대에 낙방한 뒤 후기대엔 아예 응시조차 않았고 10%는 후기대학에 합격했는데도 등록을 포기하고 재수하는 것으로 나타났다. 이러한 현상은 바로 이 사회에 팽배해 있는 일류의식의 지배를 받고 있기 때문이다."

대학에 합격하고도 그 대학 또는 학과가 마음에 들지 않아서 등록을 포기하는 일도 적지 않았다. 그러면 최종 등록 인원은 정원에 미달하게 된다. 이 경우 대학은 이른바 '보결(補缺)'이라 하여 응시한 수험생 가운데 낙방자를 합격시켜 결원을 메웠다. 상식적으로 차점자를 합격시켜야 하나 명확한 규정이 없었으므로 점수가 나쁜 수험생도 합격이 가능했다.

이 보결 입학은 악용될 소지가 많았다. 등록 포기로 상습적으로 정원에 미달하는 대학의 학과에 지원하고 – 이를 알려면 대학 측과 줄이 있어야 한다 – 보결로 들어가는 방법이 있다. 서울대를 제외한 거의 모든 대학에 등록 포기로 정원에 미달하는 학과가 있었다. 김용옥도 보결로 고려대 생물학과에 들어간 적이 있다.

서울대도 이론적으로는 보결 입학이 가능했다. 시험 능력이 뛰어난 재학생이 거액의 보수를 받고 시험 쳐서 합격하고 등록을 하지 않으면 보결 입학이 있을 수 있었다. 적발된 사례는 없지만, 충암고를 나오고 79년 서울대 법대를 들어간 윤 아무개가 이 방법을 쓰지 않았나 의심하는 이도 있다.

후기 대학에서 최상위에 위치한 대학의 학과는 점수대가 높았다.

성균관대 법학, 상경, 한국외국어대 영문, 한양대 공대 등에는 서울대에 아깝게 떨어진 응시자가 상당수 입학하여 매우 높은 점수대를 기록했다. 70년대 후반의 사법시험, 행정고시 등의 결과를 보면 성균관대가 2위를 여러 번 차지했다.

예비고사-본고사 체제는 1980학년도까지 유지되다가, 1981학년도에는 본고사가 폐지되면서 예비고사만 치러졌다. 1982학년도부터는 예비고사의 명칭이 대학 입학 학력고사로 변경되었다.

문재인은 재수를 했으므로 예비고사를 두 번 쳤다. 문재인이 예비고사 점수를 밝히지 않아 전국적으로 보아 어느 정도 수준의 고교생인지 알 수 없다. 밝히지 않은 것으로 보아 그리 좋은 성적은 아니었던 듯하다.

1960~70년대 입시는 전기대학과 후기대학으로 나뉘어져 있었다.

전기대학의 입시가 모두 끝난 뒤(1월에 선발) 후기대학의 입시(2월에 선발)가 시작되는 구조였다. 오늘날처럼 여러 대학에 지원하는 것이 아니라, 전기대학 중 하나의 대학에 지원을 했다. 이에 전기대학에서 불합격했다면 후기대학에 진학하거나 재수를 했다.

69년도 예비고사를 보면 지원자 112,436명에 합격자 61,382명으로 합격율은 55.5%였다.

70년도는 지원자 120,580명에 합격자 63,044명으로 합격율은 52.3%였다.

71년도는 지원자 142,914명에 합격자 64,934명으로 합격율은 45.4%였다. 71년도 전국의 대학 정원은 43,000명 정도였다.

지역마다 예비고사 합격율의 격차가 컸다.

서울 지역이 늘 합격율이 1위로 69년도 예비고사에서는 63.23%였는데 최하위인 강원도는 합격율이 31.32%였다. 70년도 예비고사에서는 서울의 합격율이 59.64%, 최하위인 경남이 40.5%였다. 71년도 예비고사에서는 서울의 합격율이 52.17%, 최하위인 경남이 33.45%였다.

대입 예비고사로 각 고교의 합격율이 드러나자 일부 고교는 합격할 가능성이 적은 학생들을 아예 응시를 하지 못하게 해 합격율을 올리는 일도 있었다. 지역 간 경쟁으로 시험 감독관이 감시를 소홀히 해 집단 부정이 나는 불상사도 있었다. 이후 고사장을 늘리고 타지역 교원이 시험 감독관이 되도록 했다.

문재인은 서울의 대입 재수 전문학원인 종로학원[1965년 세워짐, 설립자 정경진. 이때는 양영학원이 재수 학원 가운데 가장 위상이 높았다. 종로학원은 초창기라서 위상이 높지 않았다.]을 다니다가 1972년 후기 대학인 경희대학 법대에 들어갔다(경희대는 76년부터는 전기 대학이 됨).

이는 문재인이 재수해서 응시한 전기 대학에 불합격했음을 뜻한다. 어디 대학을 응시했는지는 문재인이 밝히지 않아서 알 수 없다. 같이 종로학원을 다닌 이들의 증언이 필요하다. 이때는 후기 대학교 중 성균관대학과 외국어대학을 명문대라 했다. 경희대의 위상은 매우 낮았다. 문재인이 경희대에 들어간 이유는 4년 장학금을 받았기 때문이라고 하는데, 문재인 말로는 경희대 설립자 조영식이 이북 출신인 것도 경희대를 선택한 이유이다.

경희대의 전신은 1952년 초 인가받은 신흥초급대학교였는데 52년 말 4년제인 신흥대학교가 되었다. 1955년 종합대학교가 되었다. 1960년 경희대로 교명을 변경했는데, 이는 경희궁을 본 따서 이름을 바꾼 것이었다.

【경희대 설립자 조영식은 1951년 발간한 저서인 〈문화세계의 창조〉의 일부 구절이 문제가 되어 1955년 7월 국가보안법 위반 혐의로 구속되었다. 문제가 된 구절은 다음과 같다.

> "레닌은 카우츠키의 민주주의관을 비판하는 가운데에서 '민주주의는 변증법적 발전과정에 의하여 이렇게 발전한다. 즉 전제정치로부터 부르죠아 민주주의에로, 부르죠아 민주주의에서부터 푸로레타리아트의 민주주의에로, 푸로레타리아트의 민주주의에서 아무것도 없는 민주주의에'라고 말하였는데 현재 푸로레타리아트의 민주주의까지는 도달하였다고 볼 것이라면 '아무것도 없는 민주주의'라고 한 그 미도(未到)의 민주주의사회는 과연 어떠한 것을 의미한 것일까. 즉 그 민주주의사회라는 것은 민주주의의 완성된 형식의 사회를 의미한 것으로 추정되며 그야말로 진정한 민주주의요 … (중략) … 우리의 맞이할 다음의 세계라는 것은 레닌의 말과 같이 아무것도 없는 민주주의사회 즉 완성된 고도문화국가사회라는 것이 자명해지게 되는 것이다."

수사 당국은 6일 만에 석방하고 저서 내용에 대한 감정을 학술원에 위촉하였고 학술원은 용공 사상이 없다고 판정하였다. 결국 무혐의 불기소처분으로 사건이 종결되었다. 이 당시 조영식의 김일성대

학 교수 이력 루머가 돌기도 했다.]

여기에서 유의할 점이 있다. 서울에서 재수 학원을 다녔다는 것은 하숙을 하면서 다녔음을 말한다. 부산의 가난한 집안 출신인 문재인으로서는 감당할 수 있는 일이 아니었다. 문재인의 집안 형편 묘사와 어긋난다.

문재인은 자서전 《운명》에서 '가난'이라는 소제목을 달아 집안의 경제 사정을 말한다.

가난

아버지는 일제 때 함흥농고를 나왔다. 그곳 분들은 '함흥농업'이라고 불렀다. 함흥고보와 함께 함경도 지역의 명문이었다. 아버지는 인근에서 수재란 말을 들었다고 했다. 어릴 때 아버지를 업어 키우기도 했다는 큰어머니 말씀에 의하면, 입학시험을 앞두고도 별로 공부하는 모습을 못봤는데 집안에서는 물론 인근에서 혼자 '함흥농업'에 입학했다고 한다. 졸업 후 아버지는 공무원 시험에 합격했고, 북한 치하에서 흥남시청 농업계장을 했다.
[문용형은 일제시대 흥남읍사무소에서 농업계장으로 일했다. 재인이는 이를 감춘다. 해방 후에도 계속 근무.]

-------------- (중략) --------------

그래서 부산으로 이사 나온 후 장사를 했다. 그러나 아버지는 내가 보기에도 장사 체질이 아니었다. 조용한 성품이었고 술도 마실 줄

몰랐다. 그저 공무원이나 교사를 했으면 체질에 맞을 분이었다.

아버지가 한 장사는 부산의 양말 공장에서 양말을 구입해 전남 지역 판매상들에게 공급해 주는 일이었다.

그러나 아버지는 몇 년간 장사하면서 외상 미수금만 잔뜩 쌓였다. 여러 곳에서 부도를 맞아 빚만 잔뜩 지게 됐다. 공장에서 매입한 대금은 갚아야 했기 때문에 오랫동안 그 빚을 갚느라 허덕였다. 혹시 나중에라도 돈을 받을 수 있을까 싶어 전표 같은 것을 꽤 오랫동안 보관했지만, 결코 그런 날은 오지 않았다. 그것으로 아버지는 무너졌고 다시 일어서지 못했다. 아무 연고 없는 타향이니 기댈 데도 없었다. 이후 아버지는 경제적으로 무능했다. 가난에서 헤어나지 못했다. ……

아버지의 장사 실패 후, 집안 생계는 거의 어머니가 꾸려 나갔다. **어머니도 경제적으로 능력이 없기는 마찬가지였다. 그저 호구지책으로 근근이 유지하는 수준이었다.** 이일 저일 열심히는 하셨지만 별로 돈은 안 되는 고만고만한 일을 했다. 어머니가 처음 한 일은 구호물자 옷가지를 시장 좌판에 놓고 파는 것이었다. 우리가 사는 동네에서 작은 구멍가게를 한 적도 있었는데, 다들 가난한 데다 몇 집 되지도 않는 동네였다. 잘될 리가 없었다. 연탄배달도 했다. 좀 규모 있게 공장에서 연탄을 공급받아 팔았으면 몸은 고달파도 장사가 됐을 텐데 그게 아니었다. 가게에서 조금씩 때다가 인근 가구에 배달해 주는 식이었다. 그러니 늘 근근이 먹고 사는 수준에서 벗어날 수 없었다.

그래도 어머니는 아버지에게 연탄배달을 거들게 하는 일은 없었다. 도움이 필요하면 나나 남동생에게 말씀했다. 하교 후나 휴일이면 연탄 리어카를 끌거나 연탄을 손에 들고 배달하는 일을 돕기도 했다. 나는 검댕을 묻히는 연탄배달 하는 일이 늘 창피했다. **오히려 어린 동생은 묵묵히 잘도 도왔지만 나는 툴툴거려서 어머니 마음을 아프게 했다.**

【문재인에게는 계모이고, 남동생에게는 친모라서? 어린 동생은 나중에 마도로스가 된 문재익일 것이다. 문재인 자서전의 특징 가운데 하나는 형제자매 이야기를 전혀 하지 않는 것이다. '오히려 어린 동생은 묵묵히 잘도 도왔지만'이란 구절이 유일하다. 마치 여자 형제 없는 외동아들인 것 같은 인상을 준다.】

문재인은 대학 생활을 '대학, 그리고 저항'이라는 소제목을 달아 기술한다.

대학, 그리고 저항

나는 원래 대학에서 역사를 전공하고 싶었다. 학교 다니는 내내 역사 과목이 가장 재미있었고, 성적도 제일 좋았다. 지금도 나는 역사책 읽는 걸 좋아한다. 처음 변호사할 때 '나중에 돈 버는 일에서 해방되면 아마추어 역사학자가 되리라'는 생각을 한 적도 있었다. 그래서 대학입시 때도 역사학과를 가고자 했다. 그런데 담임 선생님과 부모님이 반대했다. 내 성적이 법·상대에 갈 수 있는 등수라는 게 이유였다. 할 수 없이 방향을 틀었는데, 입시공부를 등한히 한 대가를 톡톡히 치렀다. 대학입시에서 실패했다. 재수 끝에 당시 후기였던 경희대 법대에 입학했다. **학교 부근에서 하숙 생활을 시작했다.**

【근근이 먹고 사는 집안 형편이라면서 돈 많이 드는 서울 유학 생활을 할 수 있었던 비결은? 당시 지방에서 서울의 명문대가 아니면 넉넉한 집안도 서울 유학을 꺼렸다. 노무현은 군 제대하니 집안 형편이 좋아졌다며 고시 공부를 했다고 했다.】

시대는 점점 암울해졌다. 1학년 때, 박정희 정권이 10월 유신을 선포했다. ……

그 시절 나의 사회의식을 키운 것은 하숙생활이었다. 일상생활에 아무 통제가 없는 자유에다 대학생들끼리 모여 있으니 밤늦게까지 시국담론을 나누기 일쑤였다. 나는 고등학교 선배들과 함께 하숙을 했다. 여러 대학이 섞여 있어서, 다른 대학의 학내 저항운동 소식을 들을 수 있었다. 현실비판적인 사회과학 서클 또는 농촌운동 서클들의 소식, 지하신문들, 학내 시위 소식과 시위 때 뿌려진 선언문 같은 것도 접했다. **선배나 친구들을 따라, 그 시절 학생운동이 가장 강했던 서울대학교 문리대와 고려대 시위를 구경가기도 했다.**

【문재인은 학생운동이 없던 경희대에 학생운동을 심으려 대학 간 것인가? 친모 또는 계모가 고생해서 번 돈으로 서울 유학했다면 차마 인간으로서 못 할 짓이다.】

대학 시절 나의 비판의식과 사회의식에 가장 큰 영향을 미친 분은, 그 무렵 많은 대학생들이 그러했듯 리영희 선생이었다. 나는 리영희 선생의 『전환시대의 논리』가 발간되기 전에, 그 속에 담긴 '베트남 전쟁' 논문을 「창작과 비평」 잡지에서 먼저 읽었다. 대학교 1, 2학년 무렵 잡지에 먼저 논문 1, 2부가 연재되고, 3학년 때 책이 나온 것으로 기억한다. 처음 접한 리영희 선생의 논문은 정말 충격적이었다. 베트남 전쟁의 부도덕성과 제국주의적 전쟁의 성격, 미국 내 반전운동 등을 다뤘다. 결국은 초강대국 미국이 결코 이길 수 없는 전쟁이라는 것이었다. 처음 듣는 이야기는 아니었다. 우리끼리 하숙집에서 은밀히 주고받은 이야기였다. 그러나 누구도 부인할 수 없는 근거가 제시돼 있었고, 명쾌했다. 한 걸음 더 나아가 미국을 무조건 정의로 받아들이고 미국의 주장을 진실로 여기며 상대편은 무찔러야 할 악으로 취급해 버리는, 우리 사회의 허위의식을 발가벗겨 주는 것이었다. 나는 그 논문과 책을 통해 본 본받아야 할 지식인의 추상(秋霜) 같은 자세를 만났다. 그것은 두려운 진실을 회피하지 않고, 직시하는 것이었다. 진실을 끝까지 추구하여, 누구도 부인할 수 없는 근거를 가지고 세상과 맞서는 것이었다. 목에 칼이 들어와도 진실을 세상에 드러내고, 진실을 억누르는 허위의식을 폭로하는 것이었다.

리영희 선생은 나중에 월남 패망 후, 「창작과 비평」 잡지에 베트남 전쟁을 마무리하는 논문 3부를 실었다. 결국 월남 패망이라는 세계사적 사건을 사이에 두고 논문 1,2부와 3부가 쓰인 셈이었다. 논리의 전개나 흐름이 그렇게 수미일관(首尾一貫)할 수 없었다. 1,2부는 누구도 미국의 승리를 의심하지 않을 시기에 미국의 패배와 월남의 패망을 예고했다. 3부는 그 예고가 그대로 실현된 것을 현실에서 확인하면서 결산하는 것이었다. 적어도 글 속에서나마 진실의 승리를 확인하면서, 읽는 나 자신도 희열을 느꼈던 기억이 생생하다. ……

문재인은 학생운동이 없던 경희대에 학생운동을 도입했다. 그 과정을 이렇게 밝힌다.

당시 경희대는 학생운동이 약했다. 의식 있는 학생들은 개별적으로 흩어져 있었다. 스터디 그룹 같은 것도 형성돼 있지 있지 않았다. 제대로 된 사회과학 서클도 없었다. 2학년 때인 1973년 하반기부터 전국적으로 유신 반대 투쟁이 본격화됐다. 서울대학교 문리대 시위를 시작으로 대학생들의 시위가 전국 각 대학으로 확산됐다. 개헌청원 100만 명 서명 운동, 긴급조치 1호, 긴급조치 4호와 민청학련 사건, 인혁당 사건 등이 이어졌다. 그런 동안에도 경희대는 시위라고 할만한 것이 없었다. 시위 시도는 간헐적으로 있었으나, 이끄는 중심 세력이 없어 불발에 그쳤다.

【긴급조치 1호는 1974년 1월 8일 발표, 긴급조치 4호는 1974년 4월 3일 발표.

이해를 돕기 위해 1973년 하반기에서 1974년 하반기까지의 대한민국 상황을 약술한다.

1973년

8월 8일 중앙정보부가 해외 망명 상태에서 반정부 활동을 하던 야당 정치인 김대중을 일본 수도 동경에서 납치했다. 중앙정보부는 김대중을 준비한 배에 태워 부산으로 이송했다. 김대중은 8월 13일 서울 동교동 자택에 도착했다.

이 김대중 사건으로 정국은 들끓었고 미국, 일본 정부도 깊은 관심을 보였다.

8월 28일 오후 6시 북한의 평양방송은 남북조절위원회 평양 측 김영주 공동위원장 명의로 된 성명을 발표했다.

"중앙정보부가 김대중 납치를 주도했다. 이후락 정보부장이 평화통일을 주장하는 애국적 민주인사를 체포·탄압하고 있으므로 남북회담을 계속할 수 없다."

1973년 가을부터 개헌 운동이 일어났다.

1973년 10월 2일 서울대 문리대(文理大 : 현재의 인문대·사회대·자연대) 학생들이 유신반대 시위를 벌였다. 경찰이 교내로 진입해 학생들을 연행했다. 연행된 학생 180명 가운데 20명이 집회 및 시위에 관한 법률 위반 혐의로 구속되었다.

10월 4일 박 대통령은 시정(施政) 연설에서 중화학공업 육성에 역점을 두겠다고 말했다. 이날 서울대 법대생들이 유신 반대 시위를 벌였다.

10월 5일 서울대 상대생 300여 명이 동맹휴학을 결의하고 교정에서 연좌데모를 벌였다.

10월 6일 이집트와 시리아가 이스라엘을 선제공격하여 4차 중동전쟁이 일어났다. 이집트 군은 수에즈 운하를 건너 점령당한 시나이반도로 진입했고 시리아는 점령당한 골란고원을 탈환하려 대규모 기갑부대를 투입했다.

10월 10일 골란고원을 침공했던 시리아 군의 중앙 주력 마지막 부대가 퍼플 라인(6일 전쟁 이후의 휴전선) 전의 너머로 쫓겨났다. 이스라엘 군은 총 1,500대가 넘는 전차를 앞세운 시리아군을 4일 만에 격퇴한 것이다.

10월 15일 미국 닉슨 행정부는 이스라엘에 무기를 지원하기로 결정했다.

10월 16일 쿠웨이트에서 긴급회동한 아랍 산유국 6개국은 원유 가격을 배럴당 3.12달러에서 3.65달러로 인상한다고 밝혔다.

10월 17일 석유수출국기구(OPEC) 대표들이 쿠웨이트에서 모여 이스라엘의 아랍 점령지 철수를 요구하면서 매월 5% 석유를 감축 생산하기로 의결했다.

10월 20일 사우디아라비아, 쿠웨이트 등 아랍 5개 산유국은 미국, 서유럽, 일본, 한국 등 이스라엘 지원국에 석유수출을 정지한다고 선언했다.

10월 22일 미국과 소련은 전쟁 당사국 간의 즉각적인 휴전과 1967년 유엔 안전보장이사회 결의안 242호에 입각해 즉각적인 협상을 촉구하는 유엔 안전보장이사회 결의안 338호를 통과시켰다.

더욱 큰 승리를 목전에 둔 이스라엘과 초기의 유리한 전황을 유지하지 못한 이집트 모두 휴전안에 저항했지만 미국과 소련의 태도는 단호했다. 결국 이집트, 이스라엘, 시리아 3국은 이 결의안을 수락했다.

10월 25일 유엔 안전보장이사회는 유엔 긴급군의 파견을 결정했다.

10월 28일 유엔 긴급군 제1진 7,000명이 수에즈운하 지역에 도착했다.

11월 4일 OPEC는 원유 생산량을 25% 줄이기로 결정했다. 원유가는 계속
            올라 연말이 되자 배럴당 5.3달러로 급상승했다.

  야심차게 중화학공업화에 나선 한국 경제는 1차 석유 파동(오일
쇼크)로 큰 위기를 맞았다. 석유가 많이 필요한 중화학공업을 추진
하는 한국 경제는 석유 의존도가 높아지고 있었다. 1968년을 전후
로 주요 에너지원이 석탄에서 석유로 바뀌었는데, 1972년에는 국내
에너지 총 소비량 가운데 50% 이상이 석유였다.

  오일 쇼크로 물가가 폭등했을 뿐 아니라 외환 위기로도 이어졌다.
국제수지는 적자 행진을 이어가고 외환보유고가 고갈되어 갔다.

  도시에서는 영하의 날씨 속에서 불을 때지 못하는 아파트 주민들
의 고통이 줄을 이었고 화장실 수도가 얼어붙어 오물이 집 안에 넘
치고 기름이 없어서 발을 동동 구르는 사태가 벌어졌다.

  당시 신문기사에는 '조기방학', '대낮 소등 생활화', '버스정류장 간격
조정', '택시 윤번제 실시', '공장 조업 단축', '목욕탕 영업시간 및 신규
허가 규제', '불 꺼진 대합실', '기름을 사려는 사람들이 늘어선 주유소',
'플라스틱 물건이 없어서 못 파는 가게 풍경' 등이 연일 실렸다.

11월 5일 계훈제, 김재준, 천관우, 함석헌, 김지하, 이호철, 법정 스님 등 15
            명은 서울 종로2가 YMCA 커피숍에서 '시국 선언'을 했다. 내외신
            기자회견을 하고 모두 종로경찰서로 연행되었으나, 함석헌, 김재준,
            천관우 3인만 남고 모두 풀려났다.

11월 8일 정부는 에너지 절약 1단계 조치를 발표했다. 걷기 운동, 대낮 소등

생활화, 공원 네온사인 규제, 목욕탕 신규 허가 억제, 관광 여행 규제 등의 대책이었다.

대한민국 거리는 암흑으로 변했다. 가로등이 꺼졌고 상점의 네온 사인도 꺼졌다. 밤거리가 어두워져 시민들은 서둘러 귀가했으며 가정에서도 전등을 한 개씩만 켰다. 석유가 모자라니 연탄 파동까지 일어났다. 어렵사리 이룬 한국 경제의 성취가 한순간에 물거품이 되어 경제가 부도나는 것 아니냐는 절망의 목소리가 여기저기서 터져 나왔다.

11월 11일 이집트-이스라엘 양국은 휴전협정에 조인했다.

11월 21일 서울대 교양학부생 1200명이 기말시험을 거부하고 거리로 나갔다.

11월 22일 문교부 지시로 서울대 문리대가 조기방학에 들어갔고 한국외국어대와 춘천 성심여대도 조기 종강에 들어갔다.

11월 24일   한국기독교협의회 주최로 천관우(언론계), 이문영(학계), 이태영(여성계), 안병무 고범서(신학계), 김재준 조향록 서광선(기독교계), 한승헌(법조계) 등 각계 대표 30명이 학원과 언론사찰 중지를 담은 '인권선언문'을 발표한다.

11월 27일 밤 서울 종로구 신문로 소재 새문안교회에서 대학생들이 시위를 하다 경찰에 연행되었다.

12월 1일 경북대생 1,600명이 언론자유보장 등 6개항을 결의하고 시위를 벌였다. 같은 날 부산대생 1천여 명도 시위했다.

12월 5일 태완선 경제기획원 장관, 남덕우 재무장관, 장예준 상공부장관, 정소영 농수산부장관은 합동기자회견을 열어 석유를 30%, 전기 요금을 7%, 비료를 30%, 설탕을 16.7%, 배합사료를 25.5% 인상한다고 밝혔다.

12월 7일 박정희 대통령은 반정부 시위로 구속된 학생 전원을 석방하게 하고, 학칙위반으로 받은 징계도 모두 백지화하도록 지시했다.

12월 15일 박정희 정부는 서경석(徐京錫) 외무부 대변인의 이름으로 이스라엘의 점령지 철수 등 4개항의 친 아랍 성명을 발표했다.

내용은 다음과 같다.

대한민국 정부는 유엔 안전보장이사회와 관계국들의 진지한 노력에 의해 중동 지역에 공정하고 항구적인 평화가 하루속히 이루어지기를 바라는 바이다. 이에 관련하여 대한민국 정부의 중동 지역 평화 성취에 관한 입장은 아래와 같다.

(一) 국제적 분쟁은 무력에 의해서가 아니라 평화적인 협상을 통해 해결돼야 하며 무력에 의한 영토 획득은 용납되어서는 안 된다.

(二) 이스라엘은 67년 전쟁 및 이번 전쟁에서 점령한 영토로부터 철수해야 한다.

(三) 팔레스타인(人)의 정당한 주장은 인정되고 존중되어야 한다.

(四) 이 지역의 모든 국가의 주권, 영토 보존, 독립과 평화로운 생존권은 존중되어야 한다.

이미 11월 말 친아랍 정책을 결정, 아랍 국가들에게 한국 정부의 입장을 전달했는데 이를 공식 발표한 것이었다. 이 발표에 앞서 주한 미국 대사관에 한국의 입장을 설명하고 주한 이스라엘 대사관에 알렸다.

이날 최규하 외교 특보가 사우디아라비아에 도착했는데, 한국 정부의 친 아랍 정책 성명 발표로 파이잘 국왕과 면담 일정이 잡혔다.

12월 16일 파이잘 국왕과의 면담에서 최규하 특보는 공산주의와 대결하고 있다고 한국의 상황을 설명했는데, 이후 사우디아라비아 정부는 한국을 우호국으로 분류하여 원유 공급 제한 조치를 해제했다.

12월 18일 서울 예술극장에서 임시전당대회를 마친 통일당(민주통일당) 당원 300여 명이 민주체제 회복하라는 플래카드를 들고 가두시위를 벌였다.

12월 24일 YMCA에서 장준하, 함석헌, 김동길, 천관우, 계훈제, 백기완 등 재야인사들이 모임을 갖고 '개헌청원 100만인 서명운동'을 전개하기로 결의했다.

이들은 "현행 헌법은 그 개정의 발의권이 사실상 대통령에게 속해 있는 것이기 때문에 대통령에게 헌법 개정을 요구하는 100만인 청원운동을 전개할 수밖에 없다"고 그 불가피성을 밝혔다. 김수환 추기경, 지학순 주교 등 30여명이 서명했다. 통일당은 즉시 이를 환영하며 이 서명운동에 최선을 다하겠다는 성명을 발표했다. 또한 신민당의 정일형 의원이 지지성명을 발표했다.

자유중국을 방문하고 귀국길에 일본에 들른 유진산 신민당 총재는 이날 "박대통령은 국가민족의 장래에 불행을 끼치지 않기 위해 중대한 결단을 내려야 한다"고 말했다.

12월 26일 밤 김종필 국무총리는 전국의 TV 및 라디오를 통해 "헌법을 고쳐야 되느니, 가두서명을 하느니, 민주회복을 하느니 하는 일체의 행위는 삼가야 하며 세상을 시끄럽게 하거나 선동하는 것은 다스리지 않을 수 없다"는 내용의 대국민 특별방송을 했다.

12월 28일 문화공보부는 '언론자율규제 기준 3개항'이라는 것을 발표한다.

내용은 10월 유신 이념과 체제에 대한 부정이나 도전, 국가안보 및 외교상의 중대한 위험을 초래하는 사항, 사회불안을 조성하거나 경제 안정 기반을 와해하는 보도를 국가안보 차원에서 규제한다는 것이었다.

12월 29일 박정희 대통령은 김성진 청와대 대변인을 통해 개헌 청원 서명운동을 중지하라는 특별 담화를 발표했다.

유신체제의 불가피성을 누누이 설명하고 절대로 경거망동이 있어서는 안 되겠다는 점을 국민에게 간곡히 호소한 바 있습니다. 그럼에도 불구하고 일부 불순분자들은 아직도 과대망상증에 사로잡혀서 …

이들의 황당무계한 행동이 자칫 국가안위에까지 누를 미칠까 염려하여 한 번 더 냉철한 반성과 자제를 촉구하는 동시에 이제라도 늦지 않으니 소위 헌법 개정 백만인 청원운동을 즉각 중지할 것을 엄중히 경고해두는 바입니다.

1974년

1월 1일을 기해 OPEC는 유가를 배럴 당 11.65달러로 다시 인상했다. 1973년 1월 1일 원유가격이 배럴 당 2.59 달러였으니 1년 사이에 4배로 오른 것이다.

1월 4일 기독학생총연맹은 1974 기독학생선언문을 발표하여 개원청원서명운동을 적극 지지하며 이에 참여하겠다고 했다.

1월 5일 개헌청원운동본부 대표 장준하 씨는 국민들이 정당한 비판을 할 수 있는 분위기가 조성되어야 한다고 주장했다.

이날 통일당은 개헌서명운동에 적극 참여하기로 결정했다.

1월 6일 서울대 의대생 50여 명이 개헌서명운동을 지지하는 성명서를 발표했다.

1월 7일 이희승(李熙昇), 이호철, 백낙청 등 문인 61명이 개헌서명 지지선언을 했다.

또한 이날 신민당은 민주헌정 복귀를 위해 헌법 개정에 진력하기로 결의했다. 정무회의 끝에 성명을 발표하여 현행체제는 정보정치, 공포정치의 대명사일 뿐이라고 비난하면서 신민당은 국민의 선두에서 민주회복을 위한 거당적 투쟁을 벌이겠다고 다짐했다.

1월 8일 이에 맞서 박 대통령은 긴급조치 1호와 2호를 공포하였는데 당일 오후 5시부터 발효한다고 했다. 1호는 일체의 개헌논의를 금지하는 것이었고 2호는 1호 위반자를 영장 없이 체포하며 비상군법회의에서 처벌한다는 것이었다. 긴급조치 2호에서 긴급조치 위반자는 민간인이라도 군법회의에서 재판한다고 규정했다.

1월 11일 유진산 신민당 총재가 지병으로 수술을 받으려 병원에 입원했다.

1월 14일 박정희 대통령은 1974년 1월 '국민생활 안정을 위한 대통령 긴급조치 제3호'를 선포했다. 이 조치를 입안 실행하는 사령탑을 맡았던 김용환 청와대 경제수석비서관이 긴급조치 3호를 입안하고 실행하는 책임을 맡았다.

긴급조치 3호의 내용은 다음과 같다.

(1) 저소득층의 부담 경감과 생활안정을 위한 조세 감면
(2) 고소득층의 재산, 사치성 물품 및 과도한 소비행위에 대한 중과세

(3) 노사협조 강화와 부당 근로조건 악화 방지

(4) 유통과정에서의 가격 조작에 의한 폭리 방지

(5) 예산의 일부 보정

1월 15일 비상보통군법회의 검찰부는 장준하 씨와 백기완 씨를 긴급조치 1호 위반혐의로 구속했다.

유신 헌법에 규정된 긴급조치는 초법률적 조치로 유신 헌법에서 가장 논란의 대상이었다. 정권의 모든 법적 조치는 위헌 여부의 심사 대상이 되어야 하는데 긴급조치는 그 심사 대상이 되지 않는다고 유신 헌법은 규정하고 있다. 오직 긴급조치로만 긴급조치를 해제할 수 있었다.

2월 1일 정부는 유류값을 평균 82%, 전기 요금을 30%, 해운 요금을 최고 109%, 항공 요금을 60% 올렸다.

2월 5일 정부는 생활필수품, 건축 자재, 신문 용지 등을 가격을 대폭 인상했다.

2월 25일 서울지검 공안부는 '문인 간첩단'을 적발했다며 이호철 정을병 김우종 임헌영 장병희 5명을 반공법 위반 및 간첩 혐의로 구속했다고 밝혔다.

공안부는 이들이 재일 공작지도원에게 포섭되어 문단 언론계 학계의 동태를 보고하고 반정부 활동을 선동하는 작품 활동을 했으며 북한의 지령을 실천하기 위해 문인 개헌서명에 가담했다고 했다.

1974년 2월 북한에서는 조선노동당 중앙위원회 제5기 8차 전원회의가 개최되었다. 여기에서 김일성의 장남 김정일이 정치국 위원으로 선출됐다. 북한 노동당 정치국은 당 규약을 해석하고 당이 나아갈 방향을 결정하는 최고 권력기구이다. 이때 김정일은 33세였다. 새로 정치국 위원이 된 김정일은 주석 김일성, 부주석 김 일, 정무원 총리 이종옥, 인민무력부장 오진우에 이어 정치국 회의에 다섯 번째로 입장했다. 즉 권력 서열 5위에 오른 것이다. 이는 김일성이 권력을 세습할 의도를 노골적으로 드러낸 일이었다.

김정일은 1942년에 태어나 1961년 7월에 조선노동당에 입당했으며, 1964년 봄에 김일성대학을 졸업했다. 대학을 졸업하자마자 노동당 중앙위원회에 배속되어 본격절인 정치 활동을 시작했다.

김정일은 1967년부터 북한의 권력구조 내에서 두각을 나타내기 시작했다. 1967년 5월에 열린 조선노동당 중앙위원회 제4기 15차 전원회의에서 박금철 등 당의 지도급 간부들과 선전·문화를 담당하던 간부들 숙청을 주도했다. 이 회의 이후 김정일은 유일사상 체계를 확립한다는 명목으로 계속 당내 사상투쟁을 벌여나갔으며, 김일성 개인숭배 캠페인을 주도했다. 특히 선전선동의 중요 수단인 문학·예술 부문과 출판·보도 부문은 직접 관장했다.

김정일은 1970년 9월에 당 중앙위원회 문학예술부 부부장에 임명되었다. 1972년 10월에는 당 중앙위원이 되었고 1973년 7월에는 당 중앙위원회 부장에 임명되었으며, 9월에는 당 중앙위원회 비서국의 조직·선전 담당 비서가 되었다.

4월 3일 정부는 긴급조치 4호를 공포하고 민청학련(민주청년학생총연맹)이 불순 세력의 조종을 받고 있다고 발표했다.

4월 25일 중앙정보부장 신직수가 민청학련 수사 상황을 발표했다.

"민청학련은 공산계 불법단체와 조총련계 및 국내 좌파 혁신계 인사가 복합적으로 작용, 4월 3일을 기해 현 정부를 전복하려 한 불순 반정부 세력"이라고 규정했다. 이 사건으로 1024명이 조사를 받았고 253명이 군법회의에 회부되었다.

4월 28일 유진산 신민당 총재가 지병으로 사망했다.
5월 1일 일본 자민당 의원 미즈노가 동교동 김대중 자택을 방문하였는데, 김대중은 자신의 인권문제 해결은 일본 정부가 책임져야 한다고 주장했다.

5월 18일 인도가 원폭 실험을 성공시켜 세계를 놀라게 했다.

1962년 10월 20일 중국인민해방군 8만 명의 병력이 인도를 공격했다. 수비하는 인도군은 1만 명 정도였다. 히말라야 산맥을 사이에 둔 인도와 중국은 국경선이 분명하지 않아 갈등이 고조되고 있었다. 4000m가 넘는 히말라야 고산지대에서 전투가 벌어졌는데 중국군의 압승이었다. 인도군 전사자는 1,383명이었고 3,968명이 포로가 되었다. 중국군 전사자는 722명이었다.

11월 19일 중국이 일방적인 정전선언을 발표하여 전투가 그쳤다.

북한은 중·인 국경분쟁이 일어나자 즉각 중국을 지지하고 인도를 격렬하게 비난했다.

중국과의 관계를 형제 관계라고 부르며 국방에 신경 쓰지 않던 네루 수상은 충격을 받아 대폭적인 군비 증강에 나섰다. 1964년 중국이 원폭 실험에 성공하자 인도는 필사적으로 핵무기 개발에 나섰다.

인도와 세 차례나 전쟁을 치른 파키스탄도 인도의 핵무기 개발에 충격을 받아 원폭 개발에 나섰다.

인도의 핵실험에 충격받은 미국은 정보채널을 총동원해 각국의 핵무기 개발 여부를 예의주시했다. 미국 정보당국은 핵무기 관련 자재에 대한 각국의 수입 자료를 면밀히 분석하기 시작했다. 미국 정부는 핵무기 개발과 관련된 많은 물자들이 남한으로 들어간 것을 곧 알아내었다.

8월 15일 광복절 기념행사에서 북한이 보낸 문세광이 박정희 대통령을 저격하였으나 육영수 영부인이 피탄으로 사망했다. 이 사건으로 개헌 운동은 침체했다.

8월22~23일 이틀간 신민당 임시전당대회가 열렸다. 김영삼, 이철승, 고흥문 등 5인이 총재 경선에 나섰는데 23일 2차 투표 끝에 김영삼 의원이 총재로 선출되었다. 김영삼은 전당대회 결의문에서 김대중의 정치 활동 재개와 민주수복을 요구했다.

같은 날 박 대통령은 긴급조치 1호와 4호를 해제했다.

9월 6일 광복회 회원 1,400명이 일본대사관에 난입하여 일장기를 불태우고 차량을 부수는 등 소요를 벌였다.

문세광 사건에는 일본 정부가 책임질 부분이 있었다. 일본에 외교적 굴욕을 맞본 박 정권으로서는 보복할 좋은 기회였다. 이에 한국 정부의 비호 하에 광복회 회원이 일본대사관을 습격한 것이다. 치외법권 지대인 외국 대사관에 군중이 난입한 것은 불법이었으나 워낙 한국의 국민감정이 격앙되어 있던 터라 일본 정부는 별 다른 대응을 하지 못했다.

이 사건 이외에도 전국 각지에서 반일 시위가 연일 벌어졌다.

한일 관계가 크게 악화되자 미국정부가 나서서 조정했다.

1974년 11월 주한 미 대사관은 남한이 "핵개발 계획의 제1 단계를 추진하고 있는 중이다"라고 본국에 타전했다. 이에 헨리 키신저 미 국무장관은 주한 미국 대사관에 다음과 같은 전문을 타전했다.

한국의 전략적 위치를 볼 때 남한 정부의 핵무기 개발 노력이 이웃 나라, 특히 북한과 일본에 영향을 미칠 것이므로 미국은 심각하게 우려하지 않을 수 없다. 남한의 핵무기 보유는 일본뿐만 아니라 소련과 중국, 우리가 직접 관여하고 있는 이 지역 전체의 안정을 저해 하는 중대한 요인이 될 것이다. 그것은 곧 전쟁이 일어날 경우 소련과 중국이 북한에 핵무기를 지원해 준다는 약속으로 이어질 수 있다 …

한국의 핵무기 개발 추진은 남한 정부가 미국의 안보 공약을 전보다 덜 믿게 된 것과 미국에 대한 군사적 의존도를 줄이려는 박의 염원을 반영하고 있다는 복잡성을 띠고 있다.

미국의 대응책은 "대한민국 정부의 핵무기 개발을 저지하고 핵 실험이나 핵무기 운반 체제 개발 능력을 최대한 억제하는 것"이었다.

미국 정부는 원자력발전소 수출국들과 함께 '런던 클럽'을 결성, 핵기술 후진국에 대한 핵물질과 장비의 수출은 물론 재처리, 농축, 중수(重水) 제조 등 민감한 기술의 국가 간 이전을 엄격히 제한하는 핵 확산 금지조치를 강화해 나갔다.

이와 함께 당시 핵무기 개발을 본격 추진하던 브라질, 아르헨티나, 파키스탄 등과 이들 국가에 핵기술을 제공하려던 프랑스, 서독 등에 압력을 넣어 핵기술 이전을 포기하도록 강요했다.

1974년 11월 9일에서 12월 10일까지 주재양 원자력연구소 제 1 부장, 윤석호(尹錫昊) 원자력연구소 화공개발실장, 박원구(朴元玖) 원자력연구소 핵연료연구실장 3인이 프랑스를 방문했다. 프랑스 정부는 이 과학자들에게 재처리 공장, 핵연료 가공 공장, 원자력연구소 등 관련 시설들을 모두 보여 주었다. 이들은 핵연료 재처리 시설의 협력선으로는 CEA 산하 용역회사인 생고뱅(SGN)社를, 핵연료 가공시설 협력선으로는 CERCA社를 선정하고 가계약을 체결했다(본 계약은 1975년 1월에 체결).

생고뱅사는 플루토늄 재처리 시설 개념 설계도를 1974년 10월에 만들었는데 이를 한국 측에 주었다. 이 설계도에 보이는 재처리 시설은 연간 20kg의 플루토늄을 생산할 수 있었다. 건설비는 3,900만 달러였고 건설 기간은 5년이었다.】

3학년 가을[1974년 가을이다.], 학교에서 재단 퇴진 농성이 있었다. **그걸 계기로 뜻이 맞는 친구들과 유신 반대 시위를 기획했다.** 우리 팀이 선언문을 준비해서 배포하고 학생들을 교내 '교시탑(校是塔 : 교시는 학교의 기본 방침이라는 뜻)' 앞까지 모으는 일을 맡았다. 그후 시위 주도는 부학생회장단이 맡기로 했다. **우리 팀은 아무도 모르게 시위 준비만 해 준 후 잠적해 버리고** 부학생회장단이 현장에서 직책 때문에 어쩔 수 없이 앞장서게 된 것으로 역할을 나눔으로써 처벌을 피하자는 계획이었다.

그 선언문을 내가 작성하게 됐다. 다른 이유는 없었다. 우리 가운데 그나마 내가 다른 대학의 여러 선언문을 자주 접해서, 어떤 식으로 쓴다는 정도는 알고 있었기 때문이다. 물론 처음 써보는 선언문이었다.

친구 집에서 등사기를 밀어 등사하는 방법(당시 유인물을 수(手)제작하는 통상적인 방법)으로 밤새 유인물을 4,000부 가량 준비했다. 그 유인물을 다음 날 새벽, 아무도 모르게 모든 강의실에 뿌렸다.

정해진 시간이 되자 500~600명의 학생들이 교시탑 앞에 모였다. 이제 부학생회장단이 학생들을 이끌 순서였다. 어찌된 일인지 아무도 나타나지 않았다. 학생처 직원들이 학생들을 해산시키려 했다. 그때만 해도 경찰은 학내로 들어오지 못할 때였다. 참다못한 학생 몇 명이 연단 위로 올라가 선언문을 읽으려 했으나, 학생처 직원들이 끌어내렸다. 그대로 두면 시위는 실패로 돌아갈 것 같았다.

할 수 없이 내가 올라가 선언문을 읽었다. 학생처 직원들이 몰려왔으나 학생들이 막아줬다. 비가 내려 선언문이 젖었다. 그래도 내가 쓴 글이어서 문제없이 읽을 수 있었다. 그런 다음 학생들을 교문으로 이끌었다. 금세 학생들이 2,000여 명으로 불어났다.

교문을 사이에 두고 경찰과 대치하면서 최루탄과 투석(投石) 공방이 시작됐다. *경희대 입학 후 제대로 된 시위는 이때가 처음이었다.*

【이 시위와 관련해 경희대에 전해지는 유명한 일화가 있다.

문재인은 유신 헌법 반대 시위를 하면서 사법시험을 준비하던 법학과 동기들에게 열심히 시위 동참을 호소했는데, 법대 동기였던 고조흥(高照興)이 "우리는 너와 생각이 다르다"며 쫓아냈다. 그러나 얼마 지나지 않은 1975년 1월 치른 17회 사법시험 1차 시험 합격자는 공부 안 하고 유신 반대 운동을 했던 문재인 하나뿐이었다. 이 이야기는 경희대의 전설이 된다.

고조흥은 1952년 11월 경기도 여주군에서 태어났다. 포천초등학교, 포천중학교, 서울 대광고등학교를 나오고 1972년 경희대학교 법학과에 입학, 1976년 2월 졸업했다.

1978년 제20회 사법시험에 합격했다(제20회 사법시험 합격자 수는 100명으로 처음으로 세 자리 수가 되었다). 고조흥은 2000년까지 검사로 근무하였고, 그 이후 변호사로 활동.

2000년 제16대 국회의원 선거에서 한나라당 후보로 경기도 포천시 연천군 선거구에 출마하였으나 낙선하였다.

2004년 제17대 국회의원 선거에서 한나라당 후보로 경기도 포천시 연천군 선거구에 출마하였으나 열린우리당 이철우 후보에 밀려 낙선하였다. 이철우의 공직선거법 위반으로 치러진 2005년 재보궐선거에서 한나라당 후보로 출마하여 당선되었다.

고조흥은 경희대학교 법대 동기회장과 경희대학교 총동창회 부회장을 맡기도 했다.

이에 비해 문재인은 졸업 후 경희대와 연을 맺지 않았다.】

우리는 시위가 본궤도에 오른 것을 확인한 후 학교를 빠져나와 며칠 동안 잠적했다. 경찰은 시위 현장에서 앞장선 몇 사람을 붙잡아 갔으나, 시위를 준비한 팀과의 연계성이 안 나오자 구류 정도로 사건을 종결했다. **그때 잡혀가 고생한 학우 중 한 명이 민주당 국회의원인 정범구다.** 그는 정치외교학과 4학년 졸업반으로 총학생회 간부였는데, 현장에서 앞장서다가 붙잡혀 갔다. 형사처벌은 구류로 끝났지만, 학교에서 무기정학 처분을 당해 졸업도 늦어지고 취업도 못해 고생을 많이 했다. 지나고 보니 그 고생이 그를 단련시켜 더 큰 인물로 만들어 준 것 같다.

나와 친구는(왜 친구 이름을 밝히지 않을까? 감추어야 할 인물?) 경찰의 사건 처리가 일단락된 후 학생과장의 주선으로 경찰에 자진 출두해 역시 구류로 끝냈다. 학생과장은 내가 비에 젖은 유인물을 읽는 모습을 보고 내가 작성자라는 것을 눈치챘다고 한다. *학교로부터는 아무 처벌도 받지 않았다.*

【똑같이 구류 처분을 받았는데 정범구는 무기정학 처분을 받고 문재인은 아무 처벌도 받지 않았다. 총장 조영식이 특별히 보호 관리하는 인물이었나 보다.】

그 일로 우리는 학내에서 일약 학생운동의 중심인물이 됐다. **그 후 우리는 각 단과대학별로 학생들을 이끌만한 친구들을 규합해 학교 전체를 망라하는 조직을 갖췄다. 한편으로 사회과학 서클을 만들어 저변을 넓혀 갔다.** 시국은 터질 듯이 긴장이 높아져 가고 있었고, 우리는 그렇게 다음 해를 준비했다.

이어 문재인은 '구속, 그리고 어머니'란 소제목으로 1975년 봄의 총학생회 장악, 그리고 반유신 시위로 구속 제적된 일을 말한다.

그런데 문재인은 1975년 1월 28일 화요일 치러진 17회 사법시험 1차 시험에서 합격했다. 수험번호는 420…

문재인이 기술한 대학 생활로 보건대 전혀 공부하지 않고 합격한 것이다. 입학 때부터 죽어라 공부했던 경희대 법대 동기뿐 아니라 법대 동문 가운데에서도 유일한 합격자였다. 문재인이 설사 사법시험을 공부했다 해도 그 기간은 1개월을 넘기 어렵다.

【문재인은 1974년 가을비를 맞으며 반유신 시위를 선동하다가 구류처분을 받았다고 자술한다. 구치소에서 나와 곧장 10월 말에 있는 중간고사를 치러야 한다. 11월 말이면 기말시험 준비. 그리고 12월 20일 경이면 겨울방학에 들어간다. 아무리 많이 잡아도 사법시험 공부할 수 있는 기간은 30일 정도이다. 늘 반정부 시위 생각만 하는 문재인이 갑자기 사법시험 공부를 한다? 이해하기 어렵다. 문재인의 합격은 놀라운 초능력을 발휘한 것이다. 그리고 초능력을 숨기기 위함인지 1차 시험 합격을 말하지 않다가 나중에 은근슬쩍 언급한다.

그리고 특이하게도 부산에서 원서 접수하고 부산 경남고에서 시험 쳐서 합격했다. 다른 경희대 법대생들은 서울에서 원서 접수하고 서울에서 1차 시험을 쳤다.】

세번째 이야기

구속, 군 복무,
사법시험 공부

세번째 이야기

* * *

구속, 군 복무, 사법시험 공부

구속, 그리고 어머니

1975년 새 학기가 시작될 때 대학가는 어느 학교라고 할 것 없이 유신 정권과 전면전을 벌여야 한다는 분위기가 넘쳐흘렀다.

【놀라운 거짓말이다. 학생운동이 있는 대학은 서울대, 연대, 고대 등 극소수였다. 북한의 선전자료는 남조선 모든 대학이 반유신 투쟁으로 끓어올랐다고 기술한다.】

1973년 하반기부터 시작된 대학생들의 반(反)유신 투쟁 열기가 재야와 기독권, 그리고 언론 쪽의 자유언론 수호운동 등과 맞물리면서 최고조에 달한 느낌이었다.

【김일성의 남침 의지는 치열했다. 기습공격용으로 휴전선에 땅굴을 팠다.】

베트남에서 독재정권에 저항하는 승려들의 분신 소식이 이어졌다.

【뻔뻔한 거짓말이다.

베트남 승려 틱꽝득(釋廣德, Thích Quảng Đức, 1897~1963)은 1963년 6월 11일 남베트남의 응오딘지엠 정권의 불교 탄압에 항의하여 분신자살했다. 사진과 영상이 특보에 호외, 속보를 타고 전 세계로 일파만파 전파되었다.

다음은 틱꽝득이 소신공양 전 유언으로 남긴 편지이다.

　내가 눈을 감아 부처님의 곁으로 가기 전에, 국민들을 받들고 조국의 무궁한 영광을 위해 종교적 평등을 실행하기를 응오딘지엠 대통령께 정중히 간청드립니다. 경애하는 신도들이여 부처님이여, 그대들이 결속하여 불교를 지키기를 바라며 이 몸을 바칩니다.
　나무아미타불.

사진이 미국 언론에 보도되어 응오딘지엠 정권의 이미지는 바닥을 치게 되었고 응오딘지엠을 그때까지 지원하던 미국은 부패 정권을 돕고 있다는 비판을 피할 수 없게 되면서 결국 1963년 11월 베트남 군부의 군사정변을 지지했다.

12년 전의 사건을 1975년 현재로, 한 건인 사건을 연이은 사건으로 사기치는 문재인!】

그런 투쟁까지 가야만 유신정권을 깨뜨릴 수 있을 것 아니냐는 말까지 나돌았다. 1975년 4월 서울대 농대 김상진 열사의 할복은 그런 분위기가 현실로 나타난 것이었다.

【1975년 4월 11일 서울대학교 농과대학생 김상진이 유신체제와 긴급조치에 항의하여 할복자살한 사건으로 수원 도립병원으로 옮겨져 두 번의 수술을 받았으나 이튿날인 4월 12일 오전 8시 55분 즈음 사망했다. 김일성도 틱꽝득의 분신자살에 감명받았는데, 문재인도 그런 모양이다.】

경희대에서는 마침 그해 4월 초, 오랜만에 실시되는 직선제 총학생회장 선거가 있었다. 그전까지는 대의원 간접선거였다. **우리는 총학생회를 장악해, 총학생회 주관으로 유신 반대 시위를 하기로 했다.**
【문재인이 말하는 '우리'의 정체는 무엇인가? 무슨 지하 비밀결사 조직 같다.】

우리 쪽에서 후보를 내고 조직 역량을 총동원해 총학생회장을 당선시키기로 했다. 성공했다. 그때 당선된 총학생회장이 후일 민자당과 신한국당 사무총장을 지내고 한나라당 부총재까지 했던 강삼재 전 의원이다. 나는 총학생회 총무부장을 맡았다.
【총무부장은 총학생회 회비를 관리한다!】

친구들도 이런저런 간부를 맡았다. 그렇게 총학생회가 출범하자마자 총학생회 주도로 비상학생총회를 개최했다.

【1974년 가을부터 1975년까지 안보 위기가 극도로 고조되었다. **북한이 남침용으로 판 땅굴이 발견되어 안보 위기를 실감나게 했다.** 1974년 11월 15일 아침 7시 35분 경기도 연천군 고랑포(高浪浦)

동북방 8km 지점에서 수증기가 솟아오르는 것을 군사분계선 남쪽을 정기적으로 순찰하던 민간 경비대원이 목격했다. 경비대원이 발견하자 북한군은 총탄 300발을 퍼부었다.

이날 오후 박정희 대통령은 헬기를 타고 포천에 도착하여 3군 산하 5군단의 야외기동훈련을 참관했다. 참관을 마치고 청와대로 돌아온 박 대통령은 비서들에게 다음과 같이 소감을 말했다.

기동훈련을 보고 우리한테 공군력만 충분히 있다면 북괴가 어떤 도발을 해도 걱정이 없겠다는 느낌을 가졌어. 휴전선 땅 밑에서 남쪽으로 땅굴을 파고 있는 모양인데, 우리 군사과학이 그것 하나 못 찾을 줄 아는 모양이지. 땅굴을 파는 것은 러일전쟁 때 여순(旅順)에서나 있었던 일이지. 너무도 현대전을 모르는 것 같아. 러시아와 일본군도 서로 땅굴 작전을 했는데 그때도 별로 성공하질 못 했어.
그것을 과학이 발달된 지금 하고 있으니 한심한 노릇이야. 충분한 힘을 가진 우리 국군에 대해서 그런 옛날에나 있었던 전술을 쓰려고 하는데 통할 턱이 있나. 북괴 하는 짓이 두렵기보다 오히려 가련해 보여.
그러나 우리가 아무리 자신이 있다 하더라도 유비무환, 속전속결의 결의를 늦추어서는 안 되지. 내가 생각하기에 중공과 소련의 지원을 받지 않고 단독으로 남침하리라고는 생각 안 해. 그자들의 마음은 하루가 다르게 변한단 말이야. 그리고 우리는 결코 6 · 25 전쟁이 끝난 것이 아니라, 아직 휴전 중이라는 것을 국민 모두가 명심해야 될 거야.

오후 11시 주한 유엔군 사령부 대변인 우드사이드 대령이 지하터널 발견을 발표했다.

폭이 90cm, 높이 120cm인 이 지하터널은 비무장지대 군사분계선의 남방 1.2km 지점까지 굴착되었는데, 이는 휴전선 남방한계선에서 불과 800m 떨어진 거리였다. 땅굴의 의미는 북한의 평화통일 주장이나 제안이 완전 거짓이었다는 것을 입증한 것이었다.

11월 16일 이원경(李源慶) 문공부장관은 지하터널이 남한사회 혼란 때 남침 준비용이라고 말했다.

11월 17일 정부는 발견된 지하터널이 전쟁 시 1시간에 1개 연대를 침투시킬 수 있다고 평가하면서 남침용이라고 결론을 내렸다.

11월 18일 서종철(徐鍾喆) 국방부장관은 국회에서 북한이 지하땅굴 공동조사를 거부하고 있다고 답변했다(북한이 땅굴은 남한에서 판 것이라 주장하자 정부는 공동조사를 제의했다).

이날 김상협(金相浹) 고려대 총장은 학생들의 현실비판을 이해하라고 정부에 촉구했다.

11월 20일 북한이 매설한 폭발물이 터져 땅굴 현장을 수색하던 현장조사반 가운데 한국군 장교 1명과 미군 장교 1명이 사망하고 6명이 부상을 입었다.

11월 27일 기독교회관에서 정계, 천주교, 기독교, 불교, 언론계, 학계, 문인, 법조인, 여성계 등 각계 인사 71명이 '국민선언'을 발표하고 '민주회복국민회의' 결성을 공포했다.

윤보선, 함석헌, 김재준 등이 서명한 국민선언은
(1) 현행헌법의 합리적 절차를 거친 민주헌법으로의 대체
(2) 복역, 구속, 연금중인 모든 인사에 대한 석방과 정치적 권리 회

복, 언론자유보장

(3) 국민의 최저 생활 보장

(4) 민주체제의 재건 확립을 통한 민족통일의 성취 등 6개 항을 천
명했다.

1974년 12월 13일 북베트남은 1973년에 맺은 평화조약을 깨고
남베트남의 프억렁성(福隆省)에 공세를 시작했다.

1974년 12월 미 의회는 미군철수에 따라 지원하기로 한 대한(對
韓) 군사원조에 제동을 걸었다. 미 의회는 1975년 한국에 대한 미
행정부의 2억 3천 8백만 달러 군사원조 요구를 1억 4천 5백만 달러
로 삭감했다. 그러면서 만약 포드(Gerald Ford) 대통령이 한국의 인
권 수준 개선을 의회에 보증한다면 1억 6천 5백만 달러의 추가지원
을 제공할 것이라고 제시했다.

그러나 포드 미국 대통령은 보증을 하지 않았고 대한(對韓) 군사 원
조는 삭감된 채로 집행되었다. 미 제 7사단 철수의 대가라는 성격을
띠고 무상원조로 진행된 이 한국군 장비 현대화 계획은 1971년을 기
점으로 실시되었으나 결국 2년이나 지체되었고, 소요 비용도 처음 합
의와 달리 총액의 3분의 1 이상을 한국 정부가 부담해야 했다.

1974년 12월 25일 서울 YMCA 회관에서 민주회복국민회의가 창
립총회를 열고 정식으로 결성되었다. 민주회복국민회의는 "범국민
단체로서 비정치단체이며 그 활동은 정치활동이 아닌 국민운동"으
로 그 성격을 규정하였고 "자주, 평화, 양심"을 행동강령으로 "민주

회복"을 목표로 설정했다.

대표위원으로는 윤형중(상임대표), 이병린, 이태영, 양일동, 김 철, 김영남, 김정한, 천관우, 강원룡, 함석헌 등 10인이었다. 홍성우 변호사, 한승헌 변호사, 함세웅 신부(대변인), 김병걸, 김정례, 임재경 등 6인이 운영위원이 되었다. 김대중도 고문으로 참여했다.

1975년 1월 6일 북베트남군은 프억령성의 수도 프억빈을 함락했다. 이는 북베트남 지도부의 예상보다 훨씬 신속한 전과였다. 프억빈 함락에 미국 포드 정부는 남베트남에 대한 군사지원 재개를 의회에 요청하였지만 의회는 거부했다.

1월 14일 박정희 대통령은 연두기자회견을 했다. 그는 북한의 위협이 일소될 때까지는 유신헌법을 유지하겠다고 말했다.

요즈음 정부에 대해서 늘 반대하는 일부 사람들 중에, 언필칭 민주주의가 어떻고 자유가 어떻고, 이런 소리를 많이 얘기하는 것 같습니다. 그 사람들 얘기를 들으면 민주주의니 자유니 하는 것은 그 사람들의 하나의 특권물이고 마치 자기들의 독점물같이 떠들고 있고, 현 정부에 앉아 있는 대통령이나 장관이나 이런 사람들은 민주주의가 뭔지 자유가 뭔지 전혀 모르는 무지막지한 사람들이 앉아서 정치를 하고 있는 것같이 선동을 하고 있는데, 그 사람들은 요즈음 이렇게 얘기하더군요. 언론의 자유가 없는 현 정부는 '독재 정권'이다, 심지어 최근에 와서는 별의별 소리를 다합니다.

"정권 내놓고 물러가라" "대통령도 그만두고 물러가라", 이런 소리가 함부로 막 나오고 또 몇몇 신문에 대문짝처럼 이것이 보도가 되

세번째 구속, 군 복무, 사법시험 공부 **95**

어서 국민들을 선동하고 있습니다.

그런데, 하나 이상한 것은 이 사람들이 이런 소리를 막 떠들고 신문에 쓰면서도 우리나라에는 언론의 자유가 없다는 것입니다.

언론의 자유가 없는 나라에서 어떻게 정부를 이렇게 비난하고 비방을 하고, 이런 소리를 신문에 막 쓰고 할 수가 있느냐, 이것입니다.

즉, 정부에 대한 그런 비판도 마음대로 할 수 있는 그 자체가 언론의 자유가 아니냐 하는 것입니다.

그러면, 그 사람들은 언론의 자유로 뭘 바라느냐. 솔직히 말하면 그 사람들이 우리 국민들 중에서도 가장 언론의 자유를 많이 누리고 있으면서도, 늘 불평은 언론의 자유가 없다고 불평합니다. 하나 역설적인 얘기인 것 같습니다마는, 우리나라에는 언론의 자유가 있다 하는 것이 확실히 입증이 되었다 하겠습니다.

누가 그것을 증명을 했느냐, 요즈음 정부를 욕하고 비방하는 이 사람들이 바로 언론 자유가 있다는 證人이 아니냐, 이것입니다. 어느 독재 국가에서 정부에 대해서 그런 비난이나 비방을 마음대로 하고도 잡혀 가지 않고 일할 수 있겠습니까. 이것이 언론의 자유가 아니고 무엇이겠습니까.

국민에게 어느 정도의 자유를 허용하고 어느 정도의 자유를 제한하느냐 하는 것은 그 나라 사정에 따라서 각기 다릅니다. 그 나라가 가지고 있는 역사적인 현실과 시대적인 환경 또는 사회적인 여러 가지 특수성에 따라서 차이가 있습니다. 또, 차이가 있어야 합니다.

오늘날 각국의 민주주의 제도라는 것도 그 나라가 처해 있는 역사적인 현실과 시대적인 환경에서 우러난 하나의 산물(産物)이고 소산이 아니고 무엇이겠습니까. 그렇지 않고는 그 나라의 제도라는 것은 그 나라의 발전과 성장에 아무런 도움도 되지 않을 것입니다.

우리나라 헌법도 나는 같다고 생각합니다. 우리나라 헌법도 우리나라가 처해 있는 이 특수 여건을 감안해서 어느 정도로 국민의 자유를 허용하거나 어느 정도의 자유를 제한하고 있는 것입니다. 지난 헌정(憲政) 30년 동안 우리가 경험해 본 그 경험에 입각해서 어느 것이 가장 우리나라 실정에 알맞는가 하는 것을 국민 의사에 물어서, 국민의 동의를 얻어서 제정된 헌법, 즉 이것이 우리의 유신 헌법입니다.

그리고, 요즈음 또 정부에 대해서 반대하는 사람들은 흔히 이런 소리를 하면, 또 무슨 궤변을 들고 나오느냐 하면서, 미국이 어떠니, 서구가 어떠니 해서 그곳과 우리하고 대조해 가지고 얘기를 합니다. 물론, 미국 국민들이 또는 선진 민주주의 국가의 국민들이 우리 국민들보다도 더 많은 자유를 누리고 있는 것은 사실입니다. 그것은 나도 잘 알고 있습니다.

우리도 빨리 나라가 성장을 하고 부강해지고 또 한반도에서 이러한 전쟁의 위협이 없어져서, 우리도 남과 같은 그런 자유와 번영을 누릴 수 있는 날이 하루빨리 오기를 우리 모두가 간절히 바라고 있습니다. 그러나 현 시점에 있어서 우리 한국 국민이 미국 국민들이 누리는 것과 같은 그런 자유를 향유하겠다는 것은 무리한 소리가 아니냐, 이거예요. 미국하고 우리하고 사정이 다르고, 구라파하고 우리하고도 사정이 다릅니다.

미국이 오늘날 지구상에서 가장 민주주의가 발달되어 있고, 자유를 많이 허용한 나라라고 하는데, 만약에 미국이 우리 한반도와 같은 이런 형편에 처해있다면, 과연 오늘날 미국 국민들이 누리고 있는 그런 자유를 누릴 수 있겠느냐. 이에 대해 요전에 미국의 어떤 친구들이 나한테 와서 같은 얘기를 합디다마는, 자기들도 "미국에 있을 때에는 여러 가지 한국 문제에 대해서 이러쿵저러쿵 얘기를 많이 들었는데, 한국에 와서 보고 여러 가지로 생각을 좀 달리 했다"는 얘기입니다.

만약, 미 합중국이 남북으로라든지 동서로라든지 국토(國土)가 분단되어 가지고 그 한 쪽에 공산 정권이 서서 미국보다도 더 강력한 군사력을 가지고 미국을 뒤집어엎어 적화 통일을 하려고 자주 도전을 해 오고, 간첩을 보내고 테러 분자를 보내고, 심지어 땅굴을 파고 두더지 모양으로 기어 들어오고, 또 그 옆에 있는 캐나다가 공산주의 국가고 또 남쪽에 있는 멕시코가 공산주의 국가고 그 가운데 둘러싸인 미국이 주위로부터 그런 압력과 위협을 받고 있다, 그랬을 때에 미국 정부는 어떤 조치를 취할 것이고 미국 국민들이 과연 오늘날과 같은 그런 자유를 누릴 수 있겠느냐…, 못할 것입니다. 요즈음 한국의 일부 인사들 중에는 자기는 두 동강이 난 분단(分斷)된 남한 땅에 살고 있으면서 머리와 생각은 미국이나 서구라파에 가 있어가지고 그 곳에 대한 환상만 자꾸 생각하고 있단 말이에요.

남의 일이니까, 왜 우리는 그만큼 자유를 안 주느냐, 왜 우리한테는 자유가 이렇게 없느냐, 이것을 우리는 소위 환상적 민주주의론자라고 얘기를 합니다.

가장 자유가 많고 민주주의가 잘 된다는 미국이라는 나라도 역사를 보면, 가령 과거 링컨 대통령 때의 남북 전쟁 당시라든지, 또는 루스벨트 대통령 시대의 2차 세계 대전 때라든지, 또는 1930년대의 세계적인 대경제공황시대의 미국 대통령에게 미국 국민이나 입법부가 부여한 방대한 비상 권한이라는 것은 미국의 여러 가지 위기를 구출하기 위해서 그러한 권한이 부여됐다는 것을 우리는 알고 있으며, 또 미국 시민들이 일부 기본권조차 제한받았다는 것도 우리는 알고 있습니다.

서구(西歐), 서구 하지마는 서구에서 가장 대표적인 민주주의 국가라고 하는 프랑스의 예를 하나 들어 봅시다. 프랑스는 서구 민주주의의 발상지의 하나라고 우리는 보고 있는데, 1950년대 알제리 문제를 가지고 국론이 분열되고 국가가 위기에 처하게 되자 프랑스 국민들은 '드골 헌법'을 제정했습니다.

'드골 헌법'의 제16조를 보면 우리 현행 유신 헌법 53조와 유사한 국가 비상시에 대한 긴급조치권이 부여되고 있습니다. 드골 대통령은 이 헌법의 권한에 의해서 프랑스의 위기를 구출했습니다. 그런데, 프랑스는 그 '드골 헌법'을 지금도 개정하지 않고 그대로 시행하고 있습니다.

그러면, 오늘날 프랑스가 무슨 비상사태 하에 있느냐, 우리 한국과 같이 외부로부터 큰 위협을 받고 있느냐, 나는 그것은 아니라고 생각합니다. 그러나 프랑스는 그 헌법을 아직도 그대로 시행하고 있습니다.

그런데, 프랑스에는 이런 헌법이 그대로 시행되어도 말썽이 없는데, 어떻게 대한민국에서는 그렇게 말썽이 많으냐, 이것입니다. 그러면, 대한민국의 민주주의가 프랑스보다 더 앞서고 있느냐, 대한민국의 민주주의 역사가 프랑스보다 더 오랜 역사를 가지고 있느냐, 우리나라에서 헌법에 대해서 운운하는 사람은 이런 문제도 한 번 연구해 볼 필요가 있지 않는가 생각합니다.

그 다음에 인권에 대한 얘기가 많이 나오는데, 우리 정부가 인권

침해를 많이 했다고 하는데, 작년 4월에 있었던 소위 '민청학련사건'이라는 것이 있었지요. 여기의 주모자들 130여 명을 지금 구속하고 재판에 회부하고 있는데, 이것을 가지고 그 가족들이나 그 동료들, 또 이 사람들을 구출하겠다는 일부 인사들은 "그 사람들은 아무 죄도 없는 사람들인데, 정부가 그냥 막 잡아다가 고문을 해서 군법 회의에다 돌려 가지고 비밀 재판을 해서 지금 징역을 보내고 있다." 이렇게 악선전을 하고 있습니다.

자유와 인권이라는 것은 대단히 소중한 것입니다. 이것은 우리가 또 존중해야 할 것입니다. 그러나 자유와 인권이라는 것은 절대적인 것이 아니라, 역시 이것도 헌법과 법 테두리 안에서 보장되는 것입니다. 우리나라 일부 인사들은 자유와 인권이라는 것은 아주 천부의 절대 신성불가침으로서, 헌법이나 법을 가지고도 규제할 수 없는 그런 것이라고 생각하고 있는데, 그것은 잘못이다, 이것입니다. 우리나라 법에도 정부를 비판할 수 있는 자유는 보장되어 있지마는, 폭력으로써 정부를 전복할 수 있는 자유는 보장이 되어 있지 않습니다. 이것은 우리나라뿐만 아니라 다른 모든 나라가 다 마찬가지일 것입니다.

무슨 외국 언론 기관에, 미국 국회의원들한테, 어느 학자들한테, 무슨 정치인들한테……, 그것도 사실을 사실대로 써서 보내면 좋겠는데 전혀 허위 날조된 그런 사실을 가지고 우리 정부가 마치 무슨 인권을 크게 침해하는 것처럼 이렇게 선전을 해서 외국에서 어떤 세력을 끌어들여 가지고 우리 정부에다가 압력을 넣어서 그 사람들을 석방시키겠다하는, 그런 운동을 하는 사람이 있었다는데 대해서 나는 지극히 불쾌하게 생각합니다.

솔직히 말하면 이것은 사대주의 근성입니다. 민주주의도 좋고 자유도 좋지만, 우리나라가 하나의 자주독립국가로서 앞으로 이 지구상에서 뻗어나가자면, 우선 우리 조상 때부터 내려오는 뿌리 깊은 사대주의 근성을 뽑아내야 되겠다는 것입니다.

그 다음에 민주주의 얘기가 나왔으니까 또 몇 마디 언급을 하겠습니다만, 여러분들이 잘 아시다시피 2차 대전 후 이 지구상에는 신생 민주주의 국가가 많이 생겼습니다. 내가 알기에도 한국전쟁 당시 유엔 회원국이 약 50여 개 국이었는데 지금 현재는 130여 개 국으로 늘어났습니다.

그런데 이들 국가 중에 공산주의 국가를 빼놓고 기타 서방 진영에 속하는 국가들은 거의 대부분 서구 민주주의를 자기 나라에 받아들여서 시행을 해 보았는데…, 솔직히 말해서 그것을 직수입해서 성공해 가지고 지금 잘 해 나가는 국가가 이 지구상에 몇 개나 되느냐, 여러분들 손꼽아 보셔요. 지도를 내놓고 보십시오.

동남아시아든지, 중남미라든지, 아프리카라든지…, 내가 알기로는 거의 한 번씩 다 홍역을 치르고 중병을 앓았어요. 지금도 민주주의 소화불량증에 걸려서 신음하고 있는 나라가 한 두 나라가 아닙니다.

그래도 그중에서 조금 잘 해 나가는 나라는 서구 민주주의를 받아들이되, 자기 나라의 실정을 감안해서 가급적 실정에 알맞게끔 이것을 잘 조화해 나간 나라는 비교적 잘하고, 그렇지 않고 무비판적으로 직수입을 한 나라는 열이면 열 전부 민주주의 병에 한번씩 걸렸다는 것입니다. 이것은 역사적인 엄연한 사실이 아닙니까. 민주주의

세번째 구속, 군 복무, 사법시험 공부 **101**

제도라고 하는 것도 민주주의가 그 나라에서 자랄 수 있는 토양과 풍토가 조성되어야만 자라는 것이지, 그런 것 없이 그냥 갖다 심어 가지고는 잘 자라나지 않습니다.

예를 들면, 같은 우리 한국 내에 있지만 제주도에 있는 밀감나무를 서울 근처에 심어 보아도 살지 못하지 않습니까? 같은 국내라도, 서울에 갖다 놓고 밀감나무가 자라나게 하려면 특별히 防風을 잘한다든지, 온실을 만든다든지… 무언가 제주도하고 비슷한 토양이나 기후나 이런 조건을 갖추어 주어야지, 서울의 영하 20도가 되는데다 그냥 갖다 놓았다면 당장 다 얼어 죽을 것입니다.

음식도 마찬가지입니다. 아무리 맛이 좋은 음식이라도 자기 체질에 맞지 않으면 소화가 안 되는 것입니다.

좀 쑥스러운 얘기입니다마는, 나는 지금도 목장우유라든지 끓이지 않는 우유를 먹지 못합니다. 왜냐? 체질에 맞지 않기 때문입니다. 어릴 때 깡보리밥에 깍두기를 먹고 자란 뱃속이 되어서 그런지 목장우유라든지 생우유는 맞지 않아 먹으면 배탈이 나고 설사가 납니다. 그러나 우리 집 아이들은 잘 먹습니다. 어릴 때부터 먹어서 훈련을 시켰으니까… 민주주의라고 하는 것도 역시 그런 것이 아니겠습니까.

우리나라에도 해방 후에 서구 민주주의를 받아들여가지고 이렇게도 해보고 저렇게도 해보고 별별 것을 다 해보았습니다. 자유당 때 헌법, 민주당 때 헌법, 또 5·16 후에 민정 이후 제3 공화국헌법, 다 해보았지만 우리나라의 특수 여건을 감안하지 않고 우리의 풍토에 잘 맞도록 조정을 하지 않으면 여기에서 자라날 수 없다는 결론을 우리는 얻지 않았습니까?

일부에서 유신헌법을 철폐하고 옛날 헌법으로 다시 환원해야한다고 주장하고 있는데, 과연 옛날 상태로 돌아가서 나라가 잘 되고 국민들이 모두 행복스럽게 잘 살 수 있겠느냐…, 몇몇 정치인들은 좋아할 것입니다. 옛날 그런 헌법 체제로 돌아가면 정치인 만능 시대가 되고 그들이 활개를 치고, 여러 가지 좋은 점이 많을는지는 모르지만, 과연 그것이 국민 전체의 행복이 되고 국가 전체에 이익이 될 수 있겠느냐는 것입니다.

요즈음 그 사람들은 우리나라 건국 이후에 어느 헌법이 제일 좋았느냐, 이렇게 물으면 제2 공화국 헌법이 제일 좋았다고 그래요. 즉 민주당 때의 헌법이지요. 그것이 자유 황금시대라 그 말이에요. 그런데, 요즈음 여러분들이 그 시대의 기록을 보십시오. 내가 본 어떤 기록에는, 어떤 날은 하루에 전국에서 데모가 1천여 건이나 일어났어요.

초등학교 아동들까지도 거리에 나와서 데모를 하고, 이러한 무질서, 자유를 빙자한 방종, 혼란, 비능률, 또 선거 때만 하더라도 과거의 그 선거제도를 우리가 다 여러 번 겪은거 아닙니까. 얼마나 거기에서 많은 돈이 낭비되고, 사회적인 혼란, 국민 도의의 타락, 또 그 병폐라는 것은 일일이 우리가 열거할 수 없지 않습니까. 그런 상태로 우리가 다시 돌아가고 지금 체제를 철폐해버리고 그런 낭비와 혼란을 되풀이하면서도 자주국방도 잘되고, 자립경제도 잘되고, 민주주의도 잘되겠냐는 것입니다.

이런 모든 병폐를 깨끗이 일소하고 국민의 모든 능력을 한 곳에 집중해서 국력의 가속화를 해보자는 것이 유신체제입니다. 그렇게 해야만 우리나라의 민주주의도 서서히, 착실히 이 땅에 뿌리를 내리고 우리도 남부럽지 않게 자유와 번영을 누릴 수 있는 날이 멀지 않아

올 것이라고 나는 생각합니다.

그래서 결론적으로 현행 헌법은 고쳐서는 안 되겠다, 유신헌법을 철폐하고 옛날 헌법으로 다시 돌아가는 것은 솔직히 말하면 나라 망하는 길이다, 나는 이렇게 단언하여 얘기하고 싶습니다.

1월 15일 김영삼 신민당 총재는 박정희 대통령의 연두기자회견에 대응하여 민주회복을 위한 개헌투쟁을 계속할 것이며, 동아일보 광고 탄압 사태를 철저히 조사하겠다고 언명했다. 그는 이틀 후인 17일 일본과 미국 순방 길에 올랐다.

1월 22일 박정희 대통령은 유신헌법에 대한 찬반 국민투표를 하겠다면서 부결되면 물러나겠다고 선언했다.

1월 23일 민주회복국민회의는 국민투표를 거부한다는 성명을 발표했다.

1월 25일 신민당은 정부가 국민의 의사 표시를 봉쇄하고 언론의 침묵을 강요하고 있으며 일방적으로 찬성투표를 유도하는 활동을 하고 있다고 비난했다.

이날 김대중도 기자회견을 갖고 난국 타개를 위해 국민투표를 중지하고 재야인사와 애국적 대화의 길을 열기를 희망한다고 말했다.

1월 27일 가톨릭 사제단이 국민투표를 거부하는 성명을 발표했다.

1월 30일 신민당은 정무회의를 열고 국민투표를 거부하며 재야 세력과 연대해 거부 운동을 벌이기로 당론을 결정했다.

2월 4일 미 국무부는 백악관 대통령 안보보좌관인 브렌트 스코우크로프트(Brent Scowcroft) 중장에게 보고서를 보냈다. 요지는 다음과 같았다.

한국의 국방과학연구소(ADD)는 미사일뿐만 아니라 핵무기 생산을 목표로 하고 있다는 것이 우리의 판단이다. 이는 한반도 정세에 매우 심각한 전략적 문제를 야기시킬 것이다.

2월 12일 유신헌법에 대한 신임을 묻는 국민투표가 실시되었다. 79.8% 투표율에 찬성 73.1%였다. 그러나 신민당은 정당성에 의문을 제기했다.

시도별/구분	선거인수	투표수	유효투표수		
			찬성	반대	계
합계	16,788,839 (529,801)	13,404,245 (518,692)	9,800, 201 (74.4%)	3,370,085 (25.6%)	13,170,286
서울	3,491,541 (91,047)	2,102,851 (88,948)	1,220,557	849,644	2,070,201
부산	1,161,018 (30,190)	812,290 (29,426)	504,657	292,814	797,471
경기	1,892,305 (54,438)	1,603,494 (53,473)	1,162,887	414,009	1,576,896
강원	859,667 (26,344)	788,395 (25,630)	652,595	122,681	775,276
충북	728,690 (27,148)	657,201 (26,592)	525,766	119,412	654,178
충남	1,429,743 (50,557)	1,216,480 (49,727)	909,891	280,194	1,190,085
전북	1,180,103 (42,903)	1,017,173 (42,072)	736,040	261,598	997,638
전남	1,928,767 (64,801)	1,638,816 (63,398)	1,250,716	356,330	1,607,046
경북	2,321,415 (79,429)	2,029,807 (77,777)	1,629,468	367,942	1,997,410
경남	1,601,801 (58,282)	1,362,513 (57,055)	1,057,413	283,732	1,341,145
제주	193,789 (4,662)	175,225 (4,594)	150,211	21,729	171,940

2월 15일 정부는 긴급조치 1호와 4호 위반으로 구속 중인 인사들을 석방했다.

3월 4일 헨리 키신저 미 국무장관은 베트남 문제로 바쁜 와중에도 한국·일본·캐나다·프랑스·오스트리아 주재 미국 대사관으로 훈령을 긴급 발송했다. 그 내용은 다음과 같다.

워싱턴의 정보기관들은 한국이 향후 10년 안에 제한된 범위의 핵무기 개발에 성공할 것이라는 판단을 내렸다. 한국의 핵무기 보유는 일본, 소련, 중국 그리고 미국까지 직접 관련되는 이 지역의 가장 큰 불안정 요인이 될 것이다. 이는 분쟁이 생길 경우 소련과 중국이 북한에 대해 핵무기를 지원하도록 할 것이다. 한미 동맹에도 큰 영향을 미칠 것이다.

이 개발계획은 미국의 대한(對韓) 안보 공약에 대한 한국의 신뢰가 약화되었다는 것을 의미하며, 박 대통령은 대미(對美) 군사 의존도를 줄이려 하고 있다.

이 문제에서 우리의 근본적 목표는 한국정부로 하여금 그 계획을 포기하도록 하거나, 핵무기 또는 그 운반 능력을 갖지 못하도록 하는 것이다. 이런 노력은 다자간 협력을 통해서 이루어져야 한다. 우리는 최근 프랑스에 대해 한국에 재처리 시설을 제공할 것인지 여부를 묻고 있는 상태이다. 가까운 시일 내에 한국에 대해서 우리는 분명한 정책을 수립할 계획이다.

1. 미국은 국제적 핵시설 공급 국가들과의 공조 속에서 한국이 민감한 기술과 장비에 접근하는 것을 막아야 한다. 한국에 대한 원자로 판매에 국제원자력기구(IAEA)의 안전규칙을 완벽하게 적용해야 하는 것은 물론이고 한국이 독자 핵무기 개발에 이용할 가능성이 있다고 판단되는 민감한 기술과 장비가 한국에 판매되는 것을 제한해야 한다. 우리는 한국이 캐나다에서 캔두(CANDU) 형

원자로를 획득하는 것이 재처리 기술의 확산으로 이어지지 않을까 하는 점에 특히 관심을 갖고 있다.

2. 핵확산금지조약(NPT)에 가입하도록 한국에 압력을 가해야 한다. 캐나다는 이미 그렇게 하고 있다.

3. 한국의 핵시설에 대한 우리의 첩보 및 감시 능력을 높이고, 관련 분야에서 한국의 기술적 상태가 어떠한지에 관한 정보를 더 많이 수입해야 한다. 우리는 핵에너지 관련 기관들에 대한 정기적 방문조사를 더 자주 할 계획이며, 훈련된 기술자들에 의한 사찰의 횟수를 늘릴 생각이다.

3월 10일 북베트남은 남베트남의 중앙 고원 지대를 공격하기 시작했다. 부패한 남베트남군은 신속하게 무너졌다.

3월 12일 주한 미국 대사관은 한국이 핵무기를 개발하는데 10년 이내의 기간만이 소요될 것이라고 전망하는 전문을 미국 국무부에 보냈다. 다음은 그 내용이다.

우리는 한국이 핵무기를 개발하는데 필요한 시간은 10년에 훨씬 못미친다고 판단한다. 우리가 확보한 여러 정보에 따르면, 한국의 지도부는 핵무기 개발에 높은 우선순위를 매겨놓고 있으며 1980년대 초에 그 결과가 나타나기를 기대하고 있다. **한국인들의 저돌적인 추진력과 그들이 이미 확보하고 있는 높은 기술 수준, 그리고 외국의 전문 인력을 불러들일 수도 있다는 사실과 상부의 강한 독려 등을 감안할 때 그것은 결코 불가능한 일이 아니다.**
또한 제3국으로부터 핵무기 관련 장비와 기술을 도입할 수 있는 한국의 구매력도 과소평가해서는 안 된다. 핵무기 개발에 따르는 정치적 경제적 부담이 한국의 움직임을 저지할 것이라는 견해에 대해 우리는 의구심을 품고 있다. 한국이 제3국으로부터 (관련 물질과 기계의) 구입하기로 선택할 경우에는 한국에 대한 우리의 통제력이 크게 약화될 것이다. **이 분야에 관한 한 한국은 아주 위험한 목적을 가진, 끈질기고 거친 대상이다.** 우리가 조기에 단호하게 행동하는 것만이 우리의 입장에서 최상의 목적 달성 기회를 갖는 방법이라고 믿는다.

3월 19일 철원 북동쪽 13km 지점에서 북한이 판 땅굴이 두 번째로 발견되었다.

너비 2m, 높이 2m, 깊이 지하 50~160m, 길이는 약 3.5km의 지하터널로 화강암층 굴착 구조였다. 시간당 약 3만의 무장병력과 야포, 차량 등이 통과할 수 있었다. 제1 땅굴의 약 5배에 이르는 크기였다.

또한 이날 한국 국회는 핵무기 확산 금지조약(NPT) 가입을 비준했다. 이로써 한국은 세계에서 86번째로 NPT에 가입한 나라가 되었다.

미국 정부는 박 정권의 핵무기 개발을 포기시키려 더욱 거세고 압박했는데, 그 하나가 박 정권으로 하여금 핵무기 확산 금지조약(NPT)에 가입하라는 요구였다. 이것이 드디어 성과를 낸 것이다. 또한 미국정부는 주한미군 철수 압력과 함께 상업·재정 차관 제공을 중단했다. 당시 남해화학이 여천에 건설 중이던 비료 공장은 미국의 차관 중단으로 공사에 차질을 빚었다.

(북한은 1985년 12월 12일 NPT에 가입했으나 1993년 3월 12일 탈퇴를 선언하고, 1994년 6월 13일 IAEA에 탈퇴선언문을 제출했다.)

3월 22일 민주회복국민회의 운영위원인 한승헌 변호사가 반공법 위반으로 구속되었다.

4월 4일 한국 원자력발전공사법이 공포되었다.

4월 8일 박정희 대통령은 긴급조치 7호를 발동하여 고려대에 휴교령을 내렸다. 이날 인민혁명당 관련자 8명에 대해 대법원이 사형 확정 판결을 내렸다.

4월 9일 전일 확정판결을 받은 인혁당 관련자 8명의 사형이 집행되었다.

4월 12일 원자력연구소는 프랑스의 생고뱅社와 '재처리 연구시설 공급 및 기술용역 시설 도입 계약'을 체결했다. 생고뱅社의 포앙세 사장이 한국을 방문해 윤용구 원자력연구소장과 원자력병원 회의실에 숨어서 서명했다(한국 정부는 벨기에와도 '혼합 핵연료 가공 기술 도입 계약'을 체결했다).】

역시 시위 준비는 우리 팀이 맡고, 당일 비상총회와 시위는 총학생회장이 이끌기로 했다. 교내에서 총학생회 등사기로 밤새 유인물을 만들었다. 총학생회 명의의 시국선언문이었다.

【재인이는 늘 배후 조종을 하려 하지 전면에 나서지는 않는데, 이는 대학 시절부터의 습관 또는 처세술이다.】

다음날 교문에 총학생회 이름으로 비상학생총회 소집 공고를 내걸었다. 유인물은 아예 교문에서 총학생회 간부들이 등교하는 학생들에게 내놓고 배포했다. 처벌을 각오했다. 직선제로 선출된 총학생회

세번째 구속, 군 복무, 사법시험 공부 **109**

가 앞장서서 유신 반대 시위를 주도하자 엄청난 규모의 학생들이 운집했다. 학생처 집계로만 5,000명이 넘었던 것 같다. 경희대생 전체가 7,000~8,000명 규모일 때였다.

【거짓말! 수백 명 수준이었다.】

학생들이 다 모였는데 총학생회장이 오질 않았다. 학교로 오다가 경찰에 붙잡혀 예비 구금됐다고 했다. 총무부장인 내가 총학생회장 대행으로 비상학생총회를 개최했다. 시국토론을 하고 유신독재 화형식까지 한 후 대열을 이끌고 교문으로 향했다. 태극기를 들고 대열의 선두에 섰다. 경찰은 학교 앞을 봉쇄하고, 교문에 페퍼포그 차량 가스 발사구를 들이민 채 기다리고 있었다.

우리가 교문에 접근해 밀어붙이려 하자 경찰이 갑자기 페퍼포그를 발사했다. 최루탄도 일제히 쏴 댔다. 맨 앞에 있던 내가 페퍼포그 발사구에서 뿜어져 나온, 확산되기 전의 가스를 얼굴 정면에 맞았다. 순간 정신을 잃었다. 학우들이 후퇴하다가 내가 쓰러져 있는 것을 보고 되돌아와 나를 학교 안으로 옮겼다. 물수건으로 닦아주고 돌봐줘서 한참 만에 정신을 차렸다. 시위 분위기가 더 달아올랐다. 오후 늦게까지 정문과 후문을 오가며 격렬한 시위가 이어졌다.

오후 늦게 총학생회장이 경찰의 눈을 피해 도망쳤다며 맨발 차림으로 학교에 왔다. 그때부터 시위 마무리를 그에게 맡기고 쉴 수 있었다. 당시 학내 시위가 벌어지면 학교별로 주동자 3명 정도를 구속하는 것이 보통이었다. 나를 비롯해 구속될 3명을 확정하고 서로 말을 맞췄다. 경찰이 학내 진입을 못할 때여서, 학교 주변을 지키며 주동자를 체포할 준비를 하고 있었다. 시위가 끝난 후 우리 발로 걸어가 체포됐다. 청량리경찰서 유치장에 구속·수감됐다. 처음부터 각오 했던 일이었다.

【문재인 일당이 데모 준비하고 실행하는 동안에 김일성은 남침 결심을 굳히고 중국과 소련의 지원을 기대했다.

4월 17일 크메르(캄보디아)가 붕괴되고 수도 프놈펜이 공산 반군 크메르 루지에 점령되었다.

김일성은 베트남에서의 사태 전개에 고무되어 중국과 소련을 비롯하여 사회주의를 표방하는 국가들에 대한 순행을 했다.

4월 18일 김일성은 북경에 도착했다. 김일성은 환영 연회에서 '전쟁이 일어나면 잃을 것은 군사분계선이요 얻을 것은 통일'이라며 남침 지원을 요청했으나 중국 지도부는 한반도의 안정을 원한다고 대답했다.

이어 소련을 방문했으나 소련 정부는 '한국문제의 평화적 해결만을 원한다'고 김일성에게 전했다. 이에 실망한 김일성은 소련 영공을 피하여 동유럽과 아프리카 국가를 순방했다.

4월 29일 박정희 대통령은 '국가안보와 시국에 관한 특별 담화'를 발표했다. 자유 베트남 패망이 임박했다는 뉴스에 민심이 동요하고 있었기 때문이다.

【이때 남부 베트남 수도 사이공은 월맹군에 포위되어 탄손누트 공항이 포격을 받고 있었고 베트남 주재 한국 대사관이 문을 닫고 교민들이 철수선을 타고 귀환 중이었다.】

시국에 관한 나의 소신을 얘기하고 국민에게 몇 가지를 당부하고자 합니다.

세번째 구속, 군 복무, 사법시험 공부 **111**

작금 신문지상이나 방송을 통해 보도되고 있는 인도지나 사태를 보고 국민 여러분도 매우 착잡한 심경에 빠져 있을 것으로 짐작됩니다. 특히 월남은 과거 우리 청년들이 가서 피 흘려 지켜준 땅이기 때문에 공산 수중으로 넘어가는 것을 보는 우리의 심정은 안타깝습니다. 크메르공화국은 지난 4월 17일 고군분투하던 정부군이 끝내 항복함으로써 크메르라는 이름은 지도상에서 없어져 버렸습니다.

월남도 지난 3월 초순 공산군 대공세 시작 이후 우세한 정부군이 있지만 초기에 적의 공세를 저지하는 데 실패하고 계속 후퇴하여 한 달 남짓 만에 전국토의 3분의 2를 공산군에게 뺏기고 수도 사이공이 공산군에 완전히 포위돼 매우 절박한 위기에 직면하고 있습니다. 어제 저녁 보도로는 사이공에 공산군이 상당수 침투했다고 합니다.

지난 22일 티우 대통령이 하야했고 후옹이 계승했다가 민 장군에게 인계되어 새 정부를 수립, 공산군과 협상에 바쁘나 군사적 위기에 겹쳐 정치적으로 혼미를 계속하고 있습니다. 열흘 만에 대통령이 2명이나 바뀌고 조각(組閣)도 안 되고 있습니다.

월남 정부가 앞으로 여하한 희생을 무릅쓰고 수도 사이공을 끝까지 사수해서 현재의 정세를 역전시키고 국면을 타개하여 공산 측과 협상할 수 있는 전기를 마련할 수 있겠느냐 하는 전망에 대해서는 예측을 불허합니다.

금년 봄에 들어와 인도지나 정세는 급전직하로 급변을 거듭하고 있습니다.

인도지나반도는 지리적으로는 우리와 멀리 떨어졌으나 그 정세를 결코 대안(對岸)의 화재(火災)로 봐서는 안 됩니다.

이번 인도지나반도 사태는 극히 귀중한 교훈을 주고 있습니다.

첫째, 공산주의자들과의 평화협정 혹은 긴장완화 등은 힘의 균형을 이루고 있을 때만 가능하다는 것입니다.

만약 힘의 균형이 깨지고 우리가 약하다고 그들이 봤을 때는 협정이다, 협상이다, 하는 것은 하루아침에 던져버리고 무력으로 덤벼드는 것이 공산주의의 기본 전략입니다. 그들과 휴전·대화·협상할 때는 조심해야 합니다. 그들이 쉽게 나올 때는 힘으로 안 되니까 시간을 벌어 새 음모를 꾸미기 위해 준비하는 시간이라는 것을 알아야 합니다. 이번 월남 사태도 73년 봄 월남휴전협정을 체결했으나 이미 2년 전부터 그들은 월남 침략을 위한 힘을 갖춰 왔고 월남은 대비에 소홀했습니다.

둘째, 자국 국가안보를 남의 나라에 의존하던 시대는 확실히 지났다는 것입니다.

자기 나라는 자기가 지킨다는 결의와 능력을 갖고 있어야만 생존할 수 있다는 것입니다.

우방 지원도 한계가 있어 자기를 지키는 능력을 갖추지 못하면 남의 도움도 못 받는다는 냉혹한 현실을 인식해야 합니다.

세 번째로 중요한 것은 국론이 분열되고 혼란에 빠졌을 때는 일단 유사시에 힘을 갖고 있으면서도 힘을 제대로 발휘할 수 없다는 것입니다.

이번 인도지나 사태의 예를 봐도 정부군이 힘이나 장비 면에서 공산군보다 우세했습니다. 그런데 왜 패배했나. 즉 국론이 통일 안 되고 국민의 총화단결이 안됐기 때문입니다. 정치 불안과 혼란이 계속되어 집안싸움만 하다가 패배를 맛본 것입니다.

이런 것은 우리 역사에도 있다. 아울러 타산지석으로 삼아 교훈으로 명심해야 합니다.

세번째 구속, 군 복무, 사법시험 공부 **113**

인도지나 사태가 우리 한반도 및 우리의 안보에 어떤 영향을 미칠 것인가.

인도지나반도에서 공산주의자가 쓰고 있는 인민해방전선, 폭력혁명 수법은 우리나라 공산주의의 남조선해방전선과 같은 술책입니다.

호전적인 것으로 악명 높은 북한 공산주의자들이 무엇을 꿈꾸고 있는가 생각해 봅시다.

그들은 지금 큰 흉계와 음모를 꿈꾸고 있을 것이나, 해방 후 그들은 이런 일을 계속해와 이번 인도지나 사태에 크게 고무됐으며 용기를 얻었을 것입니다. 한반도에서도 성공할 수 있다는 용기를 갖게 됐을 것입니다.

김일성은 중공에서 큰소리쳤습니다. 그가 북경에서 중공 수뇌들과 어떤 얘기를 했을 것인가를 우리는 충분히 짐작하고도 남습니다.

김일성은 이번 북경에서 남조선혁명을 위해 전쟁도 불사하며 모든 준비가 됐다고 호언장담했습니다. 이는 우리에게 지극히 도전적인 말입니다.

금년 연초 내가 수차 이런 말을 했는데, 그것은 북한 공산집단은 75년을 남조선 적화통일의 결정적인 해로 정하고 이를 추진해 왔으며 이런 증거를 우리는 갖고 있습니다.

김일성이 지난해 해방 30주년이며 노동당 창당 30주년인 금년을 혁명해방의 승리의 해로 만들자고 호언장담했고 그들이 휴전선 안에 판 땅굴의 완공 목표가 금년 가을이라는 사실이 이를 증명한다. 늦어도 금년 가을이 그들의 최종 목표입니다. 또 그들의 6개년 계획이 계획대로라면 내년에 끝나는데 이를 앞당겨 금년 10월 이전에 끝내라고 노동당이 지시하고 있습니다.

북한에선 올봄부터 고교 이상의 학생에게 학업을 전폐시키고 6개년 계획의 앞당기기 운동에 강제 동원하고 있습니다. 우리 학생들이 데

모하고 휴교하고 놀고 있는 동안 북한 학생들은 이 같은 노동에 나서고 있습니다. 군사·사회적 분야에서도 이런 증거를 뒷받침할 사례가 많습니다.

그러면 왜 그들이 75년으로 타이밍을 맞췄겠느냐 하는 것이 중요합니다. 가장 중요한 이유의 하나는 금년이 우리의 구헌법대로 하면 선거의 해라는 것입니다. 유신헌법으로 헌법이 바뀌었지만 구헌법에 따르면 금년 봄이 선거이고 지금쯤 대통령선거를 치를 것입니다. 우리에게 선거의 해는 무엇이냐. 국력이 가장 약화되어 있는 시기입니다. 해방 후 선거 풍조가 이상해서 사회혼란·정국불안·행정공백 등이 나타나 선거 1년 전부터 선거바람으로 사회가 시끄럽고 정국이 극도로 혼란해져 선거 때면 국가의 기틀까지 흔들렸고 선거가 끝나고도 후유증이다 해서 1, 2년 동안 정치 불안·행정공백으로 국력이 약화되곤 했습니다.

아마도 저네들은 이 시기를 맞췄을 것입니다. 해방 30년, 노동당 창당 30년이라는 시점에다 여기에 덧붙여 우리의 선거 시기에 초점을 맞췄을 것입니다.

이런 도중 뜻밖에도 그들이 용기와 자신을 얻고 고무시켜주는 사태가 바로 인도지나 사태였습니다. 그들이 예상 못했는지 모르나 그들에겐 상당히 정세가 유리하게 전개된 것입니다.

그들은 아마도 이 시기가 또 금년이 남조선혁명의 절호의 찬스라고 판단했을지 모릅니다.

김일성도 이런 정세를 보고 앉았다가 안절부절못하고 북경에 뛰어간 것입니다. 이런 정세로 보아 금년에 북한 공산집단이 위험한 불장난을 치를 가능성이 가장 농후한 해라고 보지 않을 수 없습니다.

이런 사정을 감안해 볼 때 나는 이 이상 더 남침의 위협이 있다 없다 토론할 시기는 지났다고 봅니다.

이제부터 우리가 해야 할 일은 북한 공산집단이 무장도발을 했을 때

세번째 구속, 군 복무, 사법시험 공부 **115**

즉각 대처하고 초전에 치명적인 타격을 주어 허황된 그들의 꿈을 이 기회에 철저히 봉쇄해야 합니다.

불퇴전의 결의와 각오를 가질 시기입니다. 공연히 갑론을박 시간만 허비할 때가 아닙니다.

우리 국군과 주한미군은 이런 사태에 대비, 만반의 결의와 경계태세를 갖추고 있습니다. 이런 북한의 도발을 분쇄할 힘과 준비가 충분히 돼 있다는 사실을 국민은 믿어주기 바랍니다.

강조하지만 국민이 이런 사태에 대처할 수 있는 굳건한 결의와 각오와 필승의 신념이 국민 가슴에 서 있느냐 하는 문제입니다.

오늘날의 전쟁은 군대만 갖고 하는 것이 아닙니다. 정부와 군대와 국민이 혼연일체가 되어 총력으로 대결해야만 승리합니다. 이것이 바로 총력전이요, 총력안보 태세입니다. 군대뿐 아니라 국민 하나하나가 나라를 위해 싸우는 전사라는 생각을 가져야 합니다.

정치인·언론인·종교인·교수·학생·농민·상공인·공무원·근로자·가정주부도 모두가 나라를 지키는 전사라는 결의와 자부심을 가져야 하며, 모든 사람이 자기가 해야 할 일을 똑똑히 인식하고 자기 책임을 성실히 이행하고 실천해야 합니다.

나라를 지키기 위해, 나라를 지키는 일이라면 여하한 희생도 불사한다는 굳은 각오 아래 한데 뭉쳐 싸우면 필승한다는 신념을 가져야 합니다.

국민 한 사람도 이 대열에서 이탈해선 안 됩니다. 이것이 승리할 수 있는 길이라고 확신합니다. 우리는 한 치의 영토도 적에게 양보해선 안 됩니다.

분단된 이 나라에서 온갖 어려움을 참고 극복하며 피땀 흘려 건설해온 이 땅을, 조상의 뼈가 묻혔고 자손에게 길이 물려줄 이 땅을 왜 공산당에 양보하고 뺏겨야 하는가.

우리는 공산당에 나쁜 일을 안했습니다. 30년 동안 일방적인 피해

만 받았습니다. 더 이상 이유 없이 피해를 받을 수 없습니다.

앞으로 만일 북한 공산집단이 전쟁을 도발해 온다면 우리가 사는 수도 서울은 절대로 철수해서는 안 됩니다.

전 시민이 남아 사수해야 합니다. 정부도 6백 50만 시민과 끝까지 수도에 남아 사수하고 대통령도 시민과 같이 사수를 할 것입니다.

전방은 우리 군인들이 양보 않고 국토를 수호할 것이고, 서울은 서울 시민들이, 후방은 후방 국민들이 내 고장, 내 산천을 사수할 것입니다. 나라를 지키고 내 고장을 지키고 내 자신을 지키기 위해 죽기로 싸우면 반드시 승리한다는 각오를 가져야 합니다.

충무공은 일찍이 필사즉생(必死卽生)이요 필생즉사(必生卽死)라고 말했습니다. 노량해전 때 장군이 부서진 배 12척을 거느리고 일본 배 수백 척과 싸울 때 한 얘기인 것입니다. 죽을 각오로 싸우면 살고 살려고 발버둥 치면 죽는다는 것은 바로 오늘의 현실입니다.

만약 이런 사태가 일어날 때 겁부터 먹고 짐을 싸가지고 도망하는 얌체 국민이 있다면 전쟁도 못 이기고 그 사람도 살 수 없게 될 것입니다. 비국민적·반국가적 행동을 하는 국민은 민족의 이름으로 규탄해야 할 것이며 이 같은 행동은 바로 이적행위입니다.

또 국론을 분열시키거나 총화를 해치는 행동을 하는 사람, 유언비어로 민심을 흉흉케 하는 사람도 용납할 수 없습니다. 나는 국민 각자가 내 자신, 내 나라를 지키겠다는 굳은 각오가 돼 있다고 생각합니다.

만약 북한 공산집단이 어떤 오판에 의해 또다시 남침해 온다면 오직 그들의 자멸만이 있을 뿐임을 다시 경고해 둡니다.

자고로 위대한 국민은 국난을 당했을 때 더 위대한 용기를 내어 국가를 수호해온 역사를 우리는 잘 알고 있습니다.

국민 여러분, 우리들은 오늘의 이 중대한 시국을 정확하고 에누리 없이 인식해야겠고 지나치게 과장할 필요도, 또 과소평가하거나 안

일한 생각을 해서도 안 됩니다.

사실대로 정확히 인식해야 난국을 극복할 수 있고 또 신념이 생길 것입니다.

앞으로 여하한 어려움이 닥치더라도 동요해서는 안 됩니다. 아무리 어렵더라도 조국과 나라, 가족을 지킨다는 각오와 신념만 있다면 두려울 게 없습니다.

60만 우리 국군과 주한미군은 세계에서 가장 막강한 장비와 자질을 가진 군대입니다. 또 우리에겐 잘 훈련된 270만 예비군과 반공정신과 애국심으로 무장된 3천 4백만의 국민이 있습니다. 이런 힘을 가지고 나라를 지키지 못할 이유가 없다. 우리의 각오와 결의에 달려 있는 것입니다.

앞으로 국민 여러분은 정부와 국군을 믿기 바라며, 정부는 슬기롭고 용감한 국민을 믿고 필승의 의연한 자세로 나아가야 할 것입니다. 국민 한 사람 한 사람이 제각기 자기 직책에 충실하고 책임 있게 일해 나가야 할 것입니다. 이것만이 국난극복을 위한 국민의 자세며 나아갈 길이라고 확신합니다.

국민 여러분의 건승을 기원합니다.

(이후 5월 3일 제작된 대한 뉴스는 이날 담화를 조금 변형시킨 것이다.)

4월 30일 북부 베트남은 남부 베트남의 수도 사이공을 점령하여 베트남을 무력으로 흡수 통일했다. 한국 신문은 '베트남 패망'이란 제목으로 8면의 지면을 가득 채웠다.

이날 밤 박정희 대통령은 일기에 이렇게 썼다.

월남공화국이 공산군에게 무조건 항복. 참으로 비통함을 금할 수 없다. 한때 우리 젊은이들이 파병되어 월남 국민들의 자유 수호를 위하여 8년간이나 싸워서 그들을 도왔다. 延 파병 수 30만 명. 이제 그 나라는 멸망하고 월남공화국이란 이름은 지도상에서 지워지고 말았다. 참으로 비통하기 짝이 없다.

자기 나라를 자기들의 힘으로 지키겠다는 결의와 힘이 없는 나라는 생존하지 못한다는 엄연하고도 냉혹한 현실과 진리를 우리는 보았다. 남이 도와주려니 하고 그것만을 믿고 나라 지키겠다는 준비를 갖추지 못하고 있다가 망국의 비애를 겪는 역사의 교훈을 우리 눈으로 보았다.

조국과 민족과 나 자신을 지키기 위해서는 여하한 희생도 불사하겠다는 결의와 힘을 배양하지 않으면 망국하고 난 연후에 아무리 후회해 보았자 후회막급일 것이다. 충무공의 말씀대로 『*必死卽生 必生卽死*(필사즉생 필생즉사)』다.

이 강산은 조상들이 과거 수천 년 동안 영고성쇠를 다 겪으면서 지켜 오며 이룩한 조상의 나라이다. 조국이다. 우리가 살다가 이 땅에 묻혀야 하고 길이길이 우리의 후손들에게 물려주어서 지켜 가도록 해야 할 소중한 땅이다. 영원히 영원히 이 세상이 끝나는 그날까지 지켜 가야 한다. 저 무지막지한 붉은 오랑캐들에게 더럽혀서는 결코 안 된다.

지키지 못하는 날에는 다 죽어야 한다. 죽음을 각오한다면 결코 못 지킬 리 없으리라.

남부 베트남 멸망으로 북한과 대치한 대한민국은 큰 충격을 받았다. 민심은 동요하고 불안에 휩싸였고 해외 이민 신청자가 급증했다.(1976년 해외 이민자는 46,533명으로 역사상 가장 많았다.)

문재인 일당은 베트남 다음은 대한민국 차례라는 생각으로 희망에 부풀어 데모한 것은 아니었을까?

남부 베트남이 패망하자 스나이더 주한 미국대사는 한국정부가 미국의 대한 방위 공약에 신뢰를 잃어가고 있는 상황이므로 미국정부는 이에 대비하여 정책전환을 해야 한다고 본국에 제의했다.

5월 13일 긴급조치 9호가 공포되었다.

대통령 긴급조치 9호는 유신헌법의 부정·반대·왜곡·비방·개정 및 폐기를 주장하거나 청원·선동 또는 이를 보도하는 일체의 행위를 금지하며 이의 위반자는 영장 없이 체포한다는 내용을 담고 있다. 쉽게 말해 유신헌법 찬양은 죄가 되지 않지만 그 외의 언동은 죄가 되는 것으로 규정한 것이다. 긴급조치 9호는 자유민주주의를 근본으로 하는 나라에서 지나친 조치였다고 볼 수 있다. 그러나 객관적으로 보아 계엄령을 선포할 수도 있는 위기상황이었다.

아무튼 긴급조치 9호는 위기의식이 팽배한 가운데 내려진 것이라 반대 목소리는 힘을 얻지 못했다. 이후 1975년 내내 안보에 대한 불안감으로 개헌 운동이 잠잠해졌다.

연구용 원자로를 얻기 위한 캐나다 측과의 협상은 주재양 박사가 대표로 나섰는데, 원활히 진행되어 1975년 중반에는 성사단계에 이르렀다.

연구용 원자로와 핵연료 재처리 시설만 확보하면 핵폭탄의 원료인 플루토늄 생산은 시간 문제였다. 그러나 미국 정부는 박 정권에 핵무기 개발 포기를 압박하고 있었다.

6월 16일 「워싱턴 포스트」지는 한미통합 1군단장 제임스 F 홀링스워스(James F. Hollingsworth) 중장의 '9일 속결전'을 보도했다.

북한이 남침할 경우 5일 동안 B-52 폭격기 등 각종 폭격기를 동원, 하루 1천 회 이상 출격하여 폭격하여 북한군의 전진을 막고 4일 동안 소탕한다는 내용이었다.

이 당시 남한은 북한에 군사적으로 상당히 열세였다. 주한미군 사령부가 워 게임(War Game) 형식으로 전쟁을 예상한 결과는 북한이 남침할 경우 미국이 주한미군 이외에 지상군을 추가로 파병하지 않으면 서울은 190일 만에 함락되고 216일 만에 남한 전역이 점령될 것이라는 것이었다.

9일 속결전은 지상군의 열세를 공군력으로 만회한다는 내용인데, 사실은 미국은 이를 수행할 전력이 없었다.

같은 달 스나이더 주한 미국대사는 자신의 견해를 상세하게 담은 보고서를 미국 정부에 제출했다. 다음은 그 내용의 일부이다.

우리의 현 대한(對韓) 정책은 잘못된 것으로, 미국은 남한이 미국의 후견을 받는 국가라는 구시대적 발상을 토대로 삼고 있다(Our present policy toward Korea is ill-defined and based on an outdated view of Korea as a client state.). 이런 식의 접근으로는 장차 중견 국가로 성장할 남한에 대한 장기적 접근이 불가능하다. 남한 정부는 미국에게 무엇을 기대할 수 있는지에 대한 확신을 갖지 못하고 미국 정부는 한반도 문제에 대해 임기응변식으로 대응할 수밖에 없게 될 것이다. 예컨대 미국 정부는 주한미군의 장기 주둔 여부에 대해 아직까지도 남한 정부에 분명하게 답을 준 적이 없다. 또한 자체적으로 첨단 무기를 개발하려는 박 대통령의 노력을 저지하면서도 정작 미국 정부가 남한에 제공할 수 있는 군사기술은 무엇인지 분명하게 가르쳐주지 않았다. 이와 같이 불확실한 상황 때문에 박 대통령은 언젠가 다가올 미군 철수에 대비하고 있고 그 대책으로 남한 내에서 탄압 조치를 강화하는 한편 핵무기 개발을 추진하고 있는 것이다. 같은 이유로 북한은 언젠가 미군이 철수할 날을 고대하고 있는 반면 일본은 미국의 신뢰성을 의심하며 남한의 장래에 대해서 불안감을 품고 있다.

미국은 처음에는 한국 정부에 직접 압력을 행사하지 않고 우회적인 방법을 썼다. 스나이더(Richard Sneider) 주한 미국대사는 피에르 랑디(Pierre Landy) 주한 프랑스 대사를 만나 "미국은 남한 정부가 플루토늄을 군사적 목적에 사용할 것이라는 사실을 믿어 의심치 않는다"고 넌지시 경고했다. 그러나 랑디 대사는 남한이 먼저 포기하지 않는 한 프랑스가 먼저 핵 기술 판매를 포기할 의사가 없음을 밝혔다. 미국은 캐나다와 벨기에에도 한국과 맺은 계약을 취소하라고 압력을 가했다.

1975년 8월 23일 리처드 스나이더 미국 대사는 핵무기 개발을 포기시키기 위해 최형섭 과기처 장관을 방문했다. 그는 국제정치 불안을 내세워 핵무기 개발 포기를 요구했다.

박정희 대통령은 일생일대의 굴욕을 맛보았다. 미국정부에 핵무기 개발 포기 각서를 써주고 만 것이다.

8월 25~28일 한미 연례안보협의회가 열렸다. 제임스 슐레진저 (James Rodney Schlesinger) 미 국방장관은 한미 연례안보협의회에 참석한다는 명목으로 이례적으로 한국을 방문했다. 슐레진저는 박정희 대통령을 협박해서 핵무기 개발 포기 각서를 받아냈다.

8월 27일 슐레진저 미국 국방장관은 리처드 L. 슈나이더 주한미국 대사를 데리고 박정희 대통령을 찾아가 한국의 핵무기 개발 의혹과 관련하여 깊은 대화를 나눴다. 미국 정부가 공개한 대화록엔 다음과 같은 대목이 있다.

슐레진저 국방장관은 한국이 NPT(핵확산금지조약)를 존중하기로 한 것은 건전한 정책이라면서 미국은 한국에 핵(核)억지력을 제공하기에 적합한 나라라고 강조하였다. 미국은 작은 핵보유국이 제공할 수 없는 방법으로 중심국가들의 핵위협에 대처할 수 있다는 것이었다. 한국은 소련의 핵위협에 대처할 수 없지만 미국은 할 수 있고, 한국이 핵무기를 개발하려는 노력을 하면 소련으로 하여금 한국에 대하여 핵위협을 가하는 행위를 합리화시키는 결과를 빚을 것이다. 국방장관은 핵억지정책에 대하여 다음 번 양국 국방장관 회담 때 설명을 드릴 것이라고 했다.

이에 대하여 박정희 대통령은 NPT를 지킬 의지가 있다는 사실을 강조하였다. 그는 밥 노박이 보도한 자신의 논평에 대하여 해명하였다. 노박은 자신에게 미국이 핵우산을 제거하면 어떻게 하겠느냐고 물었고, 자신은 미국이 핵우산을 철거하지 않을 것으로 생각한다고 답하였다. 그러나 노박은 계속하여 그런 경우 한국은 핵무기 개발을 고려할 것이냐고 물었다. 박 대통령은 한국이 연구를 시작할 능력은 있으나 현재의 조건하에선 그럴 생각이 없다고 답하였다. 박 대통령은 그가 노박 기자에게 한 논평이 잘못 해석되었고, 특히 원자로 관련 협상에 나온 캐나다 정부가 오해를 하였다고 했다. 그는 내가 아무 대답을 하지 않았더라면 한국인의 사기에 큰 타격이 되었을 것으로 생각한다고 했다. 그는 재차 장관에게 한국은 NPT 조약의 의무 조항들을 이행할 것이라고 보증하였다.

슐레진저는 핵무기가 한국에 얽혀들지 않는 게 최선이라고 논평하였다. 핵무기를 평양에 쓴다면 2만 내지 3만 명이 죽을 것이다. 한편 소련이 서울에 핵공격을 가한다면 서울은 평양보다 더 취약하므로 300만 명이 죽을 것이다. 박 대통령은 국방장관의 생각에 동의한다면서 장관이 전술핵무기에 대하여 한 말이 한국인의 사기를 높여주었다고 했다. 그는 핵무기 사용 없이도 북한의 공격을 감당할 수 있어야 한다고 했다. 슐레진저는 한국이 核 재처리 시설을 도입하는 것은 원자력 정책 전반에도 나쁜 영향을 줄 것이라고 경고하였다.

슐레진저는 미국 원자력위원회 위원장과 CIA 국장을 역임한 핵문제 전문가이다. 하버드대 동창인 키신저 국무장관과의 불화로 1975년 11월 포드 행정부에서 물러났다. 1976년 카터 행정부가 출범하자 다시 에너지 장관으로 기용되었다.
슐레진저는 각서를 받아낸 대가로 '북한전쟁 도발 시 선제 핵사용' '한국 수도권 방위 9일 속결전' 등의 강력한 대한(對韓)방위 공약을 제공했다.】

이어 문재인은 '아내와의 만남'이란 소제목의 글에서 김정숙이 면회온 이야기를 한다. 여기서 문재인은 교내 학년 대항 야구대회에서 주장을 맡아 우승했던 일화도 말한다. 그만큼 고시 공부와 거리가 멀었다는 말이다.

그다음 '구치소 수감 생활'이란 소제목의 글에서 지나가는 말로 사법시험 1차 합격한 일이 있다고 슬쩍 말한다. 그리고 재판에서 징역 10개월에 집행유예를 선고받고 석방되었다고 한다.

구치소 수감 생활

서울구치소 수감 생활은 견딜만 했다. 원래 시국 사범은 노란딱지 요(要) 시찰이어서 독방(獨房)에 수감된다. 그때는 시국 사범이 넘쳐서 일반 사범 방에 수감됐다. 한 방에 8명 정도였다. 어떤 사람들은 독방이 좋다고 했는데, 나는 일반 사범과 함께 있는 혼거(混居) 방이 좋았다. 세상 공부, 인생 공부가 됐다.

--------------- (중략) ---------------

같은 방 사람들은 모두 나를 '학생'이라고 부르며 잘 대해줬다. *나도 명색이 법대 4학년이고 사법고시 1차 시험에 합격한 경력이 있어서,* 재소자들이 탄원서나 진정서를 쓸 때면 도움을 줬다.

【기이하게도 문재인은 몇 회 사법시험을 쳤는지도 밝히지 않는다. 대학교 3학년 겨울방학 때라고 하니 1975년 1월 28일 실시된 17회 사법시험 1차 시험이라고 밖에 볼 수 없다. 법 공부도 소홀히 했겠지만 관건은 영어 시험이었을 것이다. 영어에 까막눈인 문재인에게

'영어'라는 어휘 자체가 금기어이다.】

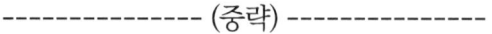 (중략)

재판에서 나는 징역 2년을 구형받았다. 한승헌 변호사가 유머 있게 풍자했듯이 당시 선고 형량은 '정찰제'(正札制)라고 할 만큼 일률적이었다. 그때는 또 거의 무조건 실형이 선고될 때였다. 그런데 판사가 징역 10월의 집행유예를 선고했다. 그때 여러 대학 중에서 집행유예를 선고받은 것은 우리밖에 없었다.

이어 문재인은 '강제 징집'과 '공수부대'란 소제목으로 군 생활에 대해 쓴다. 공수부대 훈련에 대해 말하며 이런 자백을 한다 **"나는 학교 다닐 때 개근상 말고는 상을 받아보지 못했다."**
1975년 9월 입대한 문재인은 1978년 5월, 군을 재대했다.

【재인이는 월남 공산화에 희열을 느꼈지만, 박 대통령의 자주국방 계획은 성과를 거두고 있었다.
박 정권이 재처리 시설 도입을 포기하지 않자 1976년 1월 미국 정부는 최후통첩을 전하기 위해 국무부 관리들을 보냈다.
마이런 크런처 해양·국제 환경·과학 담당 차관보 서리를 단장으로 한 미국 교섭단 일행은 1976년 1월 22~23일 주한 미 대사관에서 최형섭 과기처 장관을 대표로 한 한국 측 관계자들과 협상을 벌였다. 실제로는 협상이 아니라 한국 관계자들을 심문하는 자리였다.
미국 교섭단은 재처리 시설 도입을 포기하지 않으면 고리 1호 원자력발전소에 대한 핵연료 공급을 중단하고 핵우산도 철거하겠다고 협박했다. 이들 일행은 회담에 앞서 박정희 대통령을 만나 '재처리 시설 도입 강행 시 군사 원조 중단' 방침을 통고한 상태였다 (1976년부터 미국은 핵무기 개발 감시를 위해 미 대사관에 과학관을 파견했다).

결국 한국정부는 프랑스로부터의 재처리 시설 도입을 포기하겠다고 말했다. 한국과의 사업을 최우선 국책사업으로 선정했던 프랑스 정부도 미국의 압력을 버틸 수 없었다. 1976년 1월 23일 한국과 프랑스와의 계약은 공식파기 되었다. 캐나다에서 수입하기로 한 연구용 원자로 도입 계획도 좌절되었다(다만 월성 1호기는 1976년 착공되어 1983년에 완공되었다). 벨기에와 함께 추진 중이던 혼합핵 연료 사업도 1977년 11월 11일 공식 중단됐다.

한국이 핵무기를 보유하는 순간 미국의 대한(對韓) 통제력은 결정적으로 약화되며, 일본도 미국의 핵우산에서 벗어나 핵무장을 하게 된다. 미국이 한국의 핵무기 보유를 결사 저지해야 하는 이유가 여기에 있다.

또한 한국의 핵무기 개발은 미국 군수업체의 이익에도 해가 되는 것이었다. 미국 군수업체는 한국이 지속적인 경제성장으로 인하여 구매력이 커지자 전투기 등 고가의 무기를 판매하고자 하였다. 한국이 핵무기를 개발하게 된다며 고가의 재래식 무기 구입 필요성은 크게 줄어든다. 이 역시 미국 정부가 한국이 핵무기 보유를 막아야 하는 이유 가운데 하나였다(미국 군수업계의 정치권에 대한 영향력을 벗어나는 미국 정치인은 거의 없다).

세번째 구속, 군 복무, 사법시험 공부 **127**

그러나 박정희 대통령은 결코 핵무기 개발을 포기하지 않았다. 미국의 엄중한 감시망을 피하기 위해 1976년 1월 말 핵연료 재처리 사업은 '화학 처리 대체사업'으로 이름을 바꾸었다. 연구용 원자로는 자체 개발하기로 결정했다.

미사일 개발도 난관을 뚫고 진행했다.

ADD는 맥도널 더글러스(MD)社에 나이스 허큘리스 미사일 사정거리를 180km에서 240km로 늘리는 사업을 공동으로 추진하자고 제의했는데, MD가 이에 응했다. 공동 사업은 기초 조사, 설계, 개발생산 3단계로 나누기로 하고 1단계만 계약했다. 이 계약에 따라 한국 연구진이 미국에 가서 배울 수 있었다.

1975년 초 ADD의 이경서, 홍재학, 최호연(崔浩顯), 구상회 박사등 10명의 연구진은 로스앤젤레스의 맥도널 더글러스社에서 6개월동안 미사일 기초 설계 방법 등을 익혔다.

6개월이 지났을 때 미 국무부는 '기술인도 불가(不可)' 판정을 내렸다. 그러나 6개월 동안 ADD연구원들은 미사일 설계에 필요한 자료와 기술을 확보하게 됐다. 2, 3단계 계약이 취소되자 독자 개발로 들어갔다. 다음 문제는 추진제 제조 시설과 기술 확보였다. 추진제는고가(高價)이나 즉시 발사가 가능한 고체식 추진제를 사용하기로 결정했다. 나이스 허큘리스 추진제를 생산하는 다이아콜社와 교섭을 벌였으나 미 국무부의 허가가 나오지 않았다. 목영일 박사가 추진제제조 시설 및 기술이전을 위해 프랑스 SNPE社와 교섭했다. SNPE社는 당시 세계 3위의 화약회사로 대륙간 탄도탄 추진제를 생산하기도 했다.

이 무렵 미국의 록히드社 계열의 록히드 추진제 회사(LPC)가 파산해 추진제 공장을 매각하려 했다. 사정거리가 200km의 미사일을 만들려면 용량이 300갤론인 믹서가 필요했다. 그런데 이때 300갤론 믹서를 생산하는 나라는 미국이 유일했다. LPC의 추진제 공장에는 용량이 300갤론인 믹서가 2개 있었고 용량이 작은 믹서도 여분으로 있었다. 이외에 비파괴 시험장비, 지상연소 시험 장비 등이 있었다. 추진제 공장 시설 일체를 살 수 있다는 정보를 이경서 박사가 얻어 급히 260만 달러에 계약했다. 또한 관련 기술 서적과 각종 군사 규격이 있는 LPC의 도서실 자료까지 인수했다. 이는 엄청난 행운이었다. 1975년 7월 ADD 연구원들은 미국으로 가서 추진제 공장의 시설을 해체하고 배에 실었다. 11월 한국에 도착한 시설물을 대전 기계창 안에 설치했다. 이로서 추진제 공장과 지상연소 시험장을 완성했다.

프랑스의 SNPE社에서는 추진제 제조 기술과 원료를 도입했다. 10여 명의 연구 인력이 장기간 프랑스에 체류하며 기술을 습득했다. 영국의 한 회사로부터는 유도 조정 장치 제작 기술을 습득했다.

박 대통령은 1976년에 들어 건설 중인 대전 기계창을 여러 차례 방문했다. 이경서(李景瑞), 구상회(具尙會), 홍재학(洪在鶴) 박사 등은 당시를 다음과 같이 회상한다.

늘 구내식당에서 식사를 하셨죠. 시험장, 기계창 건설현장을 둘러볼 땐 일꾼들이 먹는 임시 식당에 들러 '밥 한 그릇 부탁합니다. 그냥 있는 대로 가져오세요' 했어요. 대통령이 불쑥 들어와서 밥을 달라고 하니 다들 기절초풍했지요. 대통령은 밥 한 그릇에 숭늉을 뚝딱 비우면서 그저 '무기 만들어야 힘 있는 나라가 된다'고만 강조했습니다.

1976년 12월 2일 대전 기계창이 준공되었다.

대전 기계창은 사방이 산으로 둘러 쌓인 지형에 자리 잡고 있었는데 군부대가 삼엄하게 감시했다. 대전 기계창에서는 500명의 연구 인력이 모여 미사일 개발에 몰두했다.

미사일 추진기관은 목영일 박사 책임 하에 SEP와 SNPE의 기술 훈련에서 습득한 기술을 바탕으로 추진제 공장에서 제작하여 비파괴시험 및 연소 시험 등을 했다. 미사일 기체는 홍재학 박사 책임 하에 NH 미사일을 역설계해 제작 조립했다. 유도 조종 장치는 최호현 박사 책임 하에 NH 미사일을 역설계하여 모두 반도체화하여 개발했다.

미국은 미 합동군사고문단(JUSMAC-K) 요원 6명을 대전 기계창에 보내 미사일 개발 상황을 감시했다.

1976년 8월 18일에는 판문점에서 이른바 미루나무 사건이 일어났다.

판문점 공동경비구역에서 미루나무 절단작업 관리·감독을 하던 미군 장교 2명이 북한군이 휘두른 도끼에 살해되었다. 한국 언론은 '도끼만행사건'이라 부르며 규탄했다.

미군은 UN군의 일원으로 판문점 공동경비구역 안의 제5관측소에서 제3초소와 비무장지대를 관측하는 임무를 수행하고 있었다. 그러나 북한군 3개 초소에 둘러싸인 제3초소 부근에, 약 12m에 이르는 미루나무 가지가 무성하게 자라 있어 제대로 관측하기가 어려웠다. 이 때문에 UN군은 나뭇가지를 치기로 결정하고 한국인 노무자 5명에게 작업을 의뢰했다. 동시에 미군 장교 2명과 사병 4명, 한국군 장교 1명과 사병 4명 등 11명에게 이들의 작업을 감독·경비 하라고 지시했다.

이날 오전 10시경. 이들은 판문점 공동경비구역 안으로 들어가 '돌아오지 않는 다리' 남쪽 UN군 측 제3초소 부근의 미루나무 가지를 치기 시작했다. 잠시 후 작업을 하던 우리 측 군에게, 북한군 박철 중위를 포함한 장교 2명과 사병 10여 명이 다가와 "나뭇가지를 치지 말라"고 요구했다. 그러나 미군 장교는 관측소의 시야 확보를 위해 필요한 것이라며 작업을 계속했다.

그러자 북한군은 인근 초소에 있던 경비 병력을 요청하여 20여 명의 사병들이 트럭으로 도착했다. 그리고 곧 박철은 "죽여"라고 명령했다. 북한군은 가지고 온 곡괭이와 한국인 노무자가 나무 밑에 둔 도끼 등을 빼앗아 휘두르며, 우리 측 군에게 기습공격을 가했다. 특히, UN군 측 지휘관과 장병들에게 집중 공격을 가해 경비중대장 아서 보니파스(Arthur Bonifas) 미군 대위와 소대장 마크 바렛(Mark Barrett) 미군 중위가 이마에 중상을 입고 피살되었으며, 이밖에 미군 사병 4명, 한국군 장교와 사병 4명 등이 중경상을 입었다. 이들은 이와 함께 UN군 트럭 3대와 초소를 부순 뒤 도주하였는데, 이때 걸린 시간이 단 4분여에 불과하다. 미군 기동타격대가 출동했을 때는 북한군이 이미 철수한 뒤였다.

사건 직후 주한미군 사령관 리차드 스틸웰은 '데프콘 3(전투준비

태세)'를 발동하고, 미군 방송을 통해 휴가 중이거나 부대를 떠나있는 전 장병에게 즉시 부대복귀를 명령했다. 한국전쟁 이후 '데프콘 3'가 발령된 것은 이때가 처음이었다. 김일성도 인민군과 로농적위대, 붉은청년 근위대 등에 전투태세에 돌입하라고 명령하고 '북풍 1호(준전시상태)'를 선포했다.

제럴드 포드 미국 대통령은 사건 보고를 받고 분노하여 군사적 응징을 즉각 검토하도록 지시했다. 당일로 미국 정부는 "이 사건의 결과로 빚어지는 어떠한 사태에 대해서도 그 책임은 북한에 있다"는 성명을 발표했다. 미국 정부는 긴급 참모회의를 열어 문제가 된 미루나무를 제거하기로 결정했다. 이를 '폴 번연 작전(Operation Paul Bunyan)'으로 이름 지었는데, 폴 번연은 미국 전설에 등장하는 거인 나무꾼이다. 박정희 대통령은 김종헌 소령을 특공대장으로 임명하여 폴 번연 작전 실행 시 북한의 초소 4곳을 파괴하도록 지시했다.

8월 20일 제3사관학교 졸업식에서 박정희 대통령은 훈시를 하면서 "우리가 참는 데는 한계가 있습니다. 미친개에게는 몽둥이가 필요합니다" 라고 말했다. 이는 본래 연설 원고에는 없었던 것이었다.

8월 21일 아침 7시 폴 번연 작전이 실시되었다. M16 소총, 수류탄, 크레모어 등으로 무장한 한국 특전사 요원 64명은 공동경비구역으로 진입해 미루나무를 베어내는 미군 공병대원들을 엄호했다. 특공대로 투입된 한국 특전사 요원들은 군사분계선 남쪽에 있던 북한 초소 4개를 파괴했다. 그러나 북한은 이에 반격하지 못했다. 미군 공병대원들은 40여분 만에 미루나무를 잘라냈다.

이때 UN군은 '데프콘 2(공격준비태세)'를 발령했는데, 이는 사실상 〈전쟁 계획〉을 전개한 것이었다. 미국 본토에서는 핵무기 탑재가 가능한 F111 전투기 20대가 한반도에 배치되었고 괌에서는 B-52 폭격기 3대, 오키나와 미 공군기지에서는 F4 24대가 한반도 상공을 선회했다. 또한 함재기 65대를 탑재한 미 7함대 소속 항공모함 미드웨이 호가 순양함 등 중무장한 5척의 호위함을 거느리고 동해를 북상하여 북한 해역으로 이동했다.

미국은 교전상황에 대비해 구체적인 〈전쟁계획〉인 일명 〈우발계획〉까지 수립했다. 미루나무 절단 작업 시 교전상태가 발생할 경우 한국군 포병과 미군 포병이 북한지역 개성의 인민군 막사와 개성 위쪽의 시변까지 포격하여 초토화하고, 인민군 포병부대를 궤멸시킨다는 것이었다. 또한 전쟁이 확대될 경우 개성과 연백평야에 대한 탈환까지도 염두에 두고 있었으며, 북한군의 전차부대가 남진할 경우 이에 대한 전술핵의 사용도 고려됐다. 핵전쟁까지 상정한 실질적인 〈전쟁계획〉이다.

폴 번연 작전이 끝나자 즉시 북한은 긴급 수석대표회의를 요청했다. 이 자리에서 김일성의 '유감성명'이 전달됐다. 처음에 미국은 북한의 유감성명이 잘못을 인정한 것이 아니라며 거부했으나 24시간 뒤 이를 받아 들였다.

(1984년 11월 23일 평양 주재 소련대사관의 외교관 바실리 야고브레비치 마싸작이 판문점을 통해 한국으로 망명했다. 이를 저지하려는 북한군 경비대와 탈출을 도우려는 유엔 경비대 사이에서 총격전이 벌어졌다. 박철은 유엔 경비대의 집중사격을 받고 피살되었다.)

1976년 11월 2일(목요일) 실시된 48대 미국 대통령 선거에서 민주당의 지미 카터(Jimmy Carter) 후보가 현직 대통령인 제럴드 포드(Gerald Ford) 공화당 후보를 근소한 차로 이기고 당선되었다.

카터 : 40,831,881 (50.08%) 선거인단 수 297
포드 : 39,148,634 (48.02%) 선거인단 수 240

무명에 가까운 그가 돌풍을 일으키며 당선된 이유는 워터게이트로 상징되는 기성 정치인들의 부패에 미국 국민들이 염증을 느꼈기 때문이었다. 카터 후보가 내세우는 도덕성 회복이 유권자들의 마음을 사로잡았다.

카터 후보는 대외정책에서 인권 개선을 내세우겠다고 천명하였고 주한미군 철수를 선거 공약으로 내걸었으므로 한국 정계의 비상한 관심을 끌었다.】

문재인은 '공수부대'라는 소제목에 이어 '고시 공부'란 소제목으로 고시 공부를 말한다.

고시 공부

집에 돌아왔지만 갑갑한 상황이었다. 내 인생에 가장 난감하고 대책 없는 기간이었다. 제대는 했는데 복학도 안되고, 마냥 집에서 쉬기도 그렇고……. 모두 진퇴양난이었다.

고생하시는 부모님을 생각하면, 언제일지 모를 복학을 기다리며 빈둥빈둥 놀 수도 없었다.

【엉뚱한 말이다. 고생하는 부모의 돈으로 서울 유학을 했다면 결코 데모로 대학 시절을 보내지는 못했을 것이다. 왜 사법시험 1차 합격 소식마저 말하지 않았을까?】

부산 해운업계에 있던 선배들이 취업 권유를 했다. 대학 졸업장 없이도 대졸 사원 처우를 해 줄 테니 오라는 것이다. 그러기로 하고 준비를 하고 있었다.

그런데 갑자기 아버지가 돌아가셨다. 지병이 있는 것도 아니었는데, 심장마비라고 했다. 그때 아버지는 친척이 하는 회사 일을 도와주고 계셨는데, 출근했다가 밖에서 변을 당하셨다. 일을 마치고 목욕을 한 후, 저녁을 드시는 자리에서 맥주 한 잔 정도 마시고는 앞으로 고개를 떨궜는데, 한참 동안 그리고 계셔서 보니까 돌아가셨다는 것이다.

그때 아버지 연세는 겨우 쉰아홉, 지금 내 나이였다.

【이 부분 문재인의 서술은 거짓이다. 제대한 이후 부친 문용형이 사망한 것으로 썼다. 그러나 문재인은 특전사에서 1978년 5월 제대했다. 문용형은 1978년 4월 7일 사망.

문용형은 공식적으로 1920년생이다. 자녀가 2남 3녀이다. 문재인이 장남인듯 한데, 공식적으로 문재인은 1953년생이다. 그렇다면 첫 아이를 34세에 낳은 것이다. 문용형 부부는 도저히 월남한 부부라고 보기 어렵다.】

아버지를 위해서도 그냥 취업하는 정도로는 안된다고 생각했다. 늦게나마 잘되는 모습을 보여드리고 싶었다. 사법시험을 보기로 결

심했다. 어머니께 이왕 고생하신 거, 조금만 더 고생하시라고 말씀
드렸다.

【가족의 생계를 계모 또는 친모가 오랜 세월 맡았는데, 그 은혜를
갚을 생각을 하지 않고 무슨 사명감이 있다고 대학 생활을 온통 반
정부 투쟁하느라 보냈을까?】

49제를 치르고 다음날 바로 집을 떠났다. 전남 해남의 대흥사로
갔다.

그때 나는 하숙비를 집에서 도움받을 형편이 못 됐다.

【초상이 4월 7일이니 5월 말 집을 떠나 대흥사로 간 것이다.

재수 시절, 대학 시절 하숙비 등 교육비는 누가 감당했는지? 왜 이
때 와서는 하숙비를 주지 못하게 되었을까?】

마침 대흥사에 묵을 수 있도록 도움을 주신 분이 있었다. 그래서 대
흥사로 갔다. 대흥사 내 대광명전이라는 암자였다. 대흥사가 도립공
원으로 지정되기 전이어서 참으로 고즈넉하고 아름다운 절이었다.

【고기채(高棋采, 1940~2023)이다.

고기채는 1940년 1월 16일 전라남도 해남군에서 태어났다. 문태
고등학교를 졸업하고 경희대 체육대학을 나왔다(58학번). 경희대학
교 대학원에서 체육학 전공으로 석사 학위를 받았다. 석사 학위 논문
은 〈뮌헨 올림픽 韓國候補選手의 體力에 關한 調査 研究(1975)〉였다.

이후 경희대학교에서 체육대학 교수로 체육대학 학장, 경희대학
교 체육대학원 원장을 지냈다. 경희대학교 학생처장이었을 때 경희
대 법학과를 다니던 문재인이 특전사에서 제대하자 해남군 대흥사

로 데려가 공부를 시켰다.

2019년 5월 여주대학교 총장으로 취임했다.

경력 가운데 한국체육학회 선임 부회장, 중국 북경체육사범학원 명예교수가 있다.】

절 경내에 일체 시멘트가 없이 자연 그대로였고, 길도 포장되지 않은 흙길이었다. 경상도 땅에 있었으면 스님이 200명은 북적거릴 규모인데도 20여 명밖에 되지 않아 한적한 느낌이 들었다.

그곳에서 열심히 공부했다. *중학교 입시 공부를 하던 초등학교 6학년 이후 처음으로 공부답게 했다.* **대학 재학 중 3학년 겨울 방학 때 사법고시 1차 시험에 합격한 일이 있었다. 그해 가을 교내 시위를 주도한 뒤여서, 공부도 결코 소홀히 하지 않겠다는 각오로 본 시험이었다.** 다행히 합격했고, 게다가 우리 학년에서 유일한 합격자여서 나는 단번에 '고시 유망주'가 됐다. 그러나 법률 과목은 거의 공부가 안된 상태여서 나머지 암기 과목들을 잘해 합격한 것이어서, 제대로 된 고시 공부는 새로 시작하는 것이나 진배없었다.

【문재인은 구치소 생활을 기술하며 은근슬쩍 사법시험 1차 합격했다고 한마디한다. 그리고 여기 '고시 공부'란 소제목에서 다시 언급하는데, 공부하지 않은 상태에서 쳤다고 자백한다. **"공부도 결코 소홀히 하지 않겠다는 각오로 본 시험이었다."**라는 구절을 공부 열심히 했다는 말로 오해하지 말아야 한다.

사법시험 1차 시험에서도 법률 과목이 주요 과목이다. 당시 관보에 기재된 총무처 공고를 보면 17회 사법시험에서 5지선다형인 1차 시험은 모두 8과목이다. 필수과목 5(헌법, 민법, 형법, 경제학개론,

세번째 구속, 군 복무, 사법시험 공부 **137**

문화사)에다가 선택과목 셋이다.

제1 선택과목은 국제법, 국제사법, 사회법, 형사정책 가운데 선택이고, 제2 선택과목은 정치학, 사회학, 심리학, 법철학 가운데 선택이다. 제3 선택과목은 외국어 가운데 하나 선택으로 영어, 독어, 불어, 일어, 중국어가 대상이었다.

문재인은 마치 법률 과목을 거의 공부를 안해도 다른 (암기) 과목 잘 쳐서 합격할 수 있다는 듯이 거짓말을 한다. 최대한 법률 과목을 피해 선택했다면 필수 5과목에다가 제1 선택과목에서 형사정책을 골랐을 것이고, 제2선택으로 정치학, 사회학, 심리학 중 하나 선택했을 것이다. 법률 과목이 대다수이다. 그리고 재인이가 문화사(국사+세계사), 경제학 개론, 외국어 점수가 엄청 좋았을 것인가? 그리고 재인이는 법률 과목 이외의 다른 과목도 공부할 시간 여유 자체가 없었다. 재인이가 시험 준비를 했다고 하더라도 30일을 넘기 어렵다. 왜 초능력을 자랑하지 않고 숨기려 할까?

고등고시에서 1차 시험 합격의 어려움은 다음 합격 수기가 잘 보여준다.

너에게 건네는 잔(盞)

- 1次 6連敗 끝의 凱歌

柳 春 根
- 제22회 행정고시 합격
- 청주대 법학과 졸업
- 1次 6回, 2次 1回

Ⅰ. 글 머리에

(1) 젊음이 밤을 지날 때엔 누구도 우리에게 말하지 못한다. 눈 내리는 거리에서, 비 오는 圖書館 앞에서, 바람 부는 술집에서 우리는 우리만이 낱말로 서로의 얘기를 주고받는다. 아무도 알지 못하고 대답할 수 없는 것들. 아픈 者의 고통은 아픈 자만이 알 수 있다. 빛깔 짙은 苦惱의 실패와 그 그늘 아래 숨죽이며 미소 짓던 歡喜의 瞬間들, 그것은 눈물 빛깔의 純粹였다. 그리고 사랑……

(2) 滿員버스에서 자리도 없이 「서 있는 사람들」의 하나였던 내가 어쩌다 앉을 자리를 얻은 것은 「앉아야 할 사람」이 불가피하게 넘겨준 자리를 요행히 차지했다는 感謝의 말 뿐 달리 할 말이 없다. 그러나 受驗生活을 하는 동안 合格記를 읽으며 스스로를 反省하고 채찍질했던 기억이 새롭다. 보잘 것 없는 이 글이 受驗生 여러분께 조금

의 도움이라도 될 수 있다면 먼저 合格記를 쓰신 분들께도 빚 갚음이 될 수 있겠다.

(3) 길의 實驗 - 모든 人間의 生活은 자신으로 向하는 하나의 길이고, 길의 實驗이며, 좁은 길의 暗示이다. - Hermann Hesse :「Demian」 어떻게 말하더라도 考試工夫는 결국 자신으로 向하는 길임에 틀림없다. 「길고도 迷路와 같은 道程(the long and labyrinthine path)」을 걸어가며 우리는 고달픈 自身에의 實驗을 계속한다. 땀으로 얼룩진 어두운 길목에 서서 意志와 勇氣의 lantern을 만지작거리며, 언젠가엔 다가올 반짝하는 그 섬광의 순간을 우리는 기다린다. 失敗가 의미로울 수 있는 것은 그 길이 참된 自己發見으로 향할 수 있기 때문이며, 삶의 참맛을 그 아픔속에서 暗示받을 수 있기 때문이다. 失敗 속에서 젊은은 成熟하며, 그가 늠늠히 좌절의 늪에서 일어설 때 주위를 감격시키곤 한다.

II. 大學生活 - 彷徨 속의 摸索

大學 4년, 그것은 arbite로 시작해서 arbite로 끝이 난 어릿광대의 줄타기 같이 힘든 生活이었다. 내가 노력한 댓가로 나의 길에서 獨立한다는 決意는 大學 1년을 뿌듯한 보람으로 보내게 했으나 낮에는 印刷所에서 밤에는 家庭教師의 겹치기 作業으로 1年은 바쁘게 넘어갔다. 그러나 音樂會·講演會·date도 즐기는 가운데 經濟原論 5回讀을 넘겼던 것은 行政考試를 겨냥한 가냘픈 試圖였다. 「사랑은 後悔하지 않는 법」이란 짤막한 statement를 남기고 홀연히 사라진 K의 목소리가 귓전에서 마르기까지, 研究室에서 魚 敎授님의 民總特講을 들으며 갈대의 「純情」을 떠나보내고 있었다. 그 겨울 放學도 끝날 무렵 주먹 만한 눈송이가 펑펑 쏟아질 때 남해로 가는 列車에 몸을 실었고 캄캄한 섬마을의 주막에서 몇 줄의 詩를 적을 때엔 "분발해야지 더욱 열심히 해야지"하는 內密한 決意가 서고 있었다.

2學年, 썰렁하게 비어 있는 圖書館에서 혼자 자리를 지키며 거의 맹목적이다시피 책을 읽고 行試에의 뜻을 다지는 가운데 arbite 문제로 苦心하기 시작했다. 겨우 2~3시간 정도 밖에는 내 시간을 확보하기 곤란한 生活이었다. 다른 친구들은 열심히 공부하고 있는 순간에 나는 이리저리 arbite로 뛰어다녀야 했고, 노곤한 피로에 젖어 일과를 끝낼 때엔 끝도 없는 雜念에 몸부림쳤다. 考試냐, 安定이냐의 양 갈래길, 生活의 틀도 行動의 基準도 없었다. 뭔가 정리된 생활이 필요했고 급기야는 印刷所를 그만두고 가정교사도 자리를 옮겼다. 그러나 여전히 雜技에 친한 습관을 버리지 못하고 이곳 저곳으로 어울려 다녔다. 祝祭 때엔 法科 代表선수로 卓球 준우승, miss 남학생 contest에서 원맨쇼로 입상을 한 것으로 분주한 2學年 1학기를 보냈다. 여름 放學 때엔 한 달을 공부하고 문제집은 한 권씩도 읽지 못한 채, 16回 1차 試驗場에 시장 조사차 얼굴을 내밀었다. 이러한 당돌한 태도는 이후 1차 連敗의 signal처럼 작용했다. 그해 11월, 司試·行試 受驗生들의 모임 「八起會」를 조직하여 우리 친구들은 受驗期間 내내 서로 격려와 힘이 되었다. 이 모임을 통하여 마음을 다지는 가운데 價格論·國民所得論, 行政法을 精讀으로 2回讀 가량 마치고 겨울 방학을 끝냈다. 성애 낀 유리창에 손가락으로 수 없는 落書를 남기면서 …… 나는 합격한다! 나는 合格한다!

세번째 구속, 군 복무, 사법시험 공부 **141**

3學年, 자리를 옮겨 學校 硏究室로 들어갔다. 새벽 4시 취침, 8시 기상을 軸으로 공부의 참맛을 터득하기 시작했고 더구나 하루의 모든 시간이 나의 것이라는 생각은 공부에 더욱 애착을 갖게 했다. 점심 식사 후 잠시 짬을 내어 선배로부터 개다리춤을 배우던 일, 허락도 없이 도둑 meeting을 나갔다가 퇴실 명령을 받고 쩔쩔매던 일, 밤 늦게 라면을 끓여 먹으며 선배들과 열띤 討論을 했던 일들은 모두 硏究室 生活에서 얻어진 大學生活의 白眉였다. 그러나 봄의 훈풍이 불기가 무섭게 한 여학생에게 one-side한 사랑의 沒入을 시작했고, 분홍빛 원피스의 H 모습은 책 속에서도 試驗場에서도 지워지지 않았다. 17回 1次에 또 失敗, 그것은 熱病 속에서 치른 시험이었다. 사랑의 失敗와 시험의 失敗를 동시에 경험한 후, 秉赫·明勳과 어깨동무를 하고 밤의 술집을 헤매면서 先驅者를 외쳐 노래하다가 거리에 쓰러졌다. '사랑은 oasis야! 그것은 虛像인 걸' 그렇게 만취하기는 처음이었다. 서서히 내가 할 일을 생각했다. 참된 사랑의 의미도 어렴풋이 깨닫고 있었다. 나를 사랑할 수 없는 사랑은, 그 누구도 사랑하는 것도 아니라는 사실을 …. 失戀의 아픔을 싸안고 두 달간을 國際法·經濟學·調方에 쏟은 다음 여름 放學을 보내기 위해 廷植·斗杓와 함께 安養으로 짐을 쌌다. 찌는 듯한 더위도 아랑곳 없이 팬티만 걸친 채 두문불출 책상을 지켰고, 精讀 위주로 차분히 책을 읽어나갔다. 規則的인 운동과 시간의 수면으로 몸무게도 3kg이 늘었다. 그곳에서 가장 열심히 했던 team에 속했다. 둘에게 배당된 방을 공부방과 침실로 각각 분리하여 공동사용하면서 서로가 채찍이 되고 격려자가 되었다. 2次 여섯 과목을 參考書와 考試雜誌를 뜯어 붙이고 整理하는 作業을 마쳤을 땐 뿌듯한 自信感이 온몸을 휘감았다.

잠시 忠州 집으로 내려왔을 때엔 그간의 自信感도 소리없이 무너지고 있었다. 벌써 한 달 동안을 病院에서 呻吟하고 계시는 어머니. 交通事故의 悲報를 공부하는 나에게만은 감추었던 것이다. 아리따운 모습은 어디로 가셨는지 얼굴 위론 死色이 감돌고 있었다. 어머니! 아들을 위해 어떤 苦生을 해오셨는지 알아요. 그렇지만 저는 어머님이 생각하는 그런 착한 아들이 못돼요. 가슴이 찢어질 듯 흐느껴 울면서 어머니의 사랑을 내 흐느끼는 소리 속에서 들었다. 어머니를 위해 공부하자! 올해엔 꼭 合格 소식을 전하자. 새로운 내가 어머니 앞에서 組立되고 있었다. 安養의 짐을 싸들고 내려와 다시 研究室에 入室. 이제는 오기로 책을 넘겼다. 魚 敎授님의 눈을 피해가며 arbite로 시작했다. 혼자 멍하니 앉아서 창밖을 쳐다보다가도 어머니 생각이 들면 다시 책을 움켜잡았다. 초조한 가운데 치른 18回 1次에서도 1문제 차이로 다시 낙방. 考試가 미끄럽다는 것만 확인하는 것으로 試驗場을 오갔다. 1次 試驗도 세 번씩이나 떨어진 나. 주위 사람들은 나를 위해 충고한다는 식으로 비웃어 댔고 그 非難은 나를 들끓게 만들었다. 하고 말리라! 어떻게 해서라도 해내고 만다! 내 能力을 의심하기는 죽어도 싫었다. 그것을 表現하기 위해서는 눈웃음 치며 다시 일어서야 했다. 어머니의 위로를 가슴에 새기며 다시 책을 잡았다. 試驗포기를 권하는 사람은 절대로 만나지 않는다는 Card를 만들어 주머니에 넣고 다녔다. 2次試驗을 보려고 서울로 올라가는 친구의 모습은 어쩌면 그렇게도 화려해 보였던지! 失敗의 쓰린 苦痛을 잊으려고 억지로 책장을 넘길 때마다 2次 試驗場이 눈앞에 아른거렸다. 豪永·斗杓와 함께 누님宅에서 겨울을 보내며 몇 명의 학생을 모아 다시 arbite를 시작했고, 그때마다 겪는 어려움은 언제나 같았다.

4學年 봄, 淸州 근처의 龍雲寺로 承錫·在洪과 함께 집을 옮겼다. 規則的인 生活을 하도록 애쓰면서 2次 전과목에 걸쳐 整理를 해나갔다. 각개격파式으로 基本書 한 권을 들면 5回讀 정도 내리 읽고 어느 정도 暗記를 마친 후 雜誌의 論文과 豫想問題를 오려내어 다시 基本書에 삽입하고 補充했다. 이렇게 두 달을 보낸 후 걷잡을 수 없는 slump로 헤매다가 절 생활을 청산하고 다시 學校 硏究室로 돌아왔다. 그럭저럭 4學年 1學期를 마치고 斗杓 君과 함께 서울로 올라가 B 法律硏究所에 있다가 소음 때문에 朝陽讀書室로 옮겨갔다. 새벽 4시 취침, 8시 기상의 規則生活을 그대로 固守하며 불편 없는 環境 가운데 열심히 했다. 그러나 19回 1次에서 또 失敗했다. 1문제 차이였다. 지푸라기라도 잡고 싶었다. 남에게 보이기 위해 誠實하려 했던 僞善도 反省했다. 19回 2次 試驗의 發表가 났고 斗杓 君은 合格했다. 나도 合格할 수 있다는 自信感이 팽팽히 부풀어 올랐다. 곧이어 20回 추가 公告가 났고, 그 소식을 들은 것은 불과 試驗 19日을 앞두고 있어 아찔했다. 당장 하숙비도 없었다. 南基煥 博士님의 配慮로 博士님 宅에서 공부하게 되었을 때엔 감사함으로 눈물을 글썽거렸고, 짧은 기간 동안 가르침을 받으며 하느라고 했으나, 英語 75點에 1문제 차이로 다시 낙방, 전번에 거의 만점 가까이 받았던 民總을 소홀히 본 때문이었다. 그러나 또 다시 1문제 차이라니! 기가 막혔다.

卒業. 암담하고 답답하고 쓸쓸했다. 그래서 卒業式場은 황량하고 추워 보였던 것일까? 혼자서 떠난 旅行은 피곤만 쌓여 왔다. 눈 내리는 겨울 바다를 망망히 바라보며 무언가를 생각하고 싶었으나 모든 것이 귀찮다는 느낌뿐 발자욱만 세다가 힘없이 돌아섰다.

Ⅲ. 다시 시작한 實驗

淸州大學 大學院에 獎學生으로 入學하게 된 것은 내게는 실로 분에 넘친 厚意였고 갈 곳이라곤 軍隊밖에 없던 처지에 洪愼憙 法學科長님의 配慮와 學校의 여러 敎授님의 은혜는 정말 눈물겨웠다. 인간을 아끼는 社會와 國家는 繁榮하지 않을 수 없으며, 한 명이라도 더 키워서 社會에 내보내려는 學校의 精誠도 역시 그러할 것이다. 그 당시 집의 製菓店 경영이 결국 破産에 이르자 家族들이 받는 수모와 苦痛은 이루 말할 수도 없었다. 책도 잡지 못한 채 뜬눈으로 밤을 새우며 arbite를 했으나 그것도 여의치 못해 두 번의 하숙을 옮겨야 했다. 그러나 그 어려움 가운데서도 스스로 굳은 約束을 確認하며 이 困境을 헤쳐나갈 決意를 다졌다. '苦難의 찬스! 이 기회에 나를 멋지게 表現하자' 陣痛없는 탄생은 없다. 革命이 가능한 時代도 없었다. 19回 司試에서는 泰鎬君이 合格했다. 친구들이 하나 둘 합격하여 나갈 때마다 마음은 기쁘면서도 두 손은 허전하기만 했다. 아직 1次 조차도 合格치 못한 悲哀는 더욱 컸다. 그러나 바짝 정신을 차렸다. 이때부터 敎授님을 찾아다니며 실제와 똑같은 方法으로 模擬試驗을 부탁해서 치루어 나갔다. 意志가 흔들리던 당시 스스로를 規律하기 위한 방편으로 삼았던 이 模擬시험이 이번 合格의 원동력이 되었던 것을 確信한다. 6月부터는 學長님께서 일부 生活費를 보조해 주셔서 泰鎬 君의 배려 아래 서울 朝陽讀書室로 다시 올라갔다. 1·2次를 동시에 合格할 요량으로 計劃을 세워 밀어부쳤으나 1次에서 또 力不足. 21回 征服의 꿈은 허무하게 무너지고 말았다. 廷植·亨杰君의 따스한 위로 속에서 마음을 가다듬다가 落鄕. 이제는 아무도 내게 말하지 않았다.

試驗에의 격려도 포기의 권유도…. 모든 것을 흩날려 보내고 싶었던 77년은 담배연기만 가득찬 苦惱 속에서 아련히 막을 내렸다. 78年, 斗杓·泰鎬·廷植君의 忠告와 격려를 붙잡고 새로운 공부를 시작했다. 나는 이때 눈물 속에서 友情의 幻影과 그 明暗을 보았다. 이들은 무너져 내리는 나를 일으켜 세우고 다시 걷게 했다. 廷植君의 집에서 함께 공부하면서 둘이 같이 UBF에 나가 하느님의 말씀을 공부하였다. 조용히 눈을 감고 가슴 底邊에 울려오는 하나님의 음성을 잔잔히 느낄 때의 그 감격! 失敗의 傷處도 불안했던 生活도 記憶에 없었고, 이로써 원래의 나를 追究하기 시작했다. 그동안 알지 못하던 나의 缺點과 長點을 깨우치면서 일체의 疑心과 不安을 끊어나갔다. 東洙·심헌君과 함께 經濟學 sub-note를 重要度와 未出문제 위주로 作成하면서 全科目의 總整理를 빠짐없이 해나갔다. 그동안에 나를 위해 헌신적으로 도와주던 斗杓君이 軍에 入隊하자 한동안 마음이 허전하기도 했다. 하숙비를 벌기 위해 저녁시간을 쪼개어 公務員學院에 나가면서 經濟原論과 行政學講義를 두 달간 맡기도 했다. 8月을 맞았다. 이제는 모든 것을 마치고 오직 1次에 全力을 모을 때였고, 어려운 때에 泰鎬君 내외의 격려 訪問은 너무 반가웠다. 市內 讀書室에 나가면서 客觀式 問題集을 과목당 5권 정도씩 떼고 整理를 모두 마쳤다. 希俊·旼源·洪洛·기영·석만·동진·규웅 君이 마련한 warming-up 파티를 감사하면서 試驗場으로 갈 때엔, 그동안 나를 지켜주신 하나님의 사랑을 하나씩 되새기고 있었다. 지금까지 이처럼 차분한 가운데 不安 없이 치른 試驗은 없었고 이상하게 "이만하면 붙었다!"하는 確信이 찡하게 울려오는 가운데 試驗場을 나올 때엔 한 달 간의 2次 準備를 면밀히 計劃하고 있었다. 1次 合格의 기쁨, 그 기분은 어지러웠다고

表現하는 것이 정확하다. 서울신문을 들기만 해도 가슴이 섬뜩했던 기억은 언제였으며, 그 新聞을 꾸겨 차고 술집을 쓸쓸히 들어서던 암담했던 기분은 언제였던가? 鮮明한 活字로 찍힌 내 이름의 세 글자를 보았을 때, 바로 그 순간부터 거리는 미소에 차 보였다. 아무나 붙들고 악수를 나누고 싶었다. 어머니를 껴안고 마냥 웃고 싶었다. 힘껏 달려보고 싶었다. 6年만의 1차 合格! 이제 가슴 속엔 불을 붙인듯 自信感이 타오르는 소리가 타닥거리고 있었다. 그동안 못다 읽은 憲法과 經濟學을 골격 위주로 읽으면서 旼源·浩甲君의 도움으로 차분한 가운데 마무리를 마쳤다.

2次 試驗場. 매일 2科目씩을 돌리려고 안간힘을 썼고, 책장이 착착 넘어가자 신기한 생각이 들었다. 試驗場에 들어가기 전에 目次를 들여다 보며 전체적인 內容 연결을 다시 되새긴 다음 조용한 마음으로 기도를 했다. "問題를 정확히 파악하고 基本原理에서부터 接近해 들어가도록 도와주십시요. 폭 넓게 그러나 실수 없이 아는 만큼만 쓰도록 하여 주십시오." 따듯한 날씨였는데도 試驗을 마치고 나올 때엔 온몸이 후들후들 떨렸다. 사흘은 이렇게 지나갔다. 마지막 시간을 마쳤을 때엔 영화관을 나올 때의 느낌처럼 공허하고 텅 빈 기분이었다. 나른한 解放感, Adieu! 지루했던 사흘이여!

Ⅳ. 絶頂的 經驗

發表日까지 한 달 동안은 "헌법 헌법"하면서 다녔다. 科落이 틀림없다고 생각했다. 작은 問題 「國會議員의 免責特權」을 特權으로 잘못

보았고 그것도 시간에 쫓겨 헤매다 나온 기억이 꿈속에까지 따라 다녔다. 매일같이 點數를 계산했다. 아침엔 Yes, 午後엔 No. 發表 며칠 전부터는 아예 滯念한 체, 다음 試驗을 생각하고 있었다. 發表 전날 그 날은 한 달간의 旅行을 마치고 忠州의 집으로 돌아와서 노곤히 누워 있었다. 그런데 이 무슨 이상한 소리인가. "형, 合格했대! 서울서 전화왔어" 멍멍히 입 벌린 자세로 쳐다보며 할 말을 잊었다. "오빠! 축하해" 울먹이며 품에 안기는 秀喜의 등을 어루만지며 손끝은 파르르 떨고 있었다. 어머니 어머니의 뜻은 이 아들이셨지요. 물끄러미 하늘을 우러르는 내 얼굴 위로 뜨거운 눈물이 마구 솟구쳐 흘렀다. 빚 때문에 멀리 가 계신 어머니. 내일 아침엔 어디에서 新聞을 펴들고 또 눈물을 흘리실까 아들은 여기에 있는데. 아! 지금까지 반평생을 참으며 못해 오신 말씀을 이제 내가 하는구나. 언제나 그 말씀대로 이 社會와 祖國을 위해 몸바쳐 살아야지. 짜릿한 전율이 등을 흐르며 입술을 떨고 지나갔다.

Ⅴ. 하고 싶은 말들

"젊은 靑年들은 모름지기 자기의 良心과 理想을 버려서는 안됩니다. 항상 이것을 견지해야 합니다. 歷史를 돌아보면 특히 절실히 느껴지지요." 하신 어느 敎授님의 말씀을 빌리면서 다음 몇 가지를 말씀드리고 싶다.

(1) 失敗는 찬스다

失敗를 하면 누구나 失望하기 쉽다. 쉬운 일은 누구나 다 할 수 있다. 失敗를 自己表現의 機會로 생각하고 분발했으면 쉽다.

(2) 自己暗示 - "나는 合格한다"

信念은 方向을 決定한다. 合格·不合格도 자신이 암암리에 選擇하고 있다는 사실을 기억하자. 안되는 일은 되도록 하면 된다. 나는 쉬는 시간이나 運動할 때마다 끊임없이 自己暗示를 活用했고 이것은 失敗로 점철된 受驗其間을 合格으로 이끌어 준 강력한 끈이 되었다.

(3) 一時投入

考試는 밑 빠진 독에 물 붓기라 한다. 이것을 이용해서(?) 한가히 공부하려는 安逸에서 벗어나야 한다. 누가 우리의 靑春을 報償해 줄 것인가? 苦生은 한꺼번에 一時에 하고 마쳐야 한다.

(4) helicopter式·각개격파 戰略

이른바 helicopter式 讀書方法을 勸한다. 떴다, 내렷다 하면서 전체파악·부분이해를 번갈아하는 方法이다. 초등학교·중고등학교 때 수도없이 해왔던 전체 대강·문단 나누기·句節풀이를 생각하면 이해가 갈 것이다. 그런데 이 좋은 方法을 大學에 들어오면 뺏지 달기가 무섭게 잊어버리는 것이 이상하다. 그리고 나는 책 한 권을 들면 그것만을 여러 번 내리읽고 다른 科目을 잡았는데 理解와 暗記에 유익했다. 이러한 接近方法을 Helicopter式·각개격파 Strategy라고 말하고 싶다.

세번째 구속, 군 복무, 사법시험 공부 **149**

(5) 模擬試驗

실제로 答案을 작성해 본다는 것은 test 이상의 중요성이 있다. 問題를 보는 感覺이나 答案構想 능력, 글씨, 誤字, 文章力 등을 검토해 볼 수 있으므로 반드시 勸하고 싶다. 공부에 싫증이 날쯤엔 Slump 방지에도 좋을 것이다.

(6) 1次 準備

대부분의 合格者가 강조하고 있지만 결코 1차를 깔봐서는 안될 것이다. 나는 受驗期間의 절반 이상을 1次 공부로 보냈고, 수도 없이 쓴맛을 보아 왔다. 1次 合格은 自信感의 유지에도 중요하다. 問題集을 많이 보고 問題에 익숙해지는 것이 지름길이라고 確信한다.

(7) 其他

通信大學의 放送講義 중에는 名講座가 많아 자주 들었고, 政經研究 등의 雜誌는 top-issue의 時事問題를 集約해서 解說해 주어 도움이 되었다. 특히 이번 試驗에 작은 問題가 出題되리라는 소식과 그 旣出問題는 「考試研究」를 통해서 처음 알았고 이것은 정말 귀중한 情報였다고 생각한다.

Ⅵ. 밀알의 感謝

수많은 분들의 도움으로 일단 하나의 實驗은 끝이 났다. 그 은혜가 나에게서 그치지 않고, 社會와 國家와 보다 나은 내일의 人類에게 흘러 들어가도록 그 뜻을 받들겠다. 한 알의 밀알이 썩어질 때 그것은 들판을 풍요롭게 하고 食卓 위에 소담한 饗宴을 마련할 것이다. 그러한 밀알이 되고 싶다.

父母님·동생들과 함께 合格의 기쁨을 나누고 싶다. 그러나 무엇보다 또 한 분의 아버님같이 자상하셨던 鄭用泰 敎授님의 가르침을 잊을 수 없다. 李觀雨 敎授님의 극진하신 指導에도 머리 숙여 감사한다. 그리고 그동안의 친구들 고맙다. 너희들이 내게 건넨 그 盞에 이제 무엇이 차야 할지 나는 안다. 그리고 어떻게 그 잔을 건네야 하는지도 안다.

亨杰·宗奐·庚杓·日世 용구兄, 이제 때가 되었지요. 重喆·장원·심헌·수용·철이의 合格을 바란다.

79年에 受驗生 여러분의 所願成就를 삼가 빕니다.

〈주소 : 충북 청주시 시창동 301-19 TEL ② 2051(친구집) ② 4465(청주 청운학원-출강 중)〉

* 시험 부정 사건 *

대한민국의 시험 부정 사건은 이루 말할 수 없이 많다. 주로 대학 입시와 공무원 시험을 두고 이루어졌다. 적발되지 않은 것도 많을 것이다. 대학 입시 부정 가운데 몇 가지를 소개한다.

1. 1992학년도 후기 대학 입학 학력고사 문제지 유출 사건

학력고사로 대학생을 선발하던 시절에는 대입 모집군이 전기와 후기로 구분되어 각 한 군데씩만 지원이 가능했다. 전기에 모집하는 학교가 더 많았으며 전기와 후기에 걸쳐 분할 모집하는 학교도 있었다.

선 시험 후 지원 시기에는 1년에 한 번, 11월 또는 12월에 시험을 본 후 그 점수로 전기에 지원, 전기에 탈락하면 후기에 지원했다. 선 지원 후 시험 시기에는 대입 지원이 먼저이고 시험과 채점이 대학에서 진행되다 보니 그에 따라 시험도 전기(12월)와 후기(다음 해 1월)로 2번 시행되었다.

1992년 1월 21일 당시 상황은 후기 학력고사를 하루 앞둔 시점이어서 수험생들의 예비 소집이 예정되어 있었다.

예비소집일이었던 1월 21일에 서울신학대학교에서 보관 중이던 학력고사 문제지 포장 박스 겉면이 뜯겨 있는 것을 당시 경비원이 발견하여 신고했다. 경찰 조사 결과 문제지가 각 교시별로 1부씩 없어진 것이 확인되었고 이에 교육부에서는 전국 각 대학에서 보관 중인 문제지를 긴급 회수하여 파기하는 한편 1월 22일로 예정되어 있던 후기 대입 학력고사를 2월 10일로 연기했다.

152 공부의 신, 문재인 바로 알기

이로 인하여 1월 21일로 예정된 예비 소집을 위해 올라와 있던 수험생들은 헛걸음을 치고 되돌아가야 했고 22일 학력고사 실시와 함께 연금 상태에서 풀려날 예정이었던 학력고사 출제 위원들은 20일을 더 붙잡혀서 문제를 재출제해야 했다.

결국 많은 수험생들 및 출제 위원들은 2월 2일~5일로 이어지는 설 연휴에도 쉬지 못하고 수험 공부 및 문제 출제에 매달려야 했고 후기대 입시 관계자들 역시 합격자 발표 예정일인 2월 15일까지 불과 5일 안에 입학 사정을 끝마치고 합격자를 발표해야 했기에 바쁘게 움직여야 했다. 전문대학 입시도 예정된 2월 19일에서 1주일 연기되는 바람에 전문대 입시 관계자들도 불과 3일이라는 촉박한 시간 안에 입학 사정을 마무리했다. 그러나 서울산업대(현 서울과기대)와 개방대학, 추계예술대학교는 대학에서 별도로 문제를 만들어 치렀기 때문에 예정 그대로 시험이 진행되었다.

이 사건으로 교육부 장관 윤형섭이 경질되고 후임으로 조완규 서울대학교 총장이 임명되었다.

2. 학력고사 정답 유출 사건

1993학년도 학력고사에서 사전에 정답이 유출되는 입시 부정이 일어났다.

1993학년도 후기 입시에서 순천향대 의대를 지원한 함 모양은 339점을 받아 최고 득점을 올렸다. 그러나 고교 내신 등수가 최하등급 10등급이었던 함 모양의 점수를 이상하게 여긴 입시처의 조사로 꼬리가 밟혔다. 함 모양의 언니 둘도 같은 방법으로 문제를 유출해

세번째 구속, 군 복무, 사법시험 공부 **153**

부정입학한 사실이 드러났다.

함 양의 아버지는 유명 성형외과 원장으로 큰돈을 벌어 대학교를 설립하고 재단 이사장이었다. 출제관리위원을 맡은 교육부 산하 국립교육평가원의 장학사 김 모에게 거액을 주고 정답을 사전에 빼내어 세 딸을 모두 의과대학에 진학시켰다.

첫째 딸은 이과 106명 중 104등(10등급)의 내신으로 1991학년도 314점을 받고 충남대 의예과에 들어갔고, 둘째 딸은 이과 175명 중 135등(7등급)의 내신으로 1991학년도 309점을 받아 단국대 수석을 차지해 의예과에 입학했다. 셋째 딸은 이과 94명 중 1학기 94등, 2학기 93등(10등급)으로 전기 입시에서 충북대 의예과를 지원해 308점을 받았다. 다른 때라면 충분한 점수였겠으나 1993학년도 입시는 역대급으로 쉬웠던 터라 점수 인플레로 내신을 합산한 점수가 모자라 불합격했다. 이를 만회하기 위해 후기 입시에서는 무려 339점을 받는 바람에 오히려 의심을 사고 말았다.

김 모 장학사는 2심에서 징역 8년, 추징금 3억 원을 선고받았고, 함 양의 아버지는 부인이 저지른 짓으로 본인은 몰랐다고 주장하여 결국 함 씨의 부인 한 모 씨만 징역 2년을 선고받았다. 세 딸은 모두 입학이 취소됐다.

이 사건도 적발되지 않았을 가능성이 컸다. 그랬다면 함 씨의 세 딸은 모두 의사가 되었을 것이다.

3. 2004년~06년 유행했던 '명문대생' 대리시험

명문대생들이 돈을 받고 수능 대리시험을 치른다는 소문이 사실로 드러나 충격을 주었다.

적발된 대리시험 응시자들은 대부분 명문대 학생들이었고 해외 여행비, 어려운 집안 사정 등 의 이유로 돈을 받고 대리시험 쳤다고 자백했다.

2005년에는 현직 교사들이 직접 브로커로 나서서 명문대생을 포섭해 수험생 대신 시험을 보게 하다가 적발된 사건도 있었다. 당시 교사들은 사례금으로 2억 1천만 원을 받았다.

4. 2011학년도, 2012학년도 수능시험 '휴대폰 컨닝'

당시 저시력 병원 진단서를 수능시험 전에 제출해서 '저시력자 특별대상자' 자격 취득하게 되면 시험시간이 1.5배 연장됐다.

한 학생은 대학병원에서 의사를 속인 후 시력검사를 허위로 받아 저시력 진단서를 받았고 수능 과목당 1.5배의 연장된 시험시간을 이용해 수능시험 치렀다.

이 학생은 매 교시가 끝나고 가 답안이 인터넷에 올라오는 것을 이용해서 화장실에 미리 숨겨둔 휴대폰으로 시험의 답을 확인해서 수능 고득점을 받았다.

본고사 시절에도 여러 가지 부정 입학이 있었는데, 보결(補缺 : 결원이 생겼을 때 그 빈자리를 채움) 입학을 이용한 부정이 있었다. 보결을 이용한 부정 입학은 적발이 매우 어려운 데 우연히 드러나기도 했다.

다음은 『서울신문』 1980년 2월 14일 자 기사이다.

代理試驗으로 合格, 入學 포기

「보결入學」企圖

「代理」가 朝鮮大 수석합격, 面接 안나와 들통

高校教師 등
3명을 立件

【光州】光州지검 具相鎭 검사는 14일 실력이 없는 학생을 대학에 보결입학시키기 위해 대리시험을 치르게 한 光州 東新고교 교무과장 李學辰 씨(48)와 교사 千在元 씨(34), 이 학교 졸업생 李 모 군(20·全南工大 휴학 중) 등 3명을 업무방해 등 혐의로 입건하고 대리시험을 치러준 金 모 군(20·全南大 의예과 1년 재학)을 수배했다.

검찰은 또 이들의 대리시험을 눈감아준 것으로 알려진 朝鮮大 간부 朴 모 씨, 金 군의 형 金모 씨 등 관련자를 소환, 대리시험 교사 여부를 조사 중이다.

검찰에 따르면 千 교사와 李 과장은 朝鮮大 의대에 자녀를 입학시키려는 학부형의 의뢰를 받고 지난해에 東新고를 수석졸업한 金 군에게 5백만 원을 주기로 하고 올 입학시험에 대리 응시를 시켜 金 군의 입학 포기로 생긴 자리에 대학 관계자와 짜고 부유층 자녀를 보결입학시키려 했다는 것이다.

검찰은 이같은 케이스의 大學 부정입학이 상당수에 달할 것으로 보고 수사를 확대하기로 했다.

대리 응시 사실은 朝大에 李 군의 이름으로 응시한 金 군이 수석합격한 후 3일 후인 면접시험에 나오지 않은 것을 이상히 여긴 학교 측이 조사한 결과 李 군의 예비고사 합격증이 朝大와 서울S대 공대에 각각 접수돼 李 군 자신은 朝大입시 날 서울S대 입시를 위해 서울로 갔음을 확인, 검찰에 고발함으로써 밝혀졌다.

지금까지 검찰의 조사 내용은 東新고 李 과장이 千교사에게 입학시험 합격자 가운데서 진학을 포기하는 학생이 생기면 보결입학을 시켜주겠다는 약속을 받았으니 성적이 좋은 학생을 대리응시케 해달라는 부탁을 했고 千 교사는 5백만 원을 받기로 하고 李 군의 입시 원서에 지난해의 수석졸업생 김 군의 사진을 붙여 응시케해 보결자리를 만들게 했다는 것이다.

【대학 당국이 밝히지 않아서 그렇지 대부분의 대학에 합격생이 등록을 하지 않는 일이 있었다.

이때 불합격생 가운데 성적순으로 추가 등록을 하는 것이 상식이나 내부자가 아닌 이상 미등록 여부나 추가 합격 방식을 알 수 없었다. 이러니 미등록자가 상습적으로 나오는 대학의 학과에 지원하여 불합격해도 보결을 이용, 입학할 수 있었다.

미등록이 나오지 않는 대학이나 학과도 '시험 선수'를 고용하여 합격 후 등록하지 않아 결원이 생기게 하여 입학시킬 수 있었다. 이론적으로 서울대도, 보결을 이용하면 학업 성적이 뛰어나지 않은 고교생도 들어갈 수 있었다.】

공무원 시험이나 공기업 입사 시험, 농협 시험에서도 부정이 많았다. 시험 부정 사건을 다룬 몇몇 기사를 소개한다.

농협 시험에 부정

문제 빼내 임시직 30명 합격시켜

고발 따라 수사

【釜山】 부산시경 수사과는 5일 농협 부산시 지부와 경남도 지부가 지난 달 17일 시내 동주여상에서 실시한 3급 직원 공개채용 시험에서 시험문제를 사전에 누설시켜 농협 임시직원 30여 명이 부정합격했다는 첩보를 입수, 전면 수사에 나섰다.

이 같은 사실은 이날 시험에 응시했던 시내 중구 신창동 2가 金 모 씨(26)가 시험 도중 일부 응시자가 모범 답안과 시험문제 용지를 대조하는 것을 발견, 옆자리에 있던 다른 응시자의 모범 답안지를 빼앗아 시험관에게 항의하고 경찰에 고발함으로써 밝혀졌다.

그러나 농협 측은 부산시 지부에서 시험을 며칠 앞두고 임시직원들을 위해 모의 답안을 만들어 본 일은 있어도 문제를 누설시킨 일은 없다고 해명했다.

(『서울신문』 1971년 11월 6일 자)

이 일은 부정 시험자의 부주의로 적발된 사건이다. 모범 답안을 제대로 외우지 못해 일어난 일이다.

就職試驗 커닝組織 적발

問題알고 대학생들이 暗號쪽지

退場 傳達 **韓電·農協에 42명 不正合格**

치안본부 특수수사대는 1일 韓電·農協 등 직원채용시험에 부정한
방법으로 수험생을 대량 합격케하고 금품을 받아온 주범 梁京植 씨
(33·全州시 中老松동 2가342) 등 6명을 업무방해·사문서위조 동행
사 등 혐의로 구속하고 공범 黃義喆 씨(32·全北 南原군 山東면 大基
리) 등 3명을 수배하는 한편, 부정으로 합격한 43명을 입건했다.

大學生들이 答案作成··· 1백 50만 원~2백만 원씩 받아

경찰에 따르면 주범 梁 씨는 지난 74년 5월 韓電에서 퇴사한 후 대
학 재학생인 魯洪吉 씨(21) 등 5명을 문제풀이 하수인으로, 金喆鎬
씨(32·南原시 水旨면 好谷리) 등 3명을 쪽지 전달 하수인으로 포섭
한 후 수험생을 물색, 1백50만 원~2백만 원을 받기로 하고 선금 50
만 원~1백만 원을 통장에 예치하거나 차용증을 받는 방법으로 지난
77년 11월부터 79년 11월까지 6차례에 걸쳐 부정시험을 치러 43
명을 합격케한 혐의를 받고 있다.
이들은 응시자들에게 답안의 뜻을 전하는 암호와 쪽지 전달자들의
주의사항 등을 기록한 교본까지 만들어 시험 며칠 전에 예행연습을
해왔으며, 수험장에서는 수험생이 창문 쪽에 앉거나 집단적으로 같
은 수험장에서 시험칠 수 있도록 원서를 접수, 시험이 시작되면 문
제 풀이 하수인들이 담당 과목별로 해답을 30분내에 작성한 후 시
험을 포기하는 체하며 퇴장, 작성한 해답을 다시 3~5Cm 크기의 복

세번째 구속, 군 복무, 사법시험 공부 **159**

사지에 옮겨 전달, 하수인이 창문 틈으로 수험자에게 건네주는 방법을 써왔다.

주범 梁 씨 등은 이같은 방법으로 42명을 韓電 大田지구 직원 채용 시험과 農協 全北지구 직원 채용시험에 합격시킨 후 이들로부터 모두 6천 2백여만 원을 받았다는 것이다.

◇ 구속 ▲ 梁京植 ▲ 魯洪吉(지방 J대 수학과 2년)
　　　 ▲ 盧時天(22· 법대 1년) ▲ 崔炳文(20·工大 2년)
　　　 ▲ 金喆鎬 ▲ 梁奉植(29·韓電井邑영업소)
◇ 수배 ▲ 黃義喆 ▲ 徐敏華(20·全北大 工大 2년)
　　　 ▲ 張軫皓(34·서울 龍山구 普光동 9의 73)

（『서울신문』1980년 2월 2일 자）

부정 시험은 적발되지 않은 것이 적발된 것보다 훨씬 많을 것이다.

*　　　　*　　　　*

17회 사법시험은 4,119명이 원서 접수, 이중 723명이 시험장에 나오지 않았다. 52명이 시험 도중 기권하여 3,344명이 시험을 끝까지 쳤다. 1차 합격자는 424명.

대학별 합격자 수는 다음과 같다. 괄호 안은 424명의 1차 합격자에서 각 학교가 차지하는 비율이다.

서 울 대 : 818명이 응시하여 239명 합격 (56.36%)

고 려 대 : 455명이 응시하여 49명 합격 (11.55%)

연 세 대 : 162명이 응시하여 9명 합격 (2.12%)

성균관대 : 264명이 응시하여 19명 합격 (4.48%)

한 양 대 : 130명이 응시하여 24명 합격 (5.66%)

경 희 대 : 167명이 응시하여 12명 합격 (2.83%)

단 국 대 : 103명이 응시하여 9명 합격 (2.12%)

동 국 대 : 112명이 응시하여 5명 합격 (1.17%)

중 앙 대 : 95명이 응시하여 4명 합격 (0.94%)

건 국 대 : 116명이 응시하여 4명 합격 (0.94%)

명 지 대 : 40명이 응시하여 3명 합격 (0.74%)

외국어대 : 34명이 응시하여 2명 합격 (0.47%)

국 민 대 : 103명이 응시하여 2명 합격 (0.47%)

충 남 대 : 28명이 응시하여 5명 합격 (1.17%)

영 남 대 : 124명이 응시하여 5명 합격 (1.17%)

경 북 대 : 112명이 응시하여 3명 합격 (0.74%)

부 산 대 : 83명이 응시하여 2명 합격 (0.47%)

전 남 대 : 57명이 응시하여 3명 합격 (0.74%)

전 북 대 : 55명이 응시하여 2명 합격 (0.47%)

동 아 대 : 92명이 응시하여 2명 합격 (0.47%)

서 강 대 : 3명이 응시하여 1명 합격 (0.23%)

국 제 대 : 24명이 응시하여 1명 합격 (0.23%)

조 선 대 : 57명이 응시하여 1명 합격 (0.23%)

제 주 대 : 9명이 응시하여 1명 합격 (0.23%)

원 광 대 : 16명이 응시하여 1명 합격 (0.23%)

경 남 대 : 22명이 응시하여 합격자 없음

이화여대 : 6명이 응시하여 합격자 없음

숭 전 대 : 20명이 응시하여 합격자 없음

고졸 이하 : 812명이 응시하여 16명 합격(3.77%)

필수 5과목에서 평균 점수와 최고 점수를 살펴보아 그 난이도를 알 수 있다.

헌법 : 78.2(97.5) 최고 점수가 97.5점으로 1문제 틀린 이가 최고 득점이었다.

민법 : 70.5(97.5) 최고 점수가 97.5점으로 1문제 틀린 이가 최고 득점이었다.

형법 : 74.3(100) 최고 점수가 100점으로 40문제 모두 맞추었다.

경제학개론 : 67.26(92.5) 최고 점수가 92.5점으로 3문제 틀린 이가 최고 득점이었다.

문화사 : 72.17(97.5) 최고 점수가 97.5점으로 1문제 틀린 이가 최고 득점이었다.

경제학개론이 최고 점수로 보거나 평균 점수로 보거나 점수를 얻기 가장 어렵고 다음이 민법, 문화사가 세 번째이다.

제1 선택과목을 보면

국 제 법 : 76.7(100)

국제사법 : 77.6(97.5)

사 회 법 : 73.6(95)

형사정책 : 78.3(95)

으로 형사정책이 다른 법 과목에 비해 쉬울 것이 없다.

제2 선택과목을 보면

정치학 : 59.4(77.5)

사회학 : 58.3(72.5)

심리학 : 61.7(70)

법철학 : 75.4(95)

로 법철학이 가장 쉽다.

제3 선택과목을 보면

영　어 : 52.7(85)

독　어 : 61.8(85)

불　어 : 61.1(87.5)

일본어 : 59.9(85)

중국어 : 65(87.5)

로 영어가 가장 어렵다.

고시생에게는 대개 외국어가 가장 점수 따기 어려운 과목이다.

재인이가 점수를 딸만한 과목이 없다.

17회 사법시험 1차 시험의 문화사 문제

1. 大院君이 天主敎를 탄압한 것은 무엇 때문인가?

    A. 민비 일파의 세력을 타도하기 위하여

    B. 佛國과 손잡아 러시아의 南侵을 막기 위하여

    G. 유교전통사회의 價値體系를 轉倒시키기 때문

    M. 淸國의 압력 때문에

    Z. 王權을 강화하고 民衆을 억압하기 위하여

2. 猛安·謀克 제도는 어느 때의 군사 조직인가?

    A. 唐   B. 宋   G. 淸   M. 遼   Z. 金

3. 元代의 민족적 신분계급인 色目人은?

    A. 몽고에 협력한 女眞人

    B. 몽고인 자신

    G. 최후까지 저항한 南宋 치하의 중국인

    M. 몽고의 건국 초기부터 협력한 西域人

    Z. 몽고로 끌려간 高麗人

4. 근대 이탈리아·독일·프랑스의 세 국가의 바탕이 된 조약은?

    A. Nerchinsk 條約   B. Westfalia 條約   G. Mersen 條約

    M. Aigun 條約   Z. Verdun 條約

5. 역사에 관한 저술을 아니한 사람은?

    A. Aristarchus   B. Tacitus   G. Herodotus

    M. Thucydides   Z. Livius

6. 그리스의 Polis(都市國家)는 왜 로마처럼 中央集權國家를 形成하지 못했는가?

   A. 기후가 나빴다.   B. 山地가 많다.

   G. 민족성 때문이다.   M. 內紛으로 인해서

   Z. 外勢의 侵略이 많았기 때문이다.

7. 古代 로마 帝國의 沒落은?

   A. 勞動의 천시

   B. 自營農民의 대두

   G. 軍隊의 職業化

   M. 貨幣經濟의 發達

   Z. 世界同胞主義의 推進

8. Gracchus 兄弟가 政治를 改革하려던 目的은?

   A. 로마인들의 사치와 허영과 腐敗를 막기 위하여

   B. 元老院의 獨裁를 막기 위하여

   G. 護民官의 지위를 強化시키기 위하여

   M. 執政官의 權力과 貴族의 權威를 떨어뜨리기 위하여

   Z. 난폭한 富豪들을 억누르고 貧民을 구제하기 위하여

9. 秦의 中國統一에 대하여 먼저 取한 政策은?

   A. 封建制의 強化

   B. 郡縣制度의 確立

   G. 貨幣改革

   M. 軍制改革

   Z. 思想의 統制와 農奴制의 形成

10. 秦의 萬里長城은 무엇 때문에 구축했는가?

    A. 戰略의 중요성에서

    B. 豪族勢力을 抑壓하기 위하여

    G. 土木建築技術을 誇示하기 위하여

    M. 漢族(中華人)의 東方經略을 위해

    Z. 北方族의 侵入을 막기 위하여

11. 重商主義의 後期的 特徵은?

    A. 國內 및 植民地의 金銀鑛의 採掘

    B. 重金主義

    G. 國內工業의 保護育成

    M. 貿易差額制度

    Z. 王權의 伸張과 市民階級의 萎縮

12. 近世朝鮮에 있어 東人과 西人의 黨派 싸움은 어떤 것이었나?

    A. 近代的인 의미의 政黨活動이었다.

    B. 貴族과 平民간의 階級鬪爭이었다.

    G. 過激派와 穩健派의 對立이었다.

    M. 新進官僚의 勳舊勢力에 대한 權力鬪爭을 위한 싸움이었다.

    Z. 派閥間의 權力鬪爭이었다.

13. 正祖가 세운 奎章閣은 어떤 것인가?

    A. 王室博物館

    B. 王室圖書館

    G. 國立學術研究員

    M. 國立大學

    Z. 國立印刷所

14. 미국 南北戰爭 당시 남부와 關係가 없는 것은?

    A. 지방분권 주장   B. 보호무역 주장

    G. 노예 사용   M. Jefferson

    Z. 대농장경영

15. 一條鞭法이 시행된 때는?

    A. 宋   B. 金   G. 清   M. 明   Z. 魏

16. 로마 共和政에 대한 설명이 아닌 것은?

    A. 元老院은 立法機關으로 議員의 임기는 終身이었다.

    B. 쿠리아 민회에서는 統領의 選擧·宣傳·講和 등을 투표에 의하여
       결정하였다.

    G. 十二銅版法에 의하여 統領 1인은 平民 중에서 선출하였다.

    M. 統領은 2인으로 任期 1년이었으며 財政·司法·行政의 大權을
       行使하였다.

    Z. 國家非常時에는 統領 1인이 6개월간 執政하였다.

17. 로마 時代에 시행된 것이 아닌 것은?

    A. Dominatus 體制   B. Lykurgos制

    G. Colonatus制   M. Latifundium制

    Z. Collegium制

18. 유럽 封建制度와 關係가 없는 것은?

    A. 恩代地制   B. 騎士道

    G. 收稅請負制   M. 不輸不入權

    Z. 主從關係

19. 中世 修道院과 關係없는 것은?

    A. 禁慾生活   B. 大土地所有

    G. 學問硏究   M. 皇帝權에 支配받음

    Z. 地上神國의 實現

20. 中世文化의 특징이 아닌 것은?

    A. 合理主義   B. 神中心主義   G. 神祕主義

    M. 傳統主義

    Z. 象徵主義

21. Marshall Plan을 발표한 대통령은?

    A. Masser   B. Truman   G. de Gaulle

    M. Wilson   Z. Roosevelt

22. 인도의 反英독립운동과 關係없는 것은?

    A. Gandhi   B. Swadeshi 운동   G. Akbar

    M. Sepoy   Z. Swaraji

23. Hejira가 있었던 해는?

    A. 590년   B. 622년   G. 610년

    M. 570년   Z. 632년

24. 중국 고대 諸子百家 가운데 兼愛說을 주장한 사람은?

    A. 孟子   B. 楊子   G. 墨子

    M. 張儀   Z. 荀子

25. 다음 사건을 연대순으로 나열하면 어느 것이 옳은가?

　　가. 五四運動　　　　　나. 辛亥革命

　　다. 阿片戰爭　　　　　라. 戊戌政變

　　A. 나-다-라-가　　　B. 다-라-나-가　　　G. 라-가-나-다

　　M. 다-가-나-라　　　Z. 나-다-가-라

26. 이집트에서 測量學이 發達한 理由는?

　　A. 태양력을 사용하였기 때문

　　B. 나일江의 홍수 때문에

　　G. 生活水準이 높았기 때문에

　　M. 科學技術이 發達하고 있었기 때문에

　　Z. 國王이 專制政治를 강력히 추진하였기 때문에

27. 잉카(Incas) 제국에서는?

　　A. 敎會建築이 우수하였다.

　　B. 毛織物工業이 發達하였다.

　　G. 文字를 사용하였다.

　　M. 水稻作의 盛行으로 國力이 强하였다.

　　Z. 棉花를 심어 織物을 만들었다.

28. 原始社會의 발달은?

　　A. 生産道具의 發達에 依한다.

　　B. 父系相續制에 있다.

　　G. 母系制社會를 維持하려는 데 있다.

　　M. 私有財産制에 있다.

　　Z. 血緣制의 강화에 잇다.

세번째 구속, 군 복무, 사법시험 공부

29. 그리스人은 어느 語族에 屬하는가?

    A. 햄 語族 (Hamite)   B. 셈 語族 (semite)

    G. 인도·유럽 語族   M. 우랄·알타이 語族

    Z. 슬라브 語族

30. Hellenism文化란 어떤 文化가 서로 融合되어 이루어진 文化인가?

    A. 그리스文化와 로마文化

    B. 그리스文化와 印度文化

    G. 마케도니아文化와 로마文化

    M. 그리스文化와 오리엔트文化

    Z. 그리스文化와 黃河文化

31. 서로 관계가 없는 것과 연결된 것은?

    A. Ajanta 석굴 - gupta양식

    B. 대승불교 – Kanishka 王

    G. Asoka 왕 – gandhara 미술

    M. Kalidasa – Shekuntala

    Z. 인더스 문명 - Harappa

32. 다음 중 역사적 사실과 달리 설명된 것은?

    A. 女史箴圖는 顧愷之가 그렸다.

    B. 남쪽으로 쫓겨 내려간 晉은 그곳에서 貴族的인 우아한 문화를
       이루었다.

    G. 前秦은 五胡十六國 가운데 하나였다.

    M. 法顯은 佛國記를 저술하여 유명하다.

    Z. 인재를 등용하기를 위한 九品中正法은 그 성과를 거두었다.

33. 原始人類 중 불[火]을 최초로 사용한 人類는?

    A. 네안데르탈人   B. 남방유인원   G. 베이징원인

    M. 직립원인   Z. Cro-Magnon人

34. 鐵器文化를 Orient 地方에 전파한 民族은?

    A. 페니키아人   B. Hittite族   G. 햄族

    M. 수메르族   Z. 힉소스族

35. 아테네의 民主政治에 대한 설명이 아닌 것은?

    A. 아테네의 민주정치는 戰時에는 男女老少에게 參戰權이 있었다.

    B. 행정은 20歲 이상의 男子市民 중에서 뽑힌 500人 評議會에서
       행하였다.

    G. 裁判은 30歲 이상의 全體 男子市民 중에서 추첨된 陪審員의 다
       수결에 의해 행하였다.

    M. 정치는 代議制가 아닌 전 市民의 參席下에 다수결에 의하여 행해졌다.

    Z. 이 제도의 완성은 페리클레스 時代였다.

36. 이슬람 文化가 유럽 文明에 영향을 준 분야가 아닌 것은?

    A. 自然科學   B. 敎學   G. 造船 및 航海術

    M. 製陶術   Z. 火藥

37. 유럽 絶對主義 國家의 성격이 아닌 것은?

    A. 政治思想으로서 王權神授說

    B. 經濟的으로는 重農主義

    G. 王權强化의 官僚制와 常備軍制

    M. 社會身分上 封建勢力과 新興勢力의 均衡

    Z. 對外貿易은 差額制採擇

38. 유럽 市民革命에 屬하지 않는 것은?

A. 淸教徒革命

B. 佛蘭西大革命

G. 명예革命

M. 러시아의 11월 革命

Z. 7월 革命

39. 서로 맞지 않는 것은?

A. 플레밍 - 페니실린

B. 모르건 - 유전자설

G. 플랑크 - 양자론

M. 드브리스- 환경조건설

Z. 왁스만 – 스트랩트마이신

40. 1929년의 經濟恐慌과 關係없는 것은?

A. 미국의 루즈벨트 대통령의 New Deal 政策

B. 독일의 나치 등장

G. 영국의 블록경제정책

M. 일본의 軍部勢力의 得勢와 大陸侵略

Z. 소련의 5개년 계획

▋17회 사법시험 1차 시험의 민법 문제

1. 다음 중 틀린 것은?
   A. 權利能力을 가지는 者는 自然人과 法律이 인정하는 法人이다.
   B. 權利能力과 行爲能力에 관한 규정은 强行規定이다.
   G. 자연인의 權利能力은 사망에 의해서만 消滅하며 이에 관해서는 예외가 없다.
   M.解釋上 不法行爲의 책임은 意思能力 없이는 생기지 않는 것으로 여겨지고 있다.
   Z. 胎兒에는 原則的으로 權利能力이 없다.

2. 親族關係로 因한 法律上의 效力이 原則的으로 미치지 않는 것은?
   A. 叔父母　　　　　B. 外叔
   G. 시당숙　　　　　M. 丈人
   Z. 妻外三寸

3. 相計에 관한 記述 중 옳은 것은?
   A. 押留된 債權을 自動債權으로 하여 相計하면 押留債權者의 債權은 消滅한다.
   B. 相計適狀이 생기면 당연히 債務가 消滅한다.
   G. 履行地가 다른 債務의 相計는 原則的으로 許容되지 않는다.
   M. 相計에는 소급효가 없다.
   Z. 不法行爲로 인하여 생긴 債務를 相計適狀으로 消滅시킬 수 있다.

세번째 구속, 군 복무, 사법시험 공부 ▋ **173**

4. 다음 중 옳은 것은?

    A. 組合契約에 있어서의 出資는 勞務로서 할 수 없다.

    B. 共有者가 그 持分을 포기하거나 相續人이 없이 사망한 때에는 그 持分은 다른 共有者에게 각 持分의 比率로 歸屬된다.

    G. 女子는 婚姻關係의 終了한 날로부터 10개월을 경과하지 혼인하지 못한다.

    M. 아직 引渡하지 아니 한 賣買의 目的物로부터 생긴 果實은 買受人에게 屬하는 것으로 推定한다.

    Z. 占有者는 所有의 의사로 善意. 平穩하게 占有한 것으로 推定한다.

5. 留置權 自體의 消滅原因으로서 옳지 않은 것은?

    A. 占有의 喪失   B. 消滅時效

    G. 상당한 擔保를 제공하는 것   M. 破産

    Z. 留置權者의 義務違反으로 인한 消滅의 請求

6. 善意取得에 관한 記述 中 틀린 것은?

    A. 學說 및 判例에 의하면 讓受人이 占有改定을 하였을 때에는 善意의 取得이 되지 않는다.

    B. 去來에 의하여 占有를 承繼하는 것은 善意取得의 要件이다.

    G. 善意取得에 의하여 取得되는 權利는 所有權과 質權에 限한다.

    M. 動産을 原始的으로 取得하는 경우에는 善意取得의 적용은 없다.

    Z. 動産을 相續에 의하여 取得하는 경우에는 善意取得의 적용이 있다.

7. 原則上 目的物의 果實取得權이 인정되지 아니하는 者는?

    A. 賃借人   B. 善意占有者

    G. 事務管理者   M. 傳貰權者

    Z. 使用賃借의 借主

8. 다음 中 登記를 要하지 아니하는 것은?

A. 判決에 의하여 取得한 所有權의 讓渡

B. 抵當權으로 擔保한 債權에 대한 質權 設定

G. 賃借地에 建物을 新築하여 登記한 자의 그 垈地에 대한 地上權

M. 根抵當權이 擔保하는 債務의 最高限度額

Z. 不動産에 대한 留置權

9. 相隣關係에 대한 說明 중 틀린 것은?

A. 傳貰權者는 隣地使用請求權이 있다.

B. 公用物에 대하여는 安穩妨害의 禁止規定이 適用되지 아니한다.

G. 隣接地를 높임으로써 흘러내리는 물에 대하여는 承水義務가 없다.

M. 隣接地의 樹木의 뿌리가 境界를 넘은 때에는 任意로 除去할 수 있다.

Z. 用水權에 관하여는 慣習이 우선한다.

10. 다음 중 틀린 것은?

A. 無能力者가 한 取消할 수 있는 法律行爲는 그 無能力者가 單獨으로 取消權을 行使할 수 있다.

B. 禁治産者가 한 法律行爲는 法定代理人의 同意를 받은 경우에도 언제나 取消할 수 있거나 無效이다.

G. 失踪宣告를 받은 生存者는 權利의 주체가 될 수 있다.

M. 法人은 主된 事務所의 所在地에 設立登記를 한 때에 成立한다.

Z. 法人은 解散하여도 一定期間 權利能力이 殘存한다.

11. 損害賠償額의 豫定에 관한 記述 중 옳지 않은 것은?

A. 損害賠償額의 豫定은 債務의 存在를 前提로 한다.

B. 損害賠償額의 豫定方法은 制限하지 않는다.

G. 損害賠償額의 豫定은 損害가 發生한 후에는 할 수 없다.

M. 違約金의 約定은 損害賠償額의 豫定으로 본다.

Z. 損害賠償額의 豫定은 부당히 과다한 때에는 法院은 적당히 減額할 수 있다.

12. 未成年者에 관한 記述 중 옳은 것은? 단 通說에 의한다.

A. 滿20年으로써 成年이 되지만 年齡의 計算은 民法이 정하는 期間計算에 의한다.

B. 未成年者가 婚姻하면 成年이 된 것으로 본다.

G. 法定代理人이 미성년자에 대하여 營業의 허락을 하면 法定代理人의 代理權은 그 範圍에서 消滅한다.

M. 미성년자의 法定代理人은 第1次로 親權者, 第2次로 後見人이지만 後見人이 될 수 있는 者는 미성년자에 대해서는 최후에 親權을 행사하는 者가 지정한 者에 限한다.

Z. 미성년자는 언제나 遺言能力이 없다.

13. 다음의 짝짓기 가운데에서 옳은 것은?

A. 强迫에 의한 행위 - 無效

B. 方式을 缺如하는 贈與 - 解除

G. 虛僞表示 - 取消

M. 方式을 缺如하는 遺言 - 取消

Z. 無能力者의 행위 - 無效

14. 다음의 짝짓기 가운데서 타당치 않은 것은?

A. 年金證書 返還請求 - 代替執行

B. 幼兒引渡의 債務 - 間接强制

G. 法人登記를 申請할 債務 - 判決代用

M. 新聞紙上에 謝罪廣告를 낼 債務 - 代替執行

Z. 주는 債務 - 直接强制

15. 約婚에 관한 記述 중 옳지 않은 것은?

A. 成年에 달한 者는 自由로 約婚할 수 있다.

B. 滿16歲에 달한 女子는 부모의 동의를 얻어 約婚할 수 있다.

G. 금치산자는 부모의 동의를 얻더라도 約婚할 수 없음은 물론이다.

M. 約婚은 强制履行을 請求하지 못한다.

Z. 約婚 후 他人과 約婚을 하면 그 約婚은 解約할 수 있다.

16. 信義誠實의 原則과 關係가 희박한 것은?

A. 契約의 效力   B. 擔保責任

G. 同時履行의 抗辯權   M. 混同으로 因한 物權의 消滅

Z. 危險負擔

17. 不在者의 財産管理人을 選任請求할 수 없는 者는?

A. 判事   B. 檢事   G. 相續人

M. 配偶者   Z. 保證人

18. 觀念通知에 해당하지 않는 것은?

A. 社員總會召集   B. 無能力者의 相對方이 하는 催告

G. 債務承認   M. 債權讓渡通知

Z. 承諾延着通知

19. 地上權에 관한 記述 중 옳지 않은 것은?

A. 地料支給은 地上權成立의 要件이다.

B. 地上權을 目的으로 抵當權을 設定할 수 있다.

G. 地上權은 法律의 規定에 의하여 成立할 수 있다.

M. 地上權者는 그 土地를 賃貸할 수 있다.

Z. 地上權者는 地上物買受請求權을 갖는다.

20. 抵當權의 目的이 될 수 없는 것은?

    A. 地上權   B. 專賣權

    G. 漁業權   M. 鑛業權

    Z. 地役權

21. 質權에 관한 記述 중 틀린 것은?

    A. 質權은 讓渡할 수 없는 物件을 目的으로 할 수 있다.

    B. 質權은 法律의 規定에 의하여 成立할 수도 있다.

    G. 質權에는 物上代立性이 인정된다.

    M. 質權者는 質物을 留置할 수 있다.

    Z. 質權은 占有改定方法에 의한 引渡에 의하여서는 設定할 수 없다.

22. 入養에 관한 記述 중 틀린 것은?

    A. 養子는 男子에 限하지 않는다.

    B. 養子는 養親의 年長者가 아님을 要한다.

    G. 後見人이 被後見人을 養子로 할 경우에는 親族會의 同意를
        얻어야 한다.

    M. 妻가 있는 者는 共同으로만 養子가 될 수 있다.

    Z. 戶主의 直系卑屬長男은 어느 경우나 養子가 되지 못한다.

23. 傳貰權에 관한 記述 중 틀린 것은?

    A. 傳貰權者는 目的物의 現狀維持義務가 있다.

    B. 農耕地는 傳貰權의 目的으로 하지 못한다.

    G. 傳貰權의 設定은 이를 更新할 수 있다.

    M. 傳貰權은 그 設定者의 同意를 얻어야 賃貸할 수 있다.

    Z. 傳貰權者는 競賣請求權을 갖는다.

24. 共有에 관한 記述 중 틀린 것은?

    A. 共有者의 持分은 均等한 것으로 推定한다.

    B. 共有者는 그 持分을 處分하자면 다른 共有者의 同意를 얻어야 한다.

    G. 共有物을 처분하자면 다른 共有者의 同意를 얻어야 한다.

    M. 共有者는 共有物의 分割을 請求할 수 있는 것이 原則이다.

    Z. 共有物의 分割請求는 法院에 할 수도 있다.

25. 婚姻取消事由가 아닌 것은?

    A. 詐欺로 因하여 婚姻의 意思表示를 한 때

    B. 當事者間의 直系血族 八寸以內의 傍系血族 및 配偶者인 親族關係가 있거나 또는 있었던 때

    G. 强迫으로 因하여 婚姻의 意思表示를 한 때

    M. 女子는 婚姻關係終了한 날로부터 六月이 經過하지 아니한 때

    Z. 禁治産者가 父母 또는 後見人의 同意를 얻지 않고 婚姻한 때

26. 다음은 一家創立을 할 수 있는 경우이다. 틀린 것은?

    A. 자기가 소속하고 있는 家가 無後되었을 때

    B. 歸化 또는 國籍을 회복하였을 때

    G. 子가 父母雙方을 알 수 없는 때

    M. 妻가 離婚하여 親家에 復籍할 때

    Z. 家族이 戶主에 隨伴入籍할 수 없을 때

27. 認知에 관한 記述 중 틀린 것은?

    A. 認知는 遺言에 의해서도 認知할 수 있다.

    B. 認知는 戶籍上의 申告를 필요로 하는 要式行爲이다.

    G. 父는 胎內에 있는 子라도 認知할 수 있다.

    M. 認知를 함에는 同意를 필요로 하는 경우가 있다.

    Z. 認知는 出生한 때에 소급하여 效力이 발생한다.

28. 親權에 관한 記述 중 틀린 것은?

A. 成年에 달하지 않는 子는 父母의 親權에 복종한다.

B. 子가 養子인 때에는 養親의 親權에 복종한다.

G. 離婚한 母는 婚前中에 出生한 子에 대하여 親權을 행사할 수 없다.

M. 父母가 協議上 離婚을 할 때에는 法院 親權者決定을 請求하여야 한다.

Z. 婚姻外의 出生子에 대하여는 그 家에 있는 父가 親權을 行使하고 父가 없을 때에는 그 家에 있는 母가 親權을 行使한다.

29. 要物契約은?

A. 懸賞廣告契約　　　B. 賃貸借契約

G. 使用貸借契約　　　M. 消費貸借契約

Z. 雇傭契約

30. 委任에 관한 記述 중 옳지 않은 것은?

A. 委任人은 善管注意義務를 부담한다.

B. 委任契約은 各當事者가 언제든지 解止할 수 있는 것이 아니다.

G. 委任은 當事者 一方의 破産으로 因하여 終了한다.

M. 委任人은 復任權의 제한을 받는다.

Z. 委任人은 受任人에 대하여 請求權을 가질 수도 있다.

31. 다음 중 맞는 것은?

A. 消滅時效의 中斷은 항상 當事者 및 그 承繼人間에만 效力이 미친다.

B. 모든 期間計算에는 初日을 算入하지 아니한다.

G. 法律行爲의 一部分이 無效인 때에는 一部 無效를 原則으로 한다.

M. 理事 및 監事는 모든 法人의 必須機關이다.

Z. 複代理人은 어느 경우에나 任意代理人이다.

32. 다음 중 언제나 無效인 것은?

    A. 共有物의 分割禁止特約   B. 條件을 붙인 相計權行使

    G. 他人의 權利의 賣買   M. 二重賣買

    Z. 辨濟期 到來後의 流質契約

33. 다음 중 不當利得의 法理와 관계없는 것은?

    A. 代償請求權

    B. 保證人의 求償權

    G. 事務管理者에 대한 本人의 費用償還義務

    M. 損害賠償責任

    Z. 賣渡人의 擔保責任

34. 다음 중 틀린 것은?

    A. 連帶債務者 중에는 負擔部分이 없는 자도 있을 수 있다.

    B. 保證人은 반드시 行爲能力이 있어야 한다.

    G. 轉貸借는 賃貸人이 賃借人에 대한 權利行使에 영향을 미치지 않는다.

    M. 賣渡人의 擔保責任은 當事者間의 特約으로 免除할 수 있는 것이
       原則이다.

   Z. 傳貫權者는 目的物에 支出한 必要費의 償還請求權이 없다.

35. 다음 중 틀린 것은?

    A. 女子도 分家할 수 있다.

    B. 生計를 함께하는 親族間에는 扶養義務가 있다.

    G. 戶主와 親族間에 그 歸屬이 不明한 財産은 戶主의 所有로 본다.

    M. 親權者는 未成年者인 夫婦에 대한 居所指定權이 있다.

    Z. 婚姻外의 出生子는 父母가 婚姻한 때부터 당연히 婚姻 中의 出生
       子로 된다.

36. 다음 중 틀린 것은?

    A. 相續人은 相續財産의 分割前이라도 自己의 相續分을 第三者에게 讓渡할 수 있다.

    B. 禁治産者의 遺言은 언제나 無效이다.

    G. 遺言이 數箇인 경우에는 最終의 遺言이 有效하다.

    M. 共同相續人은 自己相續分에 응한 取得財産을 限度로 限定承認을 할 수 있다.

    Z. 相續放棄의 效力은 相續開始時에 遡及한다.

37. 다음 중 틀린 것은?

    A. 未婚者도 養親이 될 수 있다.

    B. 女子도 養子가 될 수 있다.

    G. 妻의 前夫所生子女와는 親子關係가 없다.

    M. 異姓養子는 戶主相續權이 없다.

    Z. 限定治産者는 언제나 父母 또는 後見人의 同意를 婚姻할 수 있다.

38. 連帶債務의 絶對的效力發生事由가 아닌 것은?

    A. 辨濟   B. 更改   G. 相計

    M. 免除   Z. 債務者의 過失

39. 失踪宣告에 관한 記述 中 틀린 것은?

    A. 不在者의 生死가 分明하지 않아야 한다.

    B. 普通失踪의 경우 失踪기간의 起算點은 不在者의 生存을 증명할 수 있는 最後의 時期라고 보는 것이 通說이다.

    G. 失踪宣告는 利害關係人만이 請求할 수 있다.

    M. 失踪宣告는 失踪宣告를 받는 자의 權利能力을 전적으로 박탈하는 制度는 아니다.

Z. 失踪宣告가 취소되면 原則上 처음부터 失踪宣告가 없었던 것과
同一한 效果가 생긴다.

40. 法人의 理事에 관한 記述 중 틀린 것은?
    A. 理事는 法人의 必須機關이다.
    B. 理事의 姓名과 住所는 登記事項이다.
    G. 理事의 代表權에 대한 制限은 등기를 하여야 第三者에 대항할 수 있다.
    M. 理事는 特定行爲에 관하여 代理人을 둘 수 있다.
    Z. 理事가 數人인 경우 定款에 다른 規定이 없으면 法人의 事務執行은
       理事의 3분의 2로 決定한다.

17회 사법시험 1차 시험의 경제학 개론 문제

1. 金現送點이란?
   A. 一國이 공식적으로 金本位制를 採擇하기 위하여 먼저 갖추어야 할 必要條件
   B. 兩國이 金本位制를 採擇하고 있을 경우에 兩國 通貨間에 이루어지는 關係
   G. 金本位制를 採擇하고 있는 一國이 設定한 金의 公式賣買價格
   M. 두 나라 貨幣의 法定平價
   Z. 金이 一國에서 流出 또는 一國으로 流入하기 시작할 때의 換率

2. 利潤을 極大化하려는 한 獨占企業 均衡位置에 도달했을 때 어느 것과 같이 되는가?
   A. 價格은 限界費用보다 낮을 것이다.
   B. 價格은 限界費用과 같을 것이다.
   G. 價格은 限界費用보다 높을 것이다.
   M. 價格은 限界費用과 같거나 그보다 낮을 것이다.
   Z. 이상의 어느 것도 아니다.

3. 自動的安定裝置의 한 가지 좋은 예는?
   A. 인플레이션 期에 物價上昇에 맞추어 引上되는 社會保險金制度
   B. 인플레이션 期에 政府가 公共事業 을 減縮시키는 것
   G. 景氣如何를 不問하고 대략 同一한 稅金을 징수하는 租稅制度
   M. 不況期에 不必要한 支出을 하여 財政均衡을 유지하는 제도.
   Z. 위의 어느 것도 해당되지 않는다.

4. 輸出品의 一單位와 交換되는 輸入品의 一單位와의 交換比率은?

   A. 國際收支   B. 交付條件   G. 相計條件

   M. 交易條件   Z. 交換條件

5. 産業聯關表作成에 있어서 각 輸入과 이를 사용한 産業과 産業 間의 關係를 表示하는 係數는?

   A. 投入係數   B. 投資係數   G. 去來係數

   M. 産出係數   Z. 創出係數

6. 需要曲線은 다음 중 어떠한 성질을 갖는가?

   A. 左方上昇   B. 左方下降   G. 右方下降

   M. 右方上昇   Z. 橫軸에 대한 平行

7. 農地의 地代를 높이는 原因으로서 해당되지 않는 것은?

   A. 農地의 生産力增大를 위한 轉用

   B. 營農技術의 發達

   G. 人口의 增加

   M. 農産物에 대한 需要 增大

   Z. 農産物 價格의 引上

8. 金利 水準을 떨어뜨리는 原因은?

   A. 投資의 限界效率의 上昇(景氣展望의 好轉)

   B. 輸出需要의 增大

   G. 證券 買入의 盛行

   M. 銀行의 信用 收縮

   Z. 緊縮財政의 執行

9. 景氣變動에 있어 株式市場·金融市場·商品市場은 어느 순서로 變動하는가?

A. 商品 - 株式 - 金融   B. 商品 - 金融 - 株式

G. 株式 - 金融 - 商品   M. 株式 - 商品 - 金融

Z. 金融 - 株式 - 商品

10. 景氣가 沈滯되고 있음에도 불구하고 物價가 떨어지지 않고 오히려 上昇해가는 現象은?

A. inflation   B. reflation

G. stagflation   M. disinflation

Z. true inflation

11. 中央銀行이 政府債券을 大量으로 買入한다면 다음과 같은 事項 중 하나는 일어나지 않을 것이다. 어느 것인가?

A. 國民所得은 상승하는 경향이 있을 것이다.

B. 貨幣供給은 增加하는 경향이 있을 것이다.

G. 利子率은 下落하는 경향이 있을 것이다.

M. 投資는 增加하는 경향이 있을 것이다.

Z. 貯蓄은 減少하는 경향이 있을 것이다.

12. 어느 경우에 緊縮金融政策을 緩和 또는 停止시켜야 하는가?

A. 失業率이 크게 增加했을 때

B. 利子率이 충분히 낮을 때

G. 支出이 충분히 增加했을 때

M. 國民所得이 均衡水準에 도달했을 때

Z. 물가가 急激히 上昇하기 시작했을 때

13. 獨占企業에 참가하지 않은 企業을 무엇이라 하는가?

    A. insider   B. input sider   G. double sider

    M. outsider   Z. single sider

14. 消費者는 特定企業의 商品을 선호하지만 質이나 디자인이나 價格에 따라서 다른 企業의 類似商品으로 수요를 돌리는 경우가 있다. 이것은?

    A. 寡占間의 分化   B. 價格間의 分化   G. 特定商品의 分化

    M. 生産物의 分化   Z. 暗默의 分化

15. 供給은 能力限界에 도달했는데도 不拘하고 需要가 增大해서 價格을 引上하므로 인플레의 原因이 需要의 增大에 있을 때 이것을?

    A. cost audit   B. mild inflation   G. demand-pull

    M. cost-push   Z. cost-inflation

16. 不況期에 金融政策의 효과는 어느 경우에 감소될 것인가?

    A. 乘數値가 매우 높다.

    B. 流動性選好가 매우 낮다.

    G. 投資의 利子彈力性이 매우 낮다.

    M. 현재의 利子率水準이 매우 높다.

    Z. 公衆이 貨幣보다는 證券保有를 택한다.

17. 通貨量의 增加가 利子率에 영향을 미치지 않는 경우는?

    A. 貯蓄이 利子率의 變動과 無關한 경우

    B. 그것이 景氣回復政策의 일환인 경우

    G. 投資支出이 利子率變動과 無關한 경우

    M. 貨幣數量說이 嚴格히 適用되는 경우

    Z. 어떤 경우라도 마찬가지이다.

18. 가속도원리에 관한 정확한 기술이 아닌 것은?

　　A. 소비증가에 대한 투자증가에 관한 것이다.

　　B. 소득의 사소한 變化가 투자의 훨씬 더 큰 변화를 가져온다는 것이다.

　　G. 投資增加에 대한 所得增加에 관한 것이다.

　　M. 所得의 감소가 投資支出의 더 큰 감소를 가져온 것을 말한다.

　　Z. 乘數理論과 더불어 景氣理論에서 중요한 구실을 한다.

19. 實質賃金率이 떨어짐에 따라 企業家는 資本財의 사용을 줄이고 勞動需要를 증대시키는 경향을 무슨 효과라 하는가?

　　A. 리카르도 효과　　　　B. 톱니바퀴 효과

　　G. 乘數效果　　　　　　M. 파급효과

　　Z. 피구 效果

20. 貿易乘數란?

　　A. 國民所得增加에 따르는 輸出增加量

　　B. 國民所得增加에 따르는 輸入增加量

　　G. 輸出增加에 따르는 國民所得增加量

　　M. 輸入增加에 따르는 國民所得增加量

　　Z. 이상의 아무것도 아니다.

21. 完全雇用이란?

　　A. 自發的失業이 없는 상태

　　B. 摩擦的失業이 없는 상태

　　G. 非自發的失業이 없는 상태

　　M. 摩擦的失業은 있지만 自發的失業이 없는 상태

　　Z. 自發的失業과 摩擦的失業이 모두 없는 상태

22. 다음 중 微視經濟學에서 설명하지 않는 것은?

    A. 企業家의 利潤極大原理

    B. 特殊市場 또는 經濟의 일부

    G. 效用을 중심으로 한 消費者極大原理

    M. 國民所得의 循環理論

    Z. 價格을 중심으로 한 需要供給分析

23. 다음 중 實質賃金이란?

    A. 貨幣로 測定되는 賃金

    B. 實物로 測定되는 賃金

    G. 實際로 支給되는 賃金

    M. 成果에 따라 支給되는 賃金

    Z. 最低生活費로 支給되는 賃金

24. 國際貿易에 있어서 短期的 國際收支의 不均衡을 시정하기 위하여 설립된 國際機構는?

A. GATT	B. ECC	G. WHO
M. IMF	Z. IBRD	

25. 슘페터가 주장하는 技術革新이란?

A. Inflation	B. Deflation	G. Innovation
M. Denomination	Z. 修正資本主義	

26. 投資의 決定要因으로서 적당하지 않은 것은?

A. 利子率	B. 景氣에 대한 豫測
G. 새로운 기술의 開發	M. 資本의 限界生産力
Z. 資本의 限界效率	

세번째 구속, 군 복무, 사법시험 공부 **189**

27. 有效需要에 관한 記述 중 옳지 않은 것은?

    A. 市場에서 실제로 購買力으로 나타난다.

    B. 消費需要와 投資需要의 合計이다.

    G. 潛在的 需要이다.

    M. 失業은 有效需要의 不足에 起因한다.

    Z. 操業短縮은 有效需要의 不足에 起因한다.

28. 完全雇用政策의 諸手段으로서 옳지 않은 것은?

    A. 消費支出의 增大

    B. 增稅에 대한 財政收支의 均衡化

    G. 赤字公債의 發行

    M. 利子率의 引下

    Z. 公共投資의 增大

29. 個人의 可處分所得은?

    A. GNP - 設備의 減價償却

    B. GNP - (法人稅+個人稅)

    G. NNP - (法人稅+個人稅)

    M. 國民所得 - 法人稅

    Z. 個人所得 - 個人稅

30. 賃金差等이 나타나는 原因으로서 그 程度가 가장 미약한 것은?

    A. 異種勞動과 生産力의 차이

    B. 勞動間 代替가 自由롭지 못한 것

    G. 教育程度의 차이

    M. 勞動에 대한 快感 내지 不快感

    Z. 經驗·訓練의 차이

31. 國際貿易에 있어서 商品交易條件이 好轉되는 充分한 條件은?

    A. 輸出量의 急增과 輸出品價格의 上昇

    B. 輸入量의 減少와 輸入品價格의 下落

    G. 輸出品價格의 大幅 上昇

    M. 輸入品價格의 大幅 下落

    Z. 輸出品價格의 輸入品價格에 대한 相對的 上昇

32. 個人所得의 不均等한 分布狀態를 표시하는 曲線은?

    A. 로렌츠 曲線   B. 無差別曲線

    G. 效用曲線   M. 生産可能曲線

    Z. 所得消費曲線

33. 財貨의 供給彈力性을 크게 하는 要因은?

    A. 生産資源의 不足

    B. 完全雇用狀態의 實現

    G. 遊休設備와 失業者의 充滿

    M. 技術의 低水準

    Z. 在庫量의 減少

34. 長期均衡下에 最適操業度가 實現되면 어느 것이 成立하는가?

    A. 價格=限界費用

    B. 價格=限界費用=平均費用

    G. 價格=平均費用〈平均費用

    M. 限界費用의 極少

    Z. 利潤의 極大

35. 短期均衡下에 個別企業의 最有利操業度를 求하는 경우 어느 것이 성립하는가?

    A. 平均費用의 極少

    B. 價格=平均費用=限界費用

    G. 價格=平均費用

    M. 價格=限界費用

    Z. 限界費用의 極少

36. 建築循環은 대개 얼마를 適期로 한 經濟循環인가?

    A. 17·8年   B. 10年

    G. 50年   M. 40個月

    Z. 5年

37. 國民所得의 分析에 있어서 (1) 輸出入額이 변하는 데 의해서 (2) 國民所得이 변한다고 하면 (1)과 (2)는 각각 무슨 變數인가?

    A. (1)이 從屬變數, (2)가 獨立變數

    B. (1)이 單純變數, (2)가 複合變數

    G. (1)이 聯鎖變數, (2)가 成果變數

    M. (1)이 獨立變數, (2)가 從屬變數

    Z. (1)이 補完變數, (2)가 統制變數

38. 投資가 첫째, 有效需要를 增大하는 동시에 둘째, 供給能力도 增大한다고 할 때 이것을 무슨 효과라고 하는가?

    A. 投資의 減殺效果   B. 投資의 混合效果

    G. 投資의 三重效果   M. 投資促進效果

    Z. 投資의 二重效果

39. 自生的 變數를 消費, 內生的 變數를 所得으로 정할 때 消費增加가 어느 정도의 所得增加를 가져오느냐는 것을 나타내는 즉, 所得增加의 消費增加에 대한 比率을 무엇이라 하는가?

A. 限界消費　　　　B. 消費性向　　　　G. 消費乘數

M. 消費函數　　　　Z. 消費限界

40. 投資誘因이 停止되는 限界點은?

A. 資本의 限界效率과 利子率이 一致하는 點

B. 資本의 限界效率과 利子率보다 低位인 點

G. 資本의 限界效率과 利子率이 乖離된 경우

M. 資本의 限界效率과 利子率이 接할 수 없는 경우

Z. 資本의 限界效率과 利子率이 높은 경우

이후 합격할 때까지 구체적으로 여러 과목을 어떻게 공부했다는 말은 없고 그저 놀은 이야기만 나온다.

대흥사도 좋았지만 둘러싸고 있는 두륜산도 매우 아름다운 산이었다. 공부에 지치면 산길에서 보이지 않는 계곡으로 가서 벌거벗고 목욕을 했다. 때로는 두륜산 정상에 올라 그 너머로 내려다보이는 '땅끝'을 바라보기도 했다. 두륜산에 올라가서 봐야 '땅끝'임이 실감난다. 한반도의 끝부분이 바다와 맞닿아 있는 모습, 그리고 그 너머의 다도해를 멀리서 바라보면 가슴이 뭉클해지곤 했다.

그곳에서 우리 차 '작설차'를 배웠다. 대흥사 일지암은 『동다송(東茶頌)』으로 우리 차의 맥을 되살려내고, 차를 매개로 다산 정약용과 추사 김정희와 교유했던 초의선사가 계셨던 곳이다. 말하자면 우리 차 문화의 본산이라고 말할 수 있는 곳이다. 내가 대흥사에 머물 때에도 일지암에서 만든 차가 전국 사찰에 공급되고 있었다. 머물던 암자의 주지 스님이 때때로 불러서 차를 같이 마시자고 했다. 작설차를 그때 처음 마셨다. 차를 우려내는 방법도, 차를 마시는 다도(茶道)도 그때 처음 배웠다. 야생 찻잎을 손으로 덖어 만든 수제차였다. 입안의 차향이 어찌나 오래 남는지, 다른 음식을 먹거나 담배를 피우지 않으면 종일 입속에 차향이 남아있었다. 차향이 사라질까 아쉬워 담배를 피울 수 없을 정도였다. 그 후로는 그런 차를 다시 맛보지 못했다. 그래도 그때의 차 맛에 매료돼 지금까지 우리 차를 즐기고 있다.

계곡에 버들치가 많았다. 세숫대야에 비닐을 씌워서 구멍을 뚫고 그 속에 된장을 넣어 계곡물에 담가 두면 목욕하는 사이에 세숫대야

안이 버들치로 바글거렸다.

암자에서 하숙하는 사람들과 함께 그렇게 버들치를 잡아 매운탕을 두어 번 끓여 먹었다. 그런데 나중에 암자로 돌아가면 주지 스님이 "처사님, 오늘 살생(殺生) 꽤나 하셨네요"라고 귀신같이 알아맞춰 놀라곤 했다. 그래도 나를 좋게 봤는지 자신은 마시지 않으면서 절 마당에 있는 매화나무 매실로 술을 담가 내게 슬쩍 주기도 했다.

또 하나 기억에 남는 일은 예비군 훈련이었다. 그때 나는 동원 예비군이어서 훈련에 빠지지 않으려고 대흥사로 주민등록을 옮겼다. 그 지역 예비군 중대의 전투소대에 소속됐는데, 훈련을 나가면 대흥사의 젊은 스님들도 여러 명 같은 전투소대에 소속돼 훈련받고 있었다.

신부나 목사들은 지역방위협의회의 일을 돕는 대신 훈련이 사실상 면제됐지만, 스님들은 꼼짝없이 훈련을 받고 있어서 이채로웠다. 게다가 평소 승복 입고 거룩한 모습이던 스님들이 예비군복을 입고 삭발한 머리에 예비군 모자를 쓰고 있는 모습을 보니 절로 웃음이 났다. 전투소대는 다른 예비군 부대와 달리 훈련을 제대로 받았다. 시골이어서 그런지 훈련받는 날이면 지역방위협의회에서 막걸리 두 말씩을 자전거에 실어서 보내 줬다. 훈련을 마치면 두륜산 계곡에 발 담그고 막걸리를 마시는 맛이 일품이었다.

공부하기 좋았던 곳인데, 【놀기 좋았던 곳이 아니고?】 몇 달 만에 떠나야 했다. 떠나고 싶어 떠난 게 아니라 암자가 하숙을 그만뒀다. 조계종 종정을 지내신 윤고암 스님이 그때 대흥사 조실로 오면서 대광명전을 선원(禪院)으로 바꾸도록 했다고 들었다.

할 수 없이 그곳을 떠나 여기저기 전전하며 고시 공부를 계속했다. 한 곳에 오래 있으면 익숙해져서 안일해지고 사람들과 어울리게 된

세번째 구속, 군 복무, 사법시험 공부 **195**

다. 긴장을 유지하려고 일부러 몇 달에 한 번씩 장소를 옮기곤 했다. 늘 저렴한 곳을 찾아다녔다.

【"몇 달에 한 번씩 장소를 옮기곤 했다. 늘 저렴한 곳을 찾아다녔다." 초능력자라는 것을 들키지 않으려고 자주 옮긴 것이 아닐까? 한 곳에서 진득하게 공부하는 것이 정석이다. 늘 예상 문제만 공부하니까.】

1979년 초 사법시험 1차에 합격했다. 다음 해 2차 합격을 목표로 했다.

【1979년 3월 4일 일요일 시행된 21회 사법시험이다. 재인이는 이번에도 부산시 인사과에 원서를 접수하여 부산의 초량중학교에서 시험을 쳤다. 수험번호는 116. 서울에서는 경희중학교, 경희고등학교, 경희대 문리대 문리과에서 1차 시험이 시행되었다. 각 과목을 구체적으로 어떻게 공부했다는 말은 한 마디도 없다. 공부한 게 없어서?】

▌21회 사법시험 1차 시험 문제의 일부이다.

- 憲法 -

[문 1] 國會에 관한 설명으로 옳지 않은 것은?

  A. 國會는 民意를 代表하는 곳이므로 議事進行을 公開하는 것이 原則이다.

  B. 國會議員은 現行犯人인 경우를 제외하고는 언제든지 國會의 同意없이 逮捕 또는 拘禁되지 않는다.

  G. 國會議員은 國會에서 職務上으로 행한 發言과 表決에 관하여 國會外에서 責任을 지지 않는다.

  M. 國會議員과 政府는 法律案을 제출할 權限을 갖는다.

  Z. 國會는 政府의 同意없이 豫算案의 額數를 增額할 수 없다.

[문 2] 우리나라의 經濟秩序로서 틀린 것은?

  A. 農地所有權의 制限과 開墾義務.

  B. 對外貿易의 規制와 調整.

  G. 私營企業의 國有化絶對禁止.

  M. 天然資源의 採取·開發·利用에 관한 特許.

  Z. 修正資本主義的 經濟秩序.

[문 3] 司法權 獨立의 本質的 內容에 해당하는 것은?

  A. 法院의 規則制定權.

  B. 法官의 兼職禁止.

  G. 法官의 身分保障.

  M. 裁判의 審理와 判決의 公開原則.

  Z. 法官資格의 法定.

세번째 구속, 군 복무, 사법시험 공부

[문 4] 다음은 憲法의 概念에 관한 설명이다. 옳지 않은 것은?

A. 英國에는 憲法이 없다고 하는 경우 이 憲法은 形式的 意味의 憲法을 말한다.

B. 國家의 基本組織과 作用을 規定하는 固有한 의미로서의 憲法은 어느 나라나 다 가지고 있다.

G. 立憲主義的 意味로서의 憲法은 모든 國家가 가지고 있는 것은 아니다.

M. 現代國家라고 해서 모두가 成文憲法을 가지고 있는 것은 아니다.

Z. 立憲主義的 意味로서의 憲法은 形式的 意味로서의 憲法과 같다.

[문 5] 다음 記述 중 言論의 自由와 關係가 가장 적은 것은?

A. 二重基準의 理論.　　B. 自然的 正義의 原則.

G. 明確性의 原則.　　M. 明白하고 現存하는 危險의 基準.

Z. 事前制限禁止의 原則.

[문 6] 다음 중 國會의 關與를 認定하고 있지 않은 것은?

A. 國會議員의 除名處分.

B. 緊急措置解除建議.

G. 憲法改正案의 議決.

M. 追加更正豫算案의 審議議決.

Z. 榮典의 授與權.

[문 7] 國務總理의 地位에 관한 記述로서 妥當하지 않은 것은?

A. 國務總理는 國會議員을 兼할 수 있다.

B. 國務總理의 大統領署理期間은 1年未滿이다.

G. 國務總理의 任命에는 在籍議員過半數의 贊成이 있어야 한다.

M. 國務總理가 國會로부터 不信任을 받은 때에는 國務委員 全員이 解任된다.

Z. 國務總理는 國務委員의 解任建議權을 갖는다.

[문 8] 우리나라 現行憲法上의 特徵으로 볼 수 없는 것은?

    A. 軍人과 軍屬 등의 國家賠償請求權의 制限.

    B. 大統領의 間接選擧制.

    G. 緊急拘束要件의 緩和.

    M. 自白의 證據能力의 制限.

    Z. 表現의 自由에 대한 法律留保.

[문 9] 國會議員이 提案하여 改定하는 憲法改正節次에 관한 설명으로 틀린 것은?

    A. 憲法改正案의 提案은 在籍議員過半數의 찬성으로 한다.

    B. 提案된 憲法改正案의 公告期間은 20일 이상이어야 한다.

    G. 國會의 議決을 거친 憲法改正案은 統一主體國民會議에 回附된다.

    M. 憲法改正案에 대한 國會의 表決은 無記名投票로 한다.

    Z. 憲法改正案에 대한 國會의 議決은 在籍議員 3분의 2 이상의 찬성이 있어야 한다.

[문 10] 憲法委員會에 관한 설명으로 옳은 것은?

    A. 大學에서 憲法을 담당하는 敎授는 누구든지 憲法委員會 委員이 될 수 있는 資格을 갖는다.

    B. 憲法委員會는 委員 3분의 2 이상의 出席이 있어야 審理할 수 있다.

    G. 憲法委員會는 政府의 要求가 있을 때에는 國會가 제정한 法律을 審査한다.

    M. 政黨의 解散을 決定할 때는 憲法委員 6人 이상의 贊成이 있어야 한다.

    Z. 憲法委員會에는 常任委員 2人을 두어 委員長의 職務를 分掌시킬 수 있다.

- 民法 -

[문 1] 다음 判例 중에서 틀린 것은?

A. 判例는 無效인 婚姻申告일지라도 當事者 一方이 追認하면 그때부터 效力이 發生한다고 해석한다.

B. 判例는 虛僞親生子 出生申告가 入養의 實質的 要求를 구비하였을 경우에는 入養申告의 效力을 認定한다.

G. 判例는 假裝離婚에 대해 離婚의 效力을 不認한다.

M. 判例는 有責事由가 있는 配偶者 一方의 離婚請求를 받아들이지 않는다.

Z. 判例는 婚姻申告가 無效일 때 그 夫婦間의 出生한 子의 出生申告에 대하여 認知의 效力을 認定한다.

[문 2] 다음 중 複代理人에 관한 설명으로 妥當치 않은 것은?

A. 複代理人의 選任은 代理人의 代理行爲이다.

B. 複代理는 代理人의 自己 이름으로 選任한 사람이다.

G. 複代理人의 選任은 본래의 代理人의 代理權에 영향을 미치지 않는다.

M. 法定代理人의 複代理人은 任意代理人이다.

Z. 任意代理人과 法定代理人에 따라서 複任權의 差異가 있다.

[문 3] 擧證責任에 관한 說明 중 틀린 것은?

A. 不法行爲에 있어서는 被害者側에서 加害者에게 過失이 있었음을 立證해야 한다.

B. 履行不能에 있어서는 不能이라는 事實立證을 債權者가 하여야 한다.

G. 履行不能에 있어서는 債務者側에서 不能에 대하여 過失없음을 立證하여야 한다.

M. 特別損失을 賠償받기 위해서는 債權者가 그 사정을 알았거나 알 수

있었다는 것을 債務者側에서 立證하여야 한다.

Z. 債務不能에 있어서는 債務者側에서 自己의 過失을 없음을 立證하여야 한다.

[문 4] 委任에 관한 記述로서 옳지 않은 것은?

A. 複委任은 委任人이 승낙한 경우, 또는 不得已한 경우에 한한다.

B. 特約이 없으면 受任人은 委任人에게 報酬를 請求하지 못한다.

G. 受任人은 費用先給請求權을 갖는다.

M. 委任契約은 當事者 一方이 不得已하다고 하는 事由가 없이 相對方이 不利한 時期에 解止할 수 없다.

Z. 委任은 當事者 一方이 死亡하거나 破産 또는 受任人의 禁治産宣告가 있을 때 終了한다.

[문 5] 形成權이라고 볼 수 있는 것은?

A. 眞正相續人의 相續回復請求權.

B. 賃借人의 附屬物 買受請求權.

G. 買受人의 代金減額請求權.

M. 地上權者의 地上物買受請求權.

Z. 傳貰權設定者의 傳貰權消滅請求權.

[문 6] 다음 중 無效原因이 아닌 것은?

A. 虛僞表示.

B. 相對方이 眞意가 아님을 안 眞意 아닌 意思表示.

G. 不公正한 法律行爲.

M. 目的이 不能한 法律行爲.

Z. 禁治産者의 行爲.

[문 7] 다음 중 옳은 것은?

A. 配偶者가 死亡하면 婚姻하자는 條件의 約婚도 상대방이 同意하면 허용된다.

B. 相續抛棄에 條件을 붙인 것도 他相續人의 同意가 있을 경우 利益을 害하지 않으므로 인정된다.

G. 解除는 어떠한 경우라도 條件을 붙일 수 없다.

M. 取消는 상대방의 同意가 있으면 條件을 붙여도 상관이 없다.

Z. 民法上의 相計는 單獨行爲이므로 어떤 경우에도 條件을 붙일 수 없다.

[문 8] 다음 記述 중 共有로 推定되는 경우는?

A. 主從의 구별이 없이 附合된 動産.

B. 他人의 物件 속에서 발견된 埋藏物.

G. 建物을 區分所有하는 경우의 共用部分.

M. 夫婦가 結婚하기 이전부터 가졌던 特有財産.

Z. 數人의 相續人에 의하여 상속된 財産.

[문 9] 22歲의 甲과 17歲의 乙은 1977年 3月 5日 父母의 同意없이 結婚式을 올리고 같은 해 6月 7日 婚姻申告를 했다. 그리고 1978年 9月 8日 아들을 낳아 1979年 2月 4日 父母의 追認을 받았다. 乙을 成年으로 보는 時期는 언제부터인가?

A. 1979年 1月 1日

B. 1979年 2月 4日

G. 1977年 3月 5日

M. 1977年 6月 7日

Z. 1977年 12月 31日

[문 10] 財團法人所有의 基本財産의 處分은?

  A. 法院의 許可를 받지 않은 것은 效力이 發生하지 않는다.

  B. 반드시 設立者의 同意를 必要로 한다.

  G. 監事의 同意만으로 處分할 수 있다.

  M. 主務官廳의 許可를 받지 않으면 效力이 發生할 수 없다.

  Z. 同等의 法的 制限이 없다.

- 刑法 -

[문 1] 監禁罪에 관한 說明으로 옳지 않은 것은?

   A. 監禁罪는 繼續犯이다.

   B. 不作爲에 의한 監禁도 可能하다.

   G. 乳兒에 대하여도 監禁罪가 成立한다.

   M. 精神病者에 대하여도 監禁罪가 成立한다.

   Z. 刑期가 끝난 사람을 釋放하지 않는 것도 監禁罪가 成立한다.

[문 2] 姦通罪와 관련이 없는 것은?

   A. 雙罰主義

   B. 親告罪

   G. 風俗을 害하는 罪

   M. 必要的 共犯

   Z. 集合的 共犯

[문 3] 傷害罪에 관한 說明으로 틀린 것은?

   A. 被害者의 承落이 있으면 違法性이 阻却된다.

   B. 尊屬傷害는 刑이 加重된다.

   G. 自傷行爲는 原則的으로 處罰받지 않는다.

   M. 獨立行爲가 競合하여 傷害를 惹起시켰을 경우 그 原因이 된 行爲가
     判明되지 않으면 모두 傷害未遂로 處罰받는다.

   Z. 過失傷害도 處罰받는다.

[문 4] 竊盜犯이 物件을 훔쳐 달아나는 것을 보고 被害者가 贓物을 奪還하는
行爲는?

A. 原因에 있어서 자유로운 行爲

B. 推定承落行爲

G. 不可罰的 事後行爲

M. 正當行爲

Z. 自救行爲

[문 5] 밤중에 집을 찾고 있는 나그네를 強盜로 誤認 自己防衛의 目的으로
殺害하였다면?

A. 誤想防衛　　　　　　B. 緊急避難

G. 殺人行爲　　　　　　M. 正當防衛

Z. 過剩防衛

[문 6] 生活苦로 같이 自殺하기로 한 母가 5세된 子에게 수면제를 감기약이
라 속여 먹게 하고 자기도 그 약을 먹었다. 그러나 子만 죽고 母는 살
았다. 그 母의 罪責은?

A. 僞計에 의한 殺人罪　　　　B. 殺人罪

G. 嬰兒殺害罪　　　　　　　M. 承落殺人罪

Z. 自殺關與罪

[문 7] 尊屬에 관한 罪로서 加重處罰規定이 있는 것은?

A. 恐喝罪　　　　　　　B. 脅迫罪

G. 祕密侵害罪　　　　　M. 業務妨害罪

Z. 略取誘引罪

[문 8] 俸給봉투를 받아 집에 와서 꺼내보니 1萬원권 한 장이 더 들어있는
것을 發見하고 이것은 經理果 職員이 실수로 잘못 한 장을 더 넣었다
는 것을 알면서도 모르는 체 써버렸다. 그 刑事責任은?

A. 背任罪   B. 詐取罪
G. 業務上橫領罪   M. 證據湮滅罪
Z. 占有離脫物橫領罪

[문 9] 갑은 A로부터 暴行을 이가 부러지는 등 부상을 입고 齒科病院으로
가던 중 運轉士 B의 잘못으로 負傷을 당해 外科病院에 入院治療 중이
었다. 그런데 看護員 C의 失手로 火災가 발생, 甲이 燒死했다. 이 경
우 A의 暴行致死 責任을 認定하는 因果關係에 관한 學說은?

A. 條件說   B. 有力條件說
G. 最後條件說   M. 相當因果關係說
Z. 先行行爲原因說

[문 10] A新聞社 記者 甲은 B會社社長 乙이 어떤 有夫女와 姦通한 사실을 알
아내고 乙이 돈 100萬원을 孤兒院에 기부하지 않으면 그 姦通事實
을 新聞에 報道暴露하겠다고 脅迫하여 乙로 하여금 100萬원을 강제
로 기부하게 하였다. 이 경우 甲의 罪責은?

A. 脅迫罪   B. 强盜罪
G. 無罪   M. 恐喝罪
Z. 詐欺罪

- 經濟學槪論 -

[문 1] 需要曲線이 非彈力的일 때 財貨의 價格이 下落하면?

A. 消費者의 總支出額은 增加한다.

B. 消費者의 總支出額은 減少한다.

G. 消費者의 總支出額은 減少하다가 增加한다.

M. 消費者의 總支出額은 變化하지 않는다.

Z. 모두 해당 사항이 없다.

[문 2] 다음 曲線 중 供給曲線과 가장 관계가 깊은 것은?

A. 限界費用曲線   B. 平均固定費用曲線

G. 平均費用曲線   M. 平均可變費用曲線

Z. 總費用曲線

[문 3] 피구 效果[Pigou effect]와 관계가 없는 것은?

A. 賃金下落에 의한 總需要의 不足

B. 實質現金殘高效果

G. 資産評價의 變動이 消費에 미치는 效果

M. 完全雇用의 主張

Z. 物價變動에 의한 流動資産의 價値變化

[문 4] 民間이 要求拂預金에서 現金을 引出했을 경우에는?

A. 通貨量은 단기적으로 변화하지 않는다.

B. 全銀行의 實際 保有準備金은 變化가 없다.

G. 全銀行의 必要 支拂準備金은 增加한다.

M. 全銀行의 要求拂預金은 變化가 없다.

Z. 全銀行의 超過支拂準備金은 變化가 없다.

세번째 구속, 군 복무, 사법시험 공부 **207**

[문 5] 完全雇用狀態下의 勞動市場에서의 賃金은?

A. 非熟練勞動의 賃金水準에 접근한다.

B. 勞動의 限界生産物 價値와 일치한다.

G. 勞動者의 生計費와 일치한다.

M. 勞動의 限界收入生産과 일치한다.

Z. 資本의 利潤率과 일치한다.

[문 6] 企業의 利潤極大化의 充分條件(2次條件)은?

A. MC(限界費用)가 반드시 上昇하여야 한다.

B. MR(限界收入) 變化率 〈 MC의 變化率

G. MR=MC

M. MR의 기울기=MC의 기울기

Z. MR 〈 MC

[문 7] 景氣變動을 說明하는 理論으로서 加速度原理는?

A. 獨立投資와 誘發投資의 관계

B. 投資의 乘數效果

G. 投資의 消費 또는 所得水準과의 관계

M. 消費 또는 所得變化의 投資에 관한 관계.

　　Z. 投資의 貯蓄에 대한 관계

[문 8] 通貨供給率(M1)을 增加시키는 要因이라고 할 수 없는 것은?

A. 貯蓄性預金에 대한 支拂準備率의 增加

B. 貯蓄性預金의 要求拂預金으로의 移替

G. 市中銀行 貸出의 增加

M. 國債利子率의 增加

Z. 民間保有現金의 增加

[문 9] 콥·더글러스(Cobb Douglas) 生産函數에 있어서 勞動所得과 資本所
得의 分配比率은?

A. 生産要素投入比率이 변하면 可變的이다.

B. 生産要素價格比率이 변하면 可變的이다.

G. 要素投入比率이나 要素價格比率에 관계없이 항상 일정하다.

M. 要素投入比率과 要素價格比率이 같이 변해야 可變的이다.

Z. 一定한 法則이 없다.

[문 10] 屈折寡占需要曲線과 관계가 없는 것은?

A. 寡占行動의 相互依存性

B. 寡占價格의 決定

G. 寡占價格의 硬直性

M. 利潤極大化行動

Z. Paul Sweezy

【21회 사법시험 1차 시험에 합격한 자 가운데 박원순(수험번호
806), 권순일(수험번호 1487), 조재연(수험번호 1503), 추미애(수험
번호 1504)가 있었다.】

네번째 이야기

복학, '서울의 봄' 그리고
사법시험 합격

네번째 이야기

* * *

복학, '서울의 봄' 그리고 사법시험 합격

그런데 그해 10월 부마항쟁이 발발했다. **군 탱크가 시위대를 깔아 뭉갰다는 등 소문이 흉흉했다.** 급기야 10월 26일 박정희 대통령이 시해됐다.

【군 탱크가 시위대를 깔아뭉갰다는 소문은 어디에서 들은 것인가? 이런 소문은 늘 북한이 대남 방송으로 퍼트린다.】

그리고 그때부터 '서울의 봄'이 시작됐다. **그때부터는 마음이 들떠서 공부에 집중하기가 어려웠다.** 그러다가 1980년 1월 무렵부터 학교 측과 복학 논의가 시작됐다. **나는 내 의사와 무관하게 복학생 대표가 됐다.** 【다른 누가 시켰나?】 그리고 그해 3월 초 복학하면서 곧바로 '서울의 봄'이 일으키는 정국의 소용돌이 속으로 끌려 들어갔다.

【1979년 10월 26일 이후 사법시험 공부를 하지 않았다는 말! 1975년에도 베트남 적화통일이 멀지 않았다는 소문과 희망에 마음이 들떠서 사법시험 2차 공부를 하지 않았다.】

문재인은 이어 '다시 구속되다'란 소제목으로 80년 봄의 반정부 투쟁을 기술하고 슬쩍 사법시험 2차 시험을 쳤다고 말한다. 이미 2차 시험공부는 그만둔 지 오래. 2차 시험공부를 한 적이나 있는지 의심되는 글이다.

다시 구속되다

캠퍼스로 돌아갔다. 18년 군사독재가 끝나면서 시작된 '서울의 봄'과 함께, 캠퍼스에도 봄이 찾아왔다. 복학은 당연한 일이었고, 복학 조건을 놓고 학교와 협상했다. 학교 측과 여러 번 만났다. 복학 문제는 모든 대학에서 거의 비슷한 시기에 일괄 타결됐다. 학교별로 자율적으로 결정하는 모양새를 취했지만 내용에 별 차이가 없었다. 그동안 복학이 이뤄지지 않은 1974년 하반기부터 1979년 사이에 제적된 학생 전체가 1980년 봄 신학기에 한꺼번에 복학할 수 있게 됐다.

복학 조건이 파격적이었다. 제적됐던 1975년 1학기 4월 초까지 학교에 다닌 것을 한 학기 이수로 인정해 줬다. 나 같은 4학년의 경우 한 학기만 더 이수하면 졸업이었다. 어떻게 그런 처리가 가능했는지는 모르겠다.

거기다 복학 학기 등록금을 면제해 줬다. 나는 그 덕에 1980년 8월에 졸업했다. 당시 '코스모스 졸업'이라고 부르던 가을학기 졸업이었는데, 졸업식에 참석하지 않아 졸업사진이 남아있지 않다. 그냥 친구·후배들로부터 축하받고 소주 한 잔 하는 것으로 9년 만의 대학 졸업을 자축했을 뿐이다.

경희대는 1980년 신학기가 시작되자 곧바로 족벌재단을 상대로 한 '학원 민주화 투쟁'에 들어갔다. 한양대와 세종대 같은 사학들도 뒤따랐다. 학교는 장기휴강으로 대응했다.

무려 5년 만의 복학이었으나, 그 때문에 학교 강의는 한 과목 100분짜리 강의 하나 듣고 끝이었다. 강의가 없는 동안 매일 교내에서 족벌재단 사퇴와 학원민주화를 요구하는 농성을 했다. 그러다가 4월 하순부터 다른 대학들도 반독재 민주화 요구 시위를 시작함에 따라, 경희대도 자연히 그 방향으로 전환했다.

학교 측과 복학 협상을 시작하면서부터 고시 공부를 계속하기 어려웠다. 복학하고는 더더욱 그랬다. 사법시험은 다음을 기약하는 수밖에 없다고 생각했다. 그래도 전년도 1차 합격으로 바로 2차 시험을 칠 자격이 있었다. ***그동안 공부했던 것이 아까워, 1980년 4월 학내 시위 와중에 제22회 사법시험 2차 시험을 쳤다. 시험을 앞둔 가장 중요한 시기 두세 달 동안 공부를 못 했기 때문에 큰 기대를 하지 않았다.*** 다음 해를 위한 경험 쌓기 정도로 욕심 없이 임했다.

【1980년 4월 22~25일 간 22회 사법시험 2차 시험이 한성대학교(성북구 삼선동 2가 392의 2)에서 시행되었다. 21회 사법시험 1차 합격자 502명과 22회 사법시험 1차 합격자 575명, 모두 1,077명이 응시했다. 문재인은 1979년 10·26 이후 마음이 들떠서 공부에 집중하기 어려웠다고 했다.

문재인은 2012년 10월 24일 대선 후보 자격으로 국민대학교를 방문하여 이른바 《대학생들과의 청춘 토크》를 가졌다. "시험과 스펙 대신 꿈을 말하다"라는 주제였다. 여기서 사법시험 공부에 대해 말했다.

사법시험 공부를 '밑 빠진 독에 물 붓기'라고 빗대었다.

"그 많은 책을 다 읽는데도 여러 달이 걸리는데 다 읽고 나면 먼저 읽었던 책들은 잊어버리기 때문에 책 한 권도 다 읽으면 앞부분을 잊어버렸다. 결국은 짧은 기간 동안에 얼마나 빨리 물을 들이부어서 빠져나가는 걸 줄여 가장 수위가 높은 순간에 시험을 보면 합격할 수 있다. 결국 집중력이다. 매일매일 놀지 않고 공부하는 것이 유리한 것이 아니고, 일주일에 하루씩 때때로 술도 한 잔씩 하면서 놀기도 하지만, 공부하는 시간은 아주 집중력 있게 하는 것이 중요하다."

"다음 해를 위한 경험 쌓기 정도로 욕심 없이 임했다"

다음 해라면 1981년인데, 이때는 1차 시험부터 다시 공부해야 한다. 수험생 입장에서는 도로아미타불이 되는 격이라서 반드시 합격하고자 한다. 1차 시험이 면제되는 자가 아니면 할 수 없는 말!

81년 1차 시험문제를 미리 알 수 있다고 생각하면 가능한 마음 자세이다.】

경희대가 반독재 민주화요구 시위로 전환할 때부터 나는 그 시위에 빠지지 않고 참석했다. 재학생들이 시위 경험이 전혀 없어서 복학생들이 시위 요령을 가르쳐줘야 했다. 경찰은 처음 며칠간은 정문을 막았다. 서울의 거의 모든 대학이 시위를 시작하고, 광화문 등 시내에서 기습시위가 이어지자 더 이상 정문을 막지 않았다. 청와대와 중앙청, 세종로 등 시내 요지를 집중 방어하는 쪽으로 전환한 것이다. 곧 나머지 지역은 학생들이 시위행진을 해도 아무 제지를 받지 않는 해방구처럼 됐다. 대학생들은 매일 서울역 광장으로 집결했다.

경희대는 매일 학교에서 출정식을 갖고 서울역 광장까지 행진해서 대학생 연합시위에 참석한 후, 다시 학교까지 행진해서 돌아와 해산 식을 하곤 했다. 서울역에 집결하는 대학생 수는 갈수록 늘어났다. 마지막 5월 15일엔 거의 20만 명에 달했다. 신군부의 군부 독재 연장 책동에 대한 저항이 최고조에 달한 순간이었다.

그 순간 서울대 총학생회를 비롯한 각 대학 총학생회장단이 학생들의 전면 퇴각을 결정했다. 군 투입의 빌미를 주지 않겠다는 것이었다. 이른바 '서울역 대회군'이다. 참으로 허망한 일이었다.

그 며칠 전부터 군 투입설이 있었다. 믿을 만한 교수들이 내게도 그런 정보를 전하며, 군 투입의 빌미를 주면 안 된다고 말했다. 그러나 어느 대학이라 할 것 없이, 복학생 그룹은 대체로 군이 투입되더라도 사즉생(死卽生)의 결의로 맞서 싸워야 한다는 생각이었다. 민주화를 향한 마지막 고비였다. 거기서 주저앉으면 또다시 군부 독재가 연장되는 것이었다. 군이 투입되더라도 국제사회의 눈 때문에 강경 진압에 한계가 있을 것으로 봤다.

복학생들이 총학생회 회장단을 설득하려 노력했지만, 시위 경험이 없는 그들은 군 투입ㅂ 소식에 겁부터 냈다. 그렇게 해산한 대학생들은 다시 모이지 못했다. 그 중대한 기로에 서울의 대학생들이 싹 피해 버린 가운데, 광주 시민들만 외롭게 계엄군과 맞서야 했다.

나는 서울 지역 대학생들의 마지막 순간 배신이 5·18 광주항쟁에서 광주시민들로 하여금 그렇게 큰 희생을 치르도록 했다고 생각한다.

네번째 복학, '서울의 봄', 사법시험 합격 **217**

1980년대 봄, 대한민국의 정세는 다음과 같다.

80년 봄 학원자율화를 요구하는 학내시위로 출발한 대학생시위는 언제 가두로 진출할지 모르는 상황이었다. 4월 중순에 들어서면서 대학은 병영집체훈련 거부를 이슈로 내걸었다.

학내시위로 국한시키며 자제하던 대학생들은 4월 10일부터 산발적으로 거리에 나오기 시작했다.

4월 14일 최규하 대통령은 「최근의 내외정세에 관한 대통령 담화문」을 통해 『내외정세가 어려운 때에 사회일부에서 국민단합을 저해하는 언동을 하는가 하면 학원가에서 군사교육을 거부하는 등 사회질서가 소란해지고 있는 것은 유감』이라고 했다.

"勉學 해치는 學園소란은 유감"

崔大統領 최근 內外정세에 관한 談話 발표
"自制와 和合으로 단결, 당면한 試鍊 극복해야"

『작금의 세계정세는 蘇聯의 「아프가니스탄」 침공사태를 비롯, 인질문제 長期化로 인한 美國의 對 「이란」 斷交와 경제적 制裁조치, 「이란」과 인접한 「이라크」 간의 武力충돌 등 격동과 혼미를 거듭하고 있으며 이와같은 사태의 발전은 우리나라의 안전보장과 경제운영에 대하여도 심대한 영향을 미칠 것으로 예상되고 있어 우리는 매우 어렵고 중대한 국면에 처하여 있습니다.

정부는 이같은 국제정세의 추이가 우리나라에 미칠 영향을 면밀히 분석하여 국제정치·외교 및 경제면에서의 적절한 대응책을 마련하고자 최선을 다하고 있습니다.

그간 계속 군사력을 증강해온 北韓 공산집단은 南北예비회담이 진행되고 있는 중에도 무장간첩의 南派등 각종 도발책동을 거듭해오는 한편 우리나라에 대한 비방과 중상등 모략선전을 격화하고 있습니다.

나는 작년 12월 21일 대통령 就任辭를 비롯하여 기회있을 때마다 「10·26」 사태후 우리나라가 국내외적으로 비상시국에 처해있음을 지적하고 국민모두가 상호이해와 자제로 합심협력하여 사회안정을 유지하면서 내외의 도전과 시련을 극복해나갈 것을 되풀이 강조해온바 있습니다.

그간 국민여러분이 우리나라가 처한 어려움을 인식하여 자제와 근검절약으로 지속적인 국가발전을 위해 협조해온 것을 마음든든하게 생각하는 바입니다.

그런데 저는 최근 사회일부에서 時局의 중대성을 깊이 생각함이 없이 국민적 단합을 저해하는 言動을 하는가 하면 勉學분위기 조성을 위한 정부의 진지한 노력에도 불구하고 일부 학원에서 대화와 협조가 아닌 배척과 대결로 인한 소란이 계속되어 질서가 문란해지고 있음은 매우 유감된 일이라 아니할 수 없습니다.

학생들이 스승의 인격을 욕되게 하는 등의 지나친 행동은 우리의 道義와 美風良俗에 어긋나는 일이라 하겠으며 더구나 우리의 국가적 현실에 비추어 매우 긴요한 소정의 군사교육훈련을 거부하여서는 안될 일이라고 생각합니다.

만약 학교운영에 있어 개선을 요하는 사항이 있다면 이는 상호이해의 바탕위에서 격의없는 대화를 통하여 順理的으로 해결하도록 해야할 것입니다.

정부는 앞으로도 勉學풍토의 정착을 위한 노력을 계속할 것인바 학교당국에서도 학원정상화를 위해 성의있는 노력을 계속 경주해야 할 것이며 학생들은 학원도 우리사회의 일부임을 명심하여 法과 秩序를 지키는 가운데 시간을 아껴 학업에 정진하여야할 것입니다.

이미 천명한대로 정부는 국가의 안전보장을 공고히 하고 사회안정과 공공질서의 유지, 그리고 국민생활의 안정과 경제성장을 기해나가면서 질서정연하고 착실한 정치발전을 위한 노력을 지속하고 있습니다.

그 어느 때 보다도 공공질서의 유지와 사회안정이 절실히 요청되는 이때 우리 국민모두가 대국적 견지에서 自制와 和合으로 大同團結하여 당면한 국가적 시련을 극복해 나갈 것을 다시 한번 간곡히 당부하는 바입니다.」

(『중앙일보』 1980년 4월 14일자)

이날 최규하 대통령은 전두환 보안사령관을 중앙정보부장 서리(署理)로 임명해 보안사령관직과 겸임하게 하였다.

현역 군인은 중앙정보부장에 취임할 수 없다는 규정 때문에 전두환은 '서리(署理)'라는 꼬리를 달고 중앙정보부장이 되었다. 전두환은 중앙정보부장을 겸직함으로서 공직 서열상 부총리급으로 격상되어 국방부장관보다 서열이 올라갔다.

4월 16일 김대중은 집권을 대비한 자체조직으로 '한국민주제도연구소'를 발족하였다.

한국민주제도연구소는 기존의 김대중의 방계조직인 한국정치문화연구소·민주헌정동지회·민주연합청년동지회 등을 통합하여 인맥을 보강하되 정책개발에 치중하여 집권전략 지휘본부 역할을 담당할 조직이었다. 신민당의 김대중 계 의원들도 마포 신민당사 근처의 가든호텔에서 거의 매일 모임을 가졌다.

김대중은 동시에 국민연합을 주축으로 한 재야의 유력인사들과 접촉을 강화하면서 신당 창당을 모색했다. 김대중은 국민연합의 규약을 개정, 종전의 3인 공동 의장단(윤보선, 함석헌, 김대중) 중심으로 운영하던 것을 중앙상임위원회 중심제로 바꾸고 중앙상임위원회 위원장에 문익환 목사, 부위원장에 시인 고은과 함세웅 신부를 선임하도록 했다.

신민당과 결별한 김대중의 다음 전략은 김영삼 총재와 신민당에 대한 공공연한 비난이었으며, 5월에 들어 가시화되었다.

김대중이 이 시점에서 강행한 위험한 모험은 대학을 강연 장소로 택한 점이었다. 대중이는 학생들의 자제를 당부한다는 단서를 달기는 했지만, 대학에서 대규모 군중집회를 가짐으로서 계엄령으로 유지되던 불안한 정국의 뇌관을 건드렸다. 이것은 전두환을 리더로 하는 신군부에게는 좋은 명분을 주었다.

민주 민권세력의 구심점은 유신 7년 동안 온갖 박해를 받고도 굴하지 않고 싸워온 재야인사들로, 한국신학대학이나, 서울대학이나, 고려대학이나, 여러 대학에서 싸운 이러한 동지들이라고 나는 이 자리에서 단언할 수 있습니다.

(1980년 4월 16일 한신대에서
「하나가 되자-도덕정치의 구현」이라는 제목으로 연설)

네번째 복학, '서울의 봄', 사법시험 합격 **221**

國會 빨리 열어 當面문제 解決을
어떠한 民主逆行도 분쇄

金大中 씨 연설

金大中 씨는 16일 中央情報部長서리 임명 등 일련의 사태발전을 보이고 있는 政局推移와 관련, 『昨今의 상황은 매우 미묘하며 민주발전 전망은 더욱 불투명하므로 우리는 주권자로서의 경각심과 책임감을 견지하여 어떠한 민주逆行의 企圖도 이를 분쇄해야 한다』고 말했다.

金 씨는 이날 상오 서울 水踰里에 있는 韓國神學大學에서 『하나가 되자-道德정치의 구현』이란 제목으로 연설하면서 이같이 말하고 『그러나 우리는 혼란이 조성됨으로써 安保를 위태롭게 하고 민주주의를 원치 않는 자들에게 구실을 주지않기 위해 최대로 자제하고 질서를 지켜야하며 學園의 부조리는 반드시 시정해야 하나 그 방법은 평화적인 대화를 통해 이루어져야한다』고 말했다.

그는 ▲계엄령의 해제를 결의하고 ▲二元政府制헌법과 中選擧區制 등 국민여망에 배치된 정부계획을 추궁하고 ▲物價苦·저임금·失業·농축산업의 파멸 등에 대한 정부조치의 추구 등을 위해 즉각 國會를 소집해야한다고 주장했다.

新民黨 입당 포기선언 후 국민과의 직접대화방법으로 강연행사에 나서고 있는 金 씨는 『민주세력의 구심점은 在野민주·민족세력이므로 앞으로 수립될 민주정부는 그들이 主體勢力이 돼야한다』고 말해 그의 장래 정치進路를 시사했다.

(『중앙일보』1980년 4월 16일자)

어떤 사람이 나를 보고 과격하다고 하는 게 신문에 났습니다. 그렇습니다.

나는 과격합니다. 악에 대해서 나는 과격합니다. 국민을 괴롭힌 자에 대해서 과격합니다. 자유를 짓밟고 정의를 유린한 자에 대해서 과격합니다. 이 나라를 반통일로 끌고 가는 자에 대해서 철저히 과격합니다.

그러나 **선을 행하고, 국민을 위하고, 자유와 정의와 통일의 길로 가는 사람에게 나는 그 앞에서는 양보다 순하고 온순하다는 것을 나는 여러분께 말씀드립니다.**

(80년 4월 18일 동국대에서
「4·19 혁명과 민족통일」이라는 제목으로 연설)

"學園사태 惡用말라"
金大中 씨 過渡政府 빨리 終熄돼야

東國大學서 演說

金大中 씨는 18일 최근 학원사태 등에 언급, 『어떤 다른 의도를 가지고 학원문제를 악용해서는 안될 것』이라고 말하고 『不安定한 과도정부는 하루 빨리 종식돼야 할 것』이라고 주장했다.

金 씨는 이날 오후 東國大 학생회가 4·19 기념행사의 일환으로 동교 강당에서 주최한 강연회에 참석 『민주주의 없이는 自由 正義 統一이 없으므로 국민의 힘으로 목전의 장애를 뚫고 민주회복을 성취하자』

고 말하고 『혼란을 일으켜 안보를 위태롭게 하고 민주주의를 원치 않는 자에게 구실을 주는 일이 있어서는 안될 것』이라고 강조했다.

金 씨는 지난 16일 韓國神學大연설에서와 마찬가지로 이날 연설에 서도 『在野勢力이야말로 민주세력의 구심점이며 이를 부인한다면 그것은 역사사실을 왜곡하는 것』이라고 거듭 강조해 新民黨이 民主 勢力의 求心點이라고 주장하고 있는 金泳三 신민당총재와 다른 견해 를 보였다.

金 씨는 『4·19정신은 억압과 不義와 싸워온 우리 민족의 저항정신 의 발로였으며 질서와 관용의 정신이었고 또 自由 正義 統一의 실현 을 갈망하는 국민의지를 대표하는 것』이라고 평가했다.

金 씨는 『요즈음 학원사태는 최소한의 진통이며 혼란으로 보지 않 으나 어디가지나 평화적인 대화로 문제를 해결해야할 것』이라고 말 하고 『平和시장의 경우 분규해결을 위해 노동자뿐 아니라 어려운 여 건속의 영세기업인들이 성의있는 노력을 한데 대해 감사한다』고 밝 혔다.

그는 『南北대화를 열어놓고 게릴라를 계속 南派하는 공산당의 만행 을 규탄해야한다』고 말했다.

金 씨는 자신의 新民黨 입당포기 선언과 관련, 『신민당은 겸허한 자 세로 在野와 하나가 되려는 노력을 보이지 않았으며 이것이 汎野單 一化가 실패한 근본원인』이라고 말했다.

金 씨는 『어떤 일이 있어도 정치보복은 나의 대로서 끝이 나야하며 어떠한 소급立法도 반대한다』면서 『공무원은 새정부가 들어선 뒤에 도 長次官을 제외하고는 전원 그대로 신분보장이 돼야하며 양심적인 기업이나 반성한 기업인은 모두 새로운 民主정부의 경제발전에 참 여, 국민을 위한 기업인으로 새로이 출발해야할 것』이라고 말했다.

(『동아일보』1980년 4월 19일자)

4월 21일 발생한 강원도 정선군 사북읍 탄광사태는 민주화보다는 안정이라는 명분을 제공해 주었다.

사북 탄광 광원 3천5백 명이 봉기(蜂起)하여 이 지역을 4일간 장악했다. 이 와중에 진압 경찰관 1명이 사망하고, 광부와 경찰관을 합쳐 70여 명이 다쳤다. 정부는 11공수여단을 투입하여 공권력을 회복시키려 하였으나 4일 만에 사태가 수습되어 실제로 투입하지는 않았다. 곧이어 전국 곳곳에서 노동자들의 시위가 일어났다.

4월 22일~25일 나흘간 문재인은 사법시험 2차를 쳤다.

4월 25일 김대중은 관훈 클럽 초청연설에서 「80년대의 좌표」라는 제목으로 연설했다.

> 10·26 사태는 결코 우발적인 사고가 아닙니다. 10·26 사태는 민중이 주체였던 동학농민혁명, 민족이 주체였던 3·1독립운동, 민주학생이 주최였던 4·19 혁명을 총괄적으로 계승한 민중·민족·민주의 국민적 의지의 집약적 표현이라 하겠습니다. 이것은 분명히 자유·정의·통일을 거부해 온 반민중·반민족·반민주 세력에 대한 국민적 투쟁의 결과였습니다.

4월 25일 노동청은 1980년에 들어서 노사분규가 1979년의 7배인 719건 발생했다고 발표했다.

【이날 카터 미국 대통령은 이란에 억류된 미국 대사관원을 구출하려는 미국의 특공 작전이 실패했다고 발표하였다. 실패의 책임을 지고 밴스 국무장관이 사임하고 머스키(Edmund Muskie) 상원의원이 후임이 되었다. 이로써 카터 대통령의 재선 승리 가능성은 더욱

낮아졌다. 카터 행정부는 한국에 비상한 관심을 갖고 있었으나 이후 한국 정치에 대한 영향력이 매우 약화되었다.】

4월 26일 신현확 국무총리는 자신과 최규하 대통령의 1981년 대통령 선거 출마 가능성을 부인하였다.

4월 28일 김녹영(金祿永) 통일당 총재 권한대행은 통일당의 진로와 당면 목표를 밝히는 기자회견에서 민주회복을 할 때까지 모든 재야인사 및 정당 사회단체의 연합전선 구성을 제안하였다.

4월 29일 김대중은 충남 예산의 윤봉길 의사 의거 48주 강연에서 「國民聯合」이 民主化촉진 全國民운동의 구심점이 되었으면 좋겠다고 말했다.

【이 당시 계엄 당국은 김대중의 활동에 대해 계엄포고령 위반으로 단속하려 했으나 법을 적용하기에 애매한 면이 있어 포기했다.】

5월 1일 서울대 총학생회는 다음날부터 유신잔당 퇴진, 계엄해제, 정부주도개헌 중단, 노동 3권 보장 등을 요구하는 정치투쟁을 본격적으로 전개하기로 결정했다.

이 무렵 신민당에서는 기묘한 일이 벌어지고 있었다. 김대중 계보 의원들이 당의 공식행사를 기피하고 신민당 입당 포기를 선언한 김대중의 여러 가지 행사 나들이에 계속 따라갔다. 이에 김영삼 총재를 중심으로 한 주류는 징계를 하려 했다.

5월 1일 신민당 당기 위원회는 박영록 부총재, 노승환(盧承煥) 훈련원장, 정대철 정책심의위 부위원장, 김영배(金令培) 부총무 등 4명의 '김대중 수행의원'을 해당행위자로 고발했다. 또한 13명에게 경고서한을 보냈다. 예춘호, 천명기(千命基), 이용희, 고재청(高在淸), 이필선(李必善), 최성석(崔成石), 조세형(趙世衡), 김원기(金元基), 이진연(李震淵), 박병효(朴炳洨), 허경만(許京萬), 김승목(金承穆) 의원과 조연하(趙淵夏) 정무위원이었다. 경고 내용은 '공개 사과를 하지 않을 경우 당에서 추방'이었다.

이들은 즉각 반발하여 5월 2일 국회에서 별도의 대책회의를 열었다. 이들은 "당권파가 징계문제를 강행할 경우 별도의 교섭단체를 구성하겠다"고 말했다. 즉 징계하면 탈당하겠다는 뜻을 밝힌 것이다.

5월 2일 윤보선 전 대통령은 4월 29일의 김대중 발언을 비판했다.

「國民聯合」은 政治활동 할 수 없다.
尹潽善 씨, 金大中 씨를 비난

「民主主義와 民族統一을 위한 國民聯合」 공동의장의 한사람인 尹潽善 전 대통령은 2일 『金大中 씨가 지난 29일 「國民聯合」이 民主化촉진 全國民운동의 구심점이 되었으면 좋겠다고 한 의사를 표명했으나 찬성하지 않는다』고 말했다.

尹 씨는 『金大中 씨가 대통령에 입후보하려는 것은 三尺童子도 다아는 사실인데 그가 民主化운동을 한다고 돌아다니는 것을 누가 국민운동이라고 보겠느냐』고 비난하고 『國民聯合은 순수한 국민운동이지 政治活動을 할 수는 없으며 과거에도 國民聯合에 참석했던 정치인은 政黨을 탈당했었다』고 말했다.

尹 씨는 이어 民主化촉진운동이 시기에도 적절치 못하다고 말하고 『운동이 지나치게 되면 계엄연장의 구실이 될 것』이라고 주장했다.

(『서울신문』 1980년 5월 3일자)

5월 3일 국민연합은 학원사태의 해결을 위해 계엄령을 조속히 해제하고 개헌과 총선실시를 촉구했다.

學園사태 解決위해 民主化日程 밝혀야
國民聯合 주장

「民主主義와 民族統一을 위한 國民聯合」(共同議長 尹潽善 金大中 咸錫憲)은 3일 상오 성명을 발표, 『최근의 學園사태는 舊體制를 청산하기 위한 불가피한 현상이며 維新殘滓세력의 집권음모를 분쇄하기 위한 학생들의 정당한 抗拒』라 주장하고 『학원사태의 근본적 해결을 위해 過渡정부는 비상계엄령을 즉각 해제하고 改憲과 總選이 조속히 실시되도록 民主化日程을 분명히 밝혀야한다』고 주장했다.

이 성명은 또 이밖의 해결책으로 ▲ 정부주도의 二元執政制나 中選擧區制改憲구상을 포기하고 ▲ 政治犯의 석방 復權 ▲ 言論의 자유가 보장되고 부당한 검열과 보도관제는 철폐되어야하고 ▲ 학생군사훈련과 병영집체훈련은 철폐되어야 한다고 아울러 주장했다.

(『서울신문』 1980년 5월 3일자)

이날 신현확 총리는 국회 헌법개정 특별위원회에 출석하여, 이원집정부제는 제의도 없으며 늦어도 1980년 안에 개헌작업을 마무리할 방침이며 것이며 이러한 약속은 지켜질 것이라고 언명하였다.

5월 4일 동력자원부는 석유 가격을 41.92%, 석탄 가격을 35.29% 인상한다고 발표했다.

5월 6일 김대중 계 신민당 의원 25명은 동교동 김대중 집에 모여 이른바 '시국에 관한 신민당의원 간담회' 결성을 발표했다. 이는 본격적으로 김대중 신당을 창당하려는 움직임이었다.

5월 7일 최규하 대통령은 현 시국이 불투명하다는 것은 근거 없는 억측이라고 말하고 정부는 이미 밝힌 데로 착실한 민주발전을 계획대로 진전시켜 나가고 있으며 앞으로도 이 같은 방침에는 아무런 변동이 없을 것이라고 밝혔다.

또한 국회 개헌특위 제19차 전체회의가 열렸다. 회의에서 대통령 중심제를 골격으로 하는 조정안을 보고 받고 권력구조 부문에 대한 마무리 작업을 벌여 15일까지 단일안을 만들기로 합의하였다.

이날 국민연합은 『갈수록 노골화 되어가는 유신잔당의 독재 연장 책동을 그대로 내버려 두고 어떻게 민주화가 가능한가. 단호한 민중의 결단으로 이들을 철저히 분쇄하지 않으면 안된다. 민족사의 결전장은 우리들 한 사람 한 사람의 단호한 시민적 행동을 통한 합류를 절실히 요구하고 있다』는 요지의 「제1차 민주화 촉진 선언문」을 발표했다(이 선언문은 나중에 김대중 내란음모 사건 재판에서 계엄사령부에 의해 증거물로 제출되었다).

다음은 그 전문이다.

위대한 민중의 시대 민주주의와 민족통일의 새 시대가 바로 우리의 눈앞에서 열리려 하고 있다. 4월 혁명 이래 지난 20년간 바로 이 시대를 탄생시키기 위하여 피와 땀과 눈물 그리고 생명까지도 바치는 온갖 고난과 희생을 무릅쓰며 불요불굴의 민주민권투쟁을 전개해 온 각계각층의 민주애국시민들을 향하여 호소하는 바이다. 무엇이 민주주의와 민권의 확고한 승리를 가져올 것인가?
낙관 속에서 수수방관하며 앉아서 기다리는 것인가? 아니다! 갈수록 노골화되어 가는 유신잔당의 독재연장 책동을 그대로 내버려 둔

채 어떻게 민주화가 가능하단 말인가? 비관 속에서 체념하고 공포에 떨며 움츠러드는 것인가? 아니다! 국민의 함성 속에서 독재자가 타도되었고 유신체제가 결정적인 파멸의 길로 들어선 오늘, 더 이상 두려워해야 할 무엇이 남아있단 말인가? 눈앞에 다가온 민주주의의 승리를 확고하게 쟁취하기 위하여 우리는 일체의 안이하고 낙관적 환상과 일체의 비겁한 비관적 체념을 동시에 내 던져버리고 단호한 민중적 결단으로 민주화에 역행하려는 반민주세력의 책동을 대담하고 철저하게 분쇄하지 않으면 안 된다.

유신잔당의 노골적인 독재연장 책동과 더불어 작금에 폭발적인 기세로 고양되어 가고 있는 근로자들, 청년 학생들의 장엄한 민주, 민권 투쟁은 민주주의와 민족통일의 새 시대를 탄생시키는 최후의 진통이 이미 시작되었다는 사실에 대해 우리에게 똑똑히 보여주고 있다. 억압 대신에 자유를, 수탈 대신에 정의를, 특권 대신에 민권을, 비인간적 노예화 대신에 인간적 존엄을, 분단 대신에 통일을 쟁취하기 위한 이 숨 가쁜 민족사의 결전장은 우리들 한 사람 한 사람의 단호한 시민적 행동을 통한 합류를 절실히 요청하고 있다.

이 엄숙한 시점에 서서 우리는 다음과 같이 선언한다.

1. 아무런 합법적 근거도 없이, 아무런 정당한 명분도 없이 이유도 없이, 오로지 유신잔당들을 비호하고 언론자유를 억압하고 민주정치 발전의 일정을 방해하기 위하여 존재할 뿐인 불법불의한 비상계엄령은 즉각 해제되어야 한다.

2. 과도정부의 책임있는 자리에 있으면서 이른바 중립을 표방하고 민주정치발전의 산파역을 하는 자처하는 입장에서 유신체제를 미화, 찬양하고 유신정권에 의한 개헌주도를 공언하는 등 국민을 경시, 우롱하는 방약무인한 언동을 일삼음으로써 전국민적 분노를 촉발하고 있는 신현확 총리는 즉각 물러나야 한다.

네번째 복학, '서울의 봄', 사법시험 합격 **231**

3. 김재규 씨의 재판에 대한 사법권 독립을 침해하고 중앙정보부 장직을 불법으로 겸직하여 노골적인 정치개입을 일삼음으로써 신성한 국군 전체의 명예와 긍지를 실추시키는 전두환 보안사령관은 모든 공직에서 물러나야 한다.

4. 유신체제에 반대하여 구속된 모든 정치범, 양심범은 즉각 석방되어야 하며 완전 복권되어야 한다. 동일방직 해고 근로자들, 동아투위, 조선투위의 해고언론인들을 비롯, 유신체제의 박해로 일터에서 추방되었던 모든 민주시민들은 즉각 전원복직되어야 한다.

5. 왜곡보도와 반민주적 논설로써 민중들의 민주화 열망을 배반하고 유신잔당의 독재연장 음모에 협력하고 있는 일부 언론, 방송, 기업들은 역사와 민중의 준엄한 심판을 각오하여야 하며, 만약 그것을 면하려면 지금 이 순간부터 태도를 확실히 전향하지 않으면 안된다. 모든 양심적 언론인들은 이 막중한 역사적 순간의 준엄한 의미를 깊이 인식하고 바로 이 순간부터 결연히 일어나 과감히, 자유언론 투쟁을 전개함으로써 민중과 역사의 편에 확고하게 서기를 촉구한다.

6. 유신체제의 사생아이며 국민주권 찬탈의 상징인 유정회와 통일주체국민회의는 자진 해산되어야 한다.

7. 국민이 주체가 되어 민주헌법이 제정되어야 함에도 불구하고 국민의 의사를 무시한 채 유신잔당에 의한 또 한 차례의 국민주권 찬탈음모를 획책하고 있는 이른바 정부개헌심의위원회는 해산되어야 하며 명백한 국민적 합의를 외면하고 이원집정부제, 중선   거구제를 민의로 위장선전하기 위해 획책되고 있는 정부 개헌공청회는 포기되어야 하며 그 누구도 이에 들러리가 되어서는 아니 된다.

각 정당, 사회단체는 더 이상 안이한 환상에 사로잡혀 현 시국을 수수방관하지 말고 민주주의를 위한 전국민적 투쟁에 결연히 합류하기를 촉구한다. 우리는 각계각층의 민주 애국시민들과 함께 모든 민주역량을 총집결하여 유신잔당의 음모를 분쇄하는 민주화운동 을 과감히 전개할 것을 엄숙히 선언한다.

1980년 5월 7일
민주주의와 민족통일을 위한 국민연합

이날 연세대. 이화여대, 동국대, 한신대, 숭전대, 외국어대 학생들이 교문을 나서 계엄철폐, 민주화 일정 촉진, 언론자유 보장 등을 요구하며 거리에서 시위를 벌였다.

5월 8일 김옥길 문교부 장관은 대학생들의 가두시위와 관련하여 자제와 양보를 강조하는 공한을 전국의 대학 총장과 학장에게 발송하였다.

이날 강원도에 있는 특전사의 11공수여단이 서울의 강동구 거여동으로 이동하여 시위진압훈련을 하면서 출동 대기 태세에 들어갔다.

이날 서울대 교내에서 기이한 모의재판이 진행되었다.

법대 2학년생인 윤석열이 판사로 신현확 국무총리에게 사형, 전두환 보안사령관에게 무기징역을 선고했다. 대중이가 좋아할 일!

5월 9일 김영삼 신민당 총재는 기자회견을 가졌다. 그는 계엄령 해제·임시국회 즉각 소집·정부의 개헌 작업 중지를 요구했다.

이날 연세대, 국민대, 숙명여대, 경희대, 동국대, 홍익대, 인하대, 외국어대 등의 대학생들이 시국에 대한 성토대회를 열어 계엄철폐, 민주화 일정 단축 등을 요구하며 교내 및 가두시위를 계속하였다.

5월 10일 최규하 대통령은 석유를 얻기 위해 중동(中東)으로 떠났

네번째 복학, '서울의 봄', 사법시험 합격 **233**

다(군에서는 유병현 합참의장이 수행했다). **이날 공화당과 신민당은 총무회담을 갖고 계엄령 해제요구를 하기로 합의했다.**

이날 오후 김대중은 동학기념제에 참석하러 전북 정읍에 도착하였다. 수많은 인파가 몰려 김대중을 환영하였다. 각 정당, 사회단체, 김대중 사조직 등이 만든 플래카드가 형형색색으로 걸렸다. 이중에는 '민족의 태양 김대중, 정읍에 오시다', '다음 대통령은 김대중, 호남 만세', '전라도의 희망 김대중! 김대중 만세'라고 쓴 플래카드도 있었다.

5월 11일 김대중은 오전 9시부터 정읍시장 입구에서 동학기념제 행사장까지 무개차를 타고 시가행진을 벌였다. 이날 김대중을 수행한 인사들은 유신 옹호에 앞장섰던 자들이 대부분이었다.

김대중은 오전 10시부터 1시간 30여 분간 정치연설을 하였다.

행사가 끝난 후 김대중 일행은 5시 열차 편으로 상경하러 정읍 역장실로 갔다. 통일당 정읍지구당 당원들은 유인물을 배포하며 마이크로 김대중 일행과 그 주위에 몰려있는 청중들에게 "유신 동반자 자폭하고 유신 지지자 자숙하라", "김대중은 유신 옹호론자를 앞세우고 다니지 말라"고 외쳤다.

이날 신현확 국무총리는 전국 대학 학장들과의 오찬에서 사회가 안정되면 즉각 계엄을 해제할 것이라고 언명하였다.

5월 12일 공화당과 신민당이 5월 20일 임시국회를 소집하기로 합의했다. 국회가 열리면 계엄해제는 당연한 수순이었다.

한편 철야농성 중이던 대학 캠퍼스는 모두 농성을 풀고 귀가했다.

이날 비상국무회의에서 중앙정보부 담당 국장은 『일본 방위청으로부터 북괴 특수 8군단이 자취를 감추었다는 연락을 받았다』는 보고를 했다.

5월 12일 오후 5시 김대중은 북악 파크호텔에서 국민연합 주요 관계자들을 소집해서 시국전반에 관해 논의했다.

5월 13일 오전 김대중은 기자회견에서 '민주화 촉진국민운동'을 발족시킬 것이라고 말했다. 이에 新民黨의 鄭在原 임시대변인은 즉각 金大中 씨의 신민당 비판에 대해 성명을 내었는데, 유례없이 격렬한 표현을 구사해 『金 씨는 자신이 유리할 때는 同志的 우의를 내세워 入黨의사를 밝히고 불리할 때는 하루아침에 동지를 배반하는 不道德한 背理를 자행하고 있다』고 주장했다.

투쟁 양식을 교내시위에서 가두시위로 바꾼 서울의 남녀 대학생들은 5월 13일부터 15일까지 3일 연속으로 시내를 누비며 '계엄철폐' '전두환 퇴진' 등의 구호를 외쳤다.

5월 13일 서울 시내 6개 대학 2천 5백여 명이 광화문 일대에서 '계엄 철폐'를 외치며 야간까지 가두시위를 벌였다.

5월 14일 전국 37개 대학교 대학생들이 가두시위를 벌였다.

이날 특전사의 1, 3, 5, 9, 11, 13공수여단에 출동준비령이 내려졌다.

이날 신민당은 소속의원 66명 전원의 이름으로 계엄해제 촉구 결의안을 국회에 제출하였다.

5월 15일 10만 명의 대학생들은 서울역 앞까지 진출하여 대규모 가두시위를 벌였다.

이날 오후 6시 10분 경, 정체불명의 20대 청년 3명이 학생대열에서 뛰어나와 시내버스에 올라가 20여 명의 승객과 운전사를 강제로 몰아내고 버스를 탈취했다.

이들은 버스를 몰아 △ 도쿄호텔까지 올라갔다가 차를 돌려 △ 서울역 쪽으로 향해 일렬로 서 있던 경찰의 저지선을 뚫고 △ 남대문을 반 바퀴 돌아 △ 역시 서울역 방향을 향해 일렬로 서 있던 기동 경찰관들을 덮쳤다.

이 바람에 전경 1명이 숨지고 4명이 중경상을 입었다.

이날 밤 최규하 대통령이 중동방문으로 부재중이었으므로 대신 신현확 국무총리가 학생들의 自制를 당부하고 정치일정을 앞당기겠다는 내용으로 時局에 관한 談話를 발표했다.

다음은 담화 중 대학생들의 자제를 촉구하는 부분이다.

학부형 여러분, 학생 여러분, 학생들은 학생이기 전에 우리의 사랑하는 아들딸들입니다. 따라서 설혹 좀 잘못한 점이 있더라도 우리는 사랑과 관용, 인내와 이해의 눈길로 우리 학생들을 보고 있는 것입니다.

학생 여러분은 아직 젊기 때문에 때로는 격정에 휘말리기 쉽고 事理를 잘못 판단하는 일도 있을 것입니다.

특히 그 주장이 지나쳐 법을 어기거나 과격한 행동으로 걷잡을 수 없을 만큼 엄청난 사회혼란과 무질서를 초래한다면 이같은 행동은 학생들을 아끼고 사랑하는 부모님들이나 모든 국민들을 크게 실망시키게 될 것입니다.

학부모 여러분께서도 사랑하는 여러분의 子女들이 거리에 뛰쳐나와 법과 질서를 어지럽히는 일이 없도록 잘 타일러 주실 것을 간곡히 부탁드립니다.

정부는 앞으로도 이미 약속한 학원 自律性의 원칙은 계속 지켜나 갈 것이며 학생들이 주장도 사랑과 이해의 눈길로 지켜볼 것입니다. 학생들이 사회를 불안에 떨게 하는 질서파괴행동을 계속한다면 언 제까지나 그냥 보고만 있을 수는 없을 것입니다.

민주발전을 열망하면서 민주발전에 逆行하는 행동을 한다면 이것 은 자기모순이며 모든 국민들이 납득하지 못할 것입니다.

사회의 안녕질서가 파괴되고 혼란이 소용돌이쳐 국가안보가 위태 로와지고 경제파탄이 온다면 국민 모두가 바라는 민주발전에 이것 이 무슨 도움이 되겠읍니까.

특히 지금 국가원수인 崔圭夏 대통령께서 中東을 순방 중에 계시 는데 국내에서 이런 소동을 피운다는 것은 국민된 도리가 아닐 것입 니다.

국민 여러분과 학부모 여러분들의 깊은 이해와 협조를 다시 한번 부탁드리며 학생 여러분들의 냉철한 理性에 호소해서 자숙·자제해 줄 것을 거듭 당부하는 바입니다.

5월 16일 하오 5시 30분 경 이화여대 연구관 경영교실에서는 전 국 55개 대학(서울 소재 대학 29·지방대학 26개)의 학생대표 100 여 명이 모여 앞으로의 행동에 대해 논의했다. 이들은 밤을 새며 24 시간이 넘도록 회의를 갖다가 이튿날 17일 하오 경찰의 급습을 받았 다. 대부분 도피하고 일부만 체포되었다.

이날 국민연합은 「제2차 민주화 촉진 선언문」을 발표했다.

『5월 7일 제1차 선언에서 요구한 사항에 대해 5월 19일까지 정부 가 명확한 답변을 할 것』을 요구하고 『이 요구가 관철되지 않으면 5

월 22일 정오를 기해 대정부 투쟁에 돌입 할 것」을 선언했다.

이와 함께 발표한 투쟁 방침은 다음과 같다.

▲ 민주애국시민은 유신체제를 종결짓는 민주투쟁에 동참하는 의
 사표시로 검은 리본을 가슴에 단다.
▲ 비상계엄은 무효이므로 국군은 비상계엄령에 의거한 일체의 지
 시에 복종하지 말 것이며, 언론은 검열과 통제를 거부하고 전 국
 민은 민주화 투쟁을 용감히 전개한다.
▲ 정당, 사회단체, 종교단체, 노동자, 농민, 학생, 공무원, 중소상
 인, 민주애국시민은 5월 22일 정오에, 서울은 장충단 공원, 지방
 은 시청 앞 광장에서 민주화 촉진 국민대회를 개최한다.

이 모든 단체행동 등이 비상계엄령이 선포된 상황에서 일어났다.

5월 16일 아침 김대중은 김영삼에게 급히 연락, 동교동 집에서 회
동한 뒤 시국수습 6개항을 제시했다. 김영삼과 김대중은 비상계엄
령의 즉각 해제, 모든 정치범의 석방과 사면·복권 단행, 정부주도하
의 개헌포기, 정치일정의 연내 완결 등을 주장하고, 학생들에게는
"질서와 평화를 유지하기 위해 최대한의 자제력을 발휘해줄 것"을
요망했다.

최규하 대통령은 예정을 하루 앞당겨 16일 밤 10시 5분 김포공항
에 도착했다. 밤 11시부터 청와대에서 전두환 보안사령관, 이희성
계엄사령관, 주영복 국방부장관, 김종환 내무부장관, 최광수 대통령
비서실장이 모여 심야대책회의를 했다.

5월 17일 오전, 국회는 임시국회를 5월 20일 소집한다고 공고했다.

이날 오전 10시부터 오후 2시 30분 사이 국방부회의실에서 전두

환의 지시로 비상 全軍 주요지휘관 회의가 열렸다. 참석자들은 유병현 합참의장, 조문환 국방부 차관, 이희성 계엄사령관 겸 육군참모총장, 윤자중 공군참모총장, 김종곤 해군참모총장, 노태우 수도경비 사령관 (육사 11기), 정호용 특전사령관 (육사 11기), 윤성민 1군 사령관, 진종채 2군 사령관, 유학성 3군 사령관 등 군단장급 지휘관들, 최성택 합참본부 2국장(육사 11기), 육군·해군·공군 사관학교 교장 등 44명이었다. 이 시간 전두환은 대통령 최규하를 찾아가 계엄 확대안, 국회해산과 비상기구 설치를 요구하고 있었다.

회의가 끝나자 주영복 국방부장관과 이희성 계엄사령관은 총리 공관을 찾아가 신현확 국무총리에게 군의 결의를 보고하고 시국수습안으로 계엄확대, 비상기구 설치, 국회해산안 결재를 요구했다. 신현확 총리는 주영복과 이희성을 대동하여 청와대에 갔다. 이 자리에서 전두환, 주영복, 이희성은 시국수습안 결재를 최규하 대통령에게 요구했다.

최규하 대통령은 이중 전국비상계엄안건만을 국무회의에 회부하도록 지시했다. 수도경비 사령관 노태우는 전군 주요지휘관회의가 끝나고 귀대하자마자 수경사 헌병단과 30 경비단에 지시하여 중앙청을 포위하고 외부와의 통신을 두절시켰다. 오후 9시 40분 중앙청 회의실에서 개최된 비상 국무회의에서 전국 비상계엄안이 의결되었고 이날 자정을 기해 계엄령 확대가 선포되었다. 이에 따라 비상계엄에 제주도가 포함되었다.

17일 자정을 기해 발표된 비상계엄확대조치에 따라 정치활동 중지, 대학 휴교조치 등을 내용으로 하는 포고령 10호가 발표되었다.

계엄확대조치에 동원된 군 병력은 특전사, 20사단, 해병사단 등 2만 5천여 명이었다. 이들은 31개 주요 대학과 136개 보안목표에 진주하였다.

김종필 총재는 부정축재 혐의로 김대중은 내란음모혐의로 검거되고 김영삼 총재는 가택 연금 상태에 놓인다.

5월 17일 밤 김대중, 예춘호 의원, 문익환 목사, 김동길 교수, 인명진 목사, 고은 시인, 이영희 교수 등이 사회혼란조성 학생 노조 소요 관련 조종 혐의로 연행됐다.

5월 18일 새벽 1시 45분 전두환의 지시로 수도군단 33사단 101연대는 국회의사당을 봉쇄했다. 공화당 총재 김종필도 같은 날 계엄사령부에 연행되었다.

김대중이 체포될 때 김대중이 작성한 '예비 내각 명단'도 압수되었다. 이 명단은 '김대중 내란음모 사건' 재판에서 증거 자료로 제출되었다.]

1980년 5월 19일 무렵 문재인은 계엄포고령 위반으로 체포 구속되었다.

문재인은 '유치장에서 맞은 사법고시 합격'이란 소제목의 글에서 사법시험 합격에 대해 말한다. 22회 사법시험 최종 합격자는 모두 141명으로 박원순도 합격했다.

1975년 봄, 문재인과 같은 해 1학년 신입생으로 서울대에서 제적당한 박원순은 1979년 단국대 사학과에 입학하여 사법시험 공부를 했다. 1979년 3월 4일 치러진 21회 사법시험 1차 시험을 합격했으니 이전부터 공부한 것 같다. 왜 사법시험 공부를 위해 법학과도 아

닌 사학과를 입학했을까? 주목을 받지 않으려고? 1980년 봄, 서울
대에 복학이 가능했는데도 복학하지 않고 4월 하순 22회 사법시험
2차 시험을 쳐서 합격하고 단국대를 자퇴했다.

유치장에서 맞은 사법고시 합격

구속된 지 이십삼, 사 일쯤 됐을까, 뜻밖의 낭보를 받았다. 반가운
소식을 가장 먼저 듣고 온 사람은 아내였다.

내가 사법시험에 합격했다는 것이다. 나는 그 무렵 합격자 발표가
있다는 사실조차 까마득히 잊고 있었다. 아내는 합격자 발표일을 잊
지 않고 있다가 결과를 알아봤던 모양이었다. 내가 그런 처지였으
니, 더 간절한 마음으로 결과를 기다렸을지도 모를 일이다.

【6월 5일 22회 사법시험 2차 합격자 발표가 있었다. 응시자
1,077명 가운데 141명이 합격했으니 13% 정도가 합격한 것이다.
합격자 가운데 22회 사법시험 1차와 2차를 동시에 합격한 사람은
39명이고 21회 사법시험 1차를 합격한 사람은 102명이었다.

최고 득점자 : 조재연(趙載淵, 1956.6.1.) 성균관대 2부 대학(야간대
　　　　　　학) 법률학과 졸업
최연소 합격자 : 차동민(車東旻, 1959.11.29.) 서울대 법학과 3년
　　　　　　재학
최고령 합격자 : 박정근(朴正根, 1942.8.2.) 육군사관학교 졸업,
　　　　　　현역 중령

여성 합격자 : 조배숙(趙培淑, 1956.9.10.) 서울대 법학과 졸업

김덕현(金德賢, 1958.2.18.) 한양대 법과 3년 재학

임숙경(林淑景, 1952.3.2.) 서울대 법학과 졸

합격자의 출신 학교별 통계는 다음과 같다.

서울대(77), 고려대(13), 성균관대(11), 한양대(11), 경북대(6),
단국대(5), 연세대(3), 부산대(3), 동아대(3), 경희대(2) 건국대(2),
동국대(1), 국제대(1), 전북대(1), 전남대(1), 육군사관학교(1)
경희대 출신 합격자는 민충기(閔忠基)와 문재인.

6월 17일 화요일 3차 시험인 면접이 있었다.

1980년 6월 5일 자 한국일보는 〈올 司法시험 2차合格 話題의 主人公들〉이란 제목으로 합격자 3인의 기사를 실었다.

수석 趙載淵 氏

불우 靑年의 人間 승리
放送大 거쳐 2部大 수료
偏母와 누이 거느린 家長

趙載淵. 나이 24세. 학력과 경력은 德壽商高를 나와 한국은행에 근무하면서 방송통신대학을 거쳐 成均館大 2부대학을 졸업했다.

아직 총각인 趙 씨. 氏자 존칭보다는 君이라고 불러야 어울리는 그가 22회 사법고시에서 장원을 차지했다. 그는 어머니와 누이동생을 거느린 나이 어린 가장이기도 하다.

입지전적 판사 후보생 趙 씨는 『수석합격이라니 그게 정말입니까』라면서 미덥지 않는 것처럼 스스로 놀라와 한다.

합격자 발표가 나기 전인 4일 상오에는 결과가 불안해서 영화구경을 갔었다는 그는 날품팔이를 하던 아버지마저 여의고 대학에 진학할 수 없어 고교 졸업 후에 직장을 잡아 생계를 이어가야만 했던 불우한 가정의 3대 독자였다.

그는 사법고시 합격, 그것도 수석합격의 영광은 누가 보아도 손색없는 「노력하는 자의 승리」이며 정말 보람 있는 「인간승리」 바로 그것이다.

그는 이제 「겸허한 판사」 「법은 바로 사회의 규율이라는 것을 입증하는 판결을 할 옳은 판사」가 되는 것이 희망이다.

『대학 다닐 때 몇 번 재판을 방청했는대 재판정 분위기가 고압적이고 권위적인 게 별로 마음에 들지 않았다』고 말하는 판사 후보생 趙 씨는 『틀린 것은 틀리다고 판결할 수 있는 용기 있는 판사가 되겠다』면서 『위헌법률심사권이 미국 대법원에 있다』는 판결을 내린 미국의 홈즈 大法 판사를 존경한다고 말했다.

墨湖가 고향인 趙 씨는 어려서부터 불우한 환경에서 자랐다. 아버지를 따라 여러 지방을 전전했다. 어머니 全紛女 여사(65)에 의하면 고교졸업 때까지 줄곧 장학금을 받았기 때문에 고등학교까지는 무난히 마칠 수 있었지만 대학등록금을 댈 수 없어 은행에 취직, 제가 번 돈으로 방송통신대학에 들어가 76년 졸업 때 역시 수석을 차지했

네번째 복학, '서울의 봄', 사법시험 합격 **243**

다는 것.

趙 씨는 평소 남다른 불우한 환경을 이겨내기 위해 「小不忍 則亂大
謀」라는 論語 귀절을 좌우명으로 삼아 공부에 임했다는 것.

『이 영광을 모두 어머님께 드리고 싶다』고 말하는 그는 어머니와
제일은행에 다니는 누이동생 盛南(22) 양 등 3식구가 2백만 원짜리
전세방(城北區 貞陵2洞 164의 17)에서 살고 있다. 작년 3월 고시공부
를 시작하고부터는 은행을 그만둬 여동생이 가계를 맡아왔으며 어머
니는 매일 아침 정한수를 떠놓고 아들의 합격을 빌었다는 것. TV연
속극 곰례에서와처럼. 公法보다는 私法이 재미있다는 趙 씨는 앞으로
판사로서의 수양을 닦는 데 우선 주력하겠다며 앳된 미소를 지었다.

女性 林淑景 양

"가난한 者 처지서 奉仕"
어머니와 언니의 힘 커

『정말 기쁩니다. 이 기쁨을 부모님과 언니를 비롯한 모든 가족들
과 함께 나누고 싶습니다.』

林淑景(28·光州市 東區 豊鄕2洞 599의 67) 양은 합격의 영광을 이
렇게 말했다.

林 양은 지난 74년에 서울大 法大를 졸업, 그동안 사법고시에 여러
차례 응시했다가 6번 만에 합격의 영광을 차지했다. 林 양은 지금까
지 자신의 뒷바라지를 결혼한 언니 榮玉(31) 씨와 어머니 金富禮(55)

씨가 떠맡았다며 언니와 어머니의 끈질긴 도움이 없었던들 오늘의 합격은 없었을 것이라고 말했다.

林 양은 대학 졸업 후 줄곧 光州에서 지내면서 光州학생회관 도서관과 全日도서관 등에서 하루 12~15시간씩 공부했으며 집에 돌아와서도 5시간 정도밖에 잠을 자지 않은 채 도서관에서 공부한 것을 복습했다고.

光州南洞 천주교 예비신자인 林 양은 앞으로 판사로 일할 뜻을 비치면서 『가난한 자의 편에서 약자를 도와주면서 봉사하는데 최선을 다하겠다』고 말했다.

女性 趙培淑 양

두 번 落榜, 3년만에 榮光
도서관서 規則的인 공부

서울대법대 대학원 2년 趙培淑(24·서울 銅雀區 上道3洞 321의 15) 양은 전북 裡里에서 극장을 경영하는 趙友英(59·전북 裡里市 葛山洞 35의 6) 씨의 1남 5녀 중 세째.

4일 상오 9시께 학교친구로부터 합격 소식을 전해 들은 趙 양은 『마지막 기회로 생각하고 분발해 기대는 했었지만 얼떨떨하다』고 합격 소감을 말했다.

79년 서울대 법대 졸업식에서 동창회장상을 탄 趙 양은 裡里南星 여중과 京畿여고를 거쳐 서울대 인문대에 입학한 후 법대로 옮겨 3

학년 때부터 고시공부를 시작, 2차에서 두 번 낙방하고 3년만에 합격의 영광을 안았다.

趙 양은 아침부터 저녁때까지 도서관에서 규칙적으로 공부한 도서관파.

고시공부를 시작한 뒤부터 매주 일요일이면 교회에 나가는 독실한 기독교인인 趙 양은 앞으로도 계속해서 법률공부를 하겠다고 계획을 털어놓았다.

수석합격자 조재연의 경력은 이렇다.

1956년 6월 1일, 강원도 삼척군 북평면 출생
　　　　　　　(한국일보 보도에 따르면 강원도 묵호가 고향).
　　　　　　　충청북도 제천시의 동명초등학교와 제천중학교 졸업.
1974년　　　서울 덕수상업고등학교(62회) 졸업, 한국은행 입사.
　　　　　　　동시에 방송통신대 경영학과 입학
1976년　　　성균관대 2부대학 법과대학 편입
1979년 3월　한국은행 되사하고 사법시험 공부에 전념
1980년　　　성균관대 졸업, 제22회 사법시험 수석합격

이전에도 조금씩 시험준비했겠지만 전념하려고 1979년 3월 퇴사했다고 하니 3월 4일 실시된 21회 사법시험 1차 시험 합격한 다음의 일이다.

한국은행과 야간대학을 다니며 사법시험 1차를 합격한 것도 놀랍고 2차 시험 준비 1년 만에 수석합격한 것도 놀랍다.

이후 조재연의 이력

1982년   서울민사지방법원 판사. 서울대학교 대학원 법학 석사 학위 취득

1984년   서울형사지방법원 판사

1985년 6월 1일 국회 본회의에서 이철 의원이 광주사태를 언급하고 박정희
대통령, 전두환 대통령이 부정축재했다고 발언. 이를 실은 〈민주
정치1〉을 발행한 사회과학 출판사 일월서각 대표 최옥자를 경찰
이 연행하여 책의 발간 경위 등을 조사한 뒤, 경범죄처벌법 위반
으로 즉심에 회부.

1985년 8월 23일에 무죄를 선고. 안기부 정형근 수사2단장이 방문하여 항의.

조재연은 전두환 정권 시절 국가보안법 위반, 간첩 등 시국사건에
서 의외의 판결을 내려 '반골 판사'로 불렸다고 함.

1986년   춘천지방법원 강릉지원 판사

1986년   서울지방법원 동부지원 판사

1991년   서울가정법원 판사

1993년   "조재연 법률사무소" 변호사 사업 개업

1998년   법무법인 한백 변호사

2010년   법무법인 대륙아주 변호사

2012년   공정거래위원회 약관심사자문위원

2012년 12월~2013년 12월 방송통신심의위원회 규제심사위원

2015년 9월 언론중재위원회 중재의원

2017년 6월 16일, 양승태 당시 대법원장은 이상훈, 박병대 대법관 후임으로
조재연, 박정화 후보자를 문재인에게 임명제청.

네번째 복학, '서울의 봄', 사법시험 합격 **247**

추천 사유로

"법률가로서 다양한 업무를 처리하여 풍부한 실무경험과 능력을 구비하였으며, 균형 있는 시각을 바탕으로 사회적 약자 및 소수자 보호와 인권의 신장, 민주적 시장경제질서의 확립 등 우리 사회의 헌법적 가치 수호에 이바지하였다."

고 평가.

2017년 7월 6일 청문보고서가 여야 합의로 채택되었고 7월 18일 국회에서 임명동의안 통과.
7월 19일 대법관 임기 시작. 25일 문재인이 임명장을 수여.
2017년 7월 19일~2023년 7월 18일 대법원 대법관
(2019년 2월 14일~2021년 5월 8일 사이 법원행정처장 겸임)

70년대 사법시험 합격자를 보면 서울대 출신이 대개 3분의 2 이상을 차지했다. 1979년에는 합격자 120명 가운데 서울대 출신이 90명으로 75%를 차지했다. 그러나 문재인, 박원순, 조재연 등이 합격한 1980년은 합격자 141명 가운데 서울대 출신이 77명으로 54.6%로 과반수를 조금 넘어 전해에 비해 20%가 넘게 하락했다. 그리고 80년에는 처음으로 상고와 야간대 출신 수석 합격자가 나왔다. 매우 특이한 해였는데, 합격자 수를 대폭 늘린 1981년 이후에는 드물지 않은 일이 되었다. 80년 합격자 수가 141명이었던 것도 기이하다. 합격자 수를 76년 60명에서 해마다 20명씩 늘렸으니, 80년은 140명이 합격해야 했다. 141명을 선발한 것은 특정인을 합격시키려 한 것인가?

적은 점수 차로 아깝게 떨어지는 학생이 유달리 많은 서울대에서

120명에서 141명으로 합격자를 늘리니 합격자가 오히려 줄고(79년의 90명에서 80년에는 77명으로 줄음), 합격자 가운데 차지하는 비중이 크게 감소한 것은 이해하기 어려운 일이다. 합격자 수가 300명으로 늘어난 81년 이후 서울대 출신 합격자 비율은 50% 정도가 되었다.

초능력자 문재인은 초능력자들을 알아보고 파격적 발탁을 많이 했다. 그 가운데 하나가 김선수(金善洙)를 대법관으로 임명한 것이다.

1961년 4월 23일 전라북도 진안군에서 출생.
1980년 2월 서울 우신고등학교(3회)를 졸업.
　　　　　3월 서울대학교 법과대학에 입학.
1981년 7월 28일 육군에 입대.
1983년 11월 10일 병장으로 만기 전역.
1984년 5월 26회 사법시험 1차 합격
1985년 7월 제27회 사법시험에 수석합격.
1986년 2월 서울대학교 졸업.

김선수는 대학에 들어와서 학생운동에 전념했다. 전두환 정권 초기 학생운동에서 격리하려고 이른바 '강제 징집'을 시행했다. 김선수는 그 대상자로 군대에 갔다. 군대 다녀오면 머리가 녹슨다고 하는데, 제대 후 불과 5개월 만에 사법시험 1차 합격. 대략 18개월 공부로 사법시험 수석합격. 30개월 공부하고 합격하면 최단기간 공부하고 합격하는 것이고 그보다 짧은 것은 물리적으로 불가능하다고 사법시험 경험자들은 말한다. 김선수는 초능력자라고 할 수 있다.

1988년 사법연수원 수료.

법무법인 시민종합법률사무소에서 노동 전문 변호사로 활동.

노무현 정권 때 청와대 사법개혁 담당 비서관.

민주사회를 위한 변호사모임 회장

왕재산 사건의 변호를 맡음.

통합진보당 해산에서 피청구인 대리인단을 이끌기도 하는 등,

간첩들과 공안 사범들을 변호함.

문재인은 2018년 7월 김선수를 대법관에 임명.】

얼마 후 학교 학생처장, 법대 동창회장 같은 분들이 면회를 와서 축하해 줬다. 경찰은 나를 유치장 밖으로 내보낼 수는 없으니 대신 그분들을 유치장 안으로 들여보내 축하할 수 있게 해줬다. 그분들이 소주와 안주를 가져와서 유치장 안에서 축하주까지 마실 수 있도록 해 줬다. 경찰 허가하에 외부인사가 유치장 안으로 들어와서 수감자와 함께 축하주를 마신 일은 경찰 역사상 전무후무한 일이라고 했다.

그 며칠 후 석방되었다. 군사재판에 이미 회부됐다면 석방은 불가능했을 것이다. 합격도 취소되거나 3차 시험 불합격으로 처리되고 말았을 것이다. 다행히 미결 상태였기 때문에 석방의 여지가 생겼다. 그 사법시험에서 경희대 합격자는 단 두 명이었다. 그중 한 명이 합격이 취소될 상황이라 학교 측은 총력을 기울여 구명 노력을 했다고 한다. 마침 그때 경희대 대학원장이 육사 1기 출신 김점곤 교수였다. 한국전쟁 때 평양에 제일 먼저 진입한 연대장으로 전사(戰史)에 기록돼 있는 분이다. 그분이 중대장일 때 육사 2기인 박정희 전 대통령이 밑에서 소대장을 했다고 한다. 그분이 계엄사 쪽으로 노력

을 많이 했다는 말을 들었다. 석방은 아마 그 덕택이었을 것이다. 덕분에 특별수사본부의 "참고인"도 끝났고, '계엄포고령 위반' 조사도 유야무야됐다.

【경희대 법대 동창회장이었던 윤종근 씨도 큰 역할을 했다. 수배령이 내렸을 때 문재인을 자택에 숨겨주기도 한 그는 문재인이 3차 면접에서 떨어지지 않도록 전력을 다했다. 그는 나중에 왜 그랬냐는 질문에 "소의 눈을 가진 정의롭고 똑똑한 학생인 줄 알았다"고 답했다. 결국 크게 후회했다. 2020년 1월 별세한 그는 사위 강항에게 "재인이가 공산주의자가 맞구나"와 "그때는 몰랐었다"라는 말을 남겼다.】

재인이는 2차 합격에 대해 이렇게 말한다.

2차 시험 합격도 운이 좋았다. 시험 전 마지막 두 세 달을 공부에서 손을 뗐기 때문에, 전형적인 시험문제들이 출제됐으면 합격이 불가능했을 것이다. 그런데 그해 2차 시험에는 전형적이지 않은 문제들이 많이 출제됐다. 특히 헌법 과목은 마지막 두세 달의 집중공부가 아무 소용없는 뜻밖의 문제가 출제됐다.

나는 헌법 과목에서 거의 최고 득점을 했다. 그것으로 나머지 과목의 낮은 점수를 만회해 간신히 합격할 수 있었다.

【재인이는 '전형적이지 않은 뜻밖의 문제'에 특화되었는가? 그것이 운이 좋은 것이었는가?

1968년 12월 김일성이 대남담당 공작원들과의 담화에서 한 말

"남조선을 가리켜 법치국가라고 하고, 또 법은 만인에게 평등하다 하지만 역시 돈과 권력의 시녀 노릇을 하는 것이 황금만능주의에 물 젖은 자본주의사회의 법조인입니다.

'유전무죄요 무전유죄라'는 말이 있듯이 판사, 변호사의 농간에 의해 사건이 뒤집히는 예가 허다합니다. 이것이 오늘 남조선의 법 실태입니다.

현지 당 지도부는 남조선의 이러한 법 체제의 미비점을 잘 이용해야 합니다.

중대한 사건일수록 법조계, 종교계, 언론계의 조직망을 총동원하여 사회적인 여론을 조성하고 사면팔방으로 역공을 펼쳐야 합니다. 그래야 법정 싸움에서도 우리가 승리할 수 있습니다."

김일성이 1973년 4월 대남공작 담당 요원들에게 내린 비밀교시

"남조선에선 고등고시에 합격되기만 하면 행정부, 사법부에도 얼마든지 파고 들어갈 수 있는 길이 열려 있습니다.

앞으로는 검열된 학생들 가운데 머리 좋고 똑똑한 아이들은 데모에 내몰지 말고 고시 준비를 시키도록 해야 하겠습니다.

열 명을 준비시켜서 한 명만 합격된다 해도 소기의 목적은 달성됩니다.

그러니까 각급 지하당 조직들은 대상을 잘 선발해 가지고 그들이 아무 근심 걱정 없이 고시 공부에만 전념할 수 있도록 물심양면으로 적극 지원해 주어야 합니다."

'거물 간첩 김용규 증언'이라며 인터넷을 검색하면 나오는 말이 있다.

"김일성 교시로, 김일성 장학금으로 서울에 고시원 10군데 만들어
한 군데서 1년 평균 6명씩, 10곳에서 60명씩 사법고시 합격했다.!
1980년경~2010년경까지(30년 동안) 서울에서만 1,800명 합격자
가 나왔다."

이것이 유언비어인지 사실인지 철저한 검증이 필요하다.】

* 너무나 비교되는 합격 수기 *

사법시험, 행정고시, 외무고시, 기술고시 등 합격 수기는 너무나
많다. 이들 수기에는 공통점이 있다. 독자가 보기에 '처절하게 공부
했구나'하는 안스러운 생각이 들고, 수험 생활의 고생이 역력히 느
껴진다. 마치 소풍 가는 것 같은 문재인의 합격 이야기와 너무나 대
조적이다. 합격 수기 하나를 소개한다.

네번째 복학, '서울의 봄', 사법시험 합격 **253**

自己琢磨의 結晶

權 泰 鎬
- 제19회 사법시험 합격
- 1954. 5. 29 충북 청원 출생
- 청주고 청주대학 졸업
- 서울지검·부산지검 검사
- 법무부 검사
- 청주지방검찰청 충주지청장

머리에

희망 아니 미래나 미지의 세계라도 좋다. 너야말로 유약한 인간을 웃기고 울리는 놈이다. 험난한 벽을 헐지 않고는 불가능한 너와의 해후(邂逅)를 인간들은 갈구한다. 그 댓가로 너는 우리에게 많은 변화를 강요한다. 그리고 변화된 상황에 능동적으로 대처하는 자에게 웃음을 선물한다.

그 웃음을 영구화시키지 않고 다만 완성 인간으로 향하는 도약대로 이용하는 너에게 매료된 우자(愚者)가 있었음을 알려준다.

아득히 멀어진 추억들이 한꺼번에 뇌리를 엄습해 오는 한 시점에서 주체할 수 없는 희열에 떨고 있는 자신을 보며 수많은 도움과 격려를 주신 여러분에게 감사를 드립니다.

합격 후 코페르니쿠스적 전회를 하는 많은 사람을 보아 온 나로서 합격 수기 부탁을 받고 난 지금, 인격과 실력을 겸비하고 많은 연륜을 쌓으신 선배님들께 비례(非禮)를 범하지 않나 하는 의구심과 합격 후 흔히 범하기 쉬운 과거 수험 생활의 미화 내지 과장의 우를 나 자신은 벗어날 수 있을까 하는 염려와 망설임 속에 같은 길을 걷고 있는 분들께 조금이나마 자극 또는 위안이 되었으면 하는 마음으로 수험 과정의 제 생활을 솔직히 적어보고자 합니다.

그렇게 갈망하던 S대 입학이 예기치 못한 병으로 좌절된 후 재수에 일루의 희망을 걸고 있었습니다. 건강 회복을 위해 집에서 쉬면서 재수 생활의 설계에 열을 올리고 있을 때 시골까지 친히 찾아 오셔서 재수를 만류하는 담임 선생님의 성의와 집안 사정을 고려하여 청주대학의 추가모집에 응했습니다.

갑작스럽게 변화된 환경에 대한 불만으로 구석 자리를 전세내고, 뒷길을 좋아하며 땅만 쳐다보는 맥빠진 생활이 서너달 계속되었습니다. 이러한 Complex를 해소하지 못한 채 연구실에 입실하게 되고 사시(司試)를 숙명처럼 받아들이게 되어 정신적 갈등은 더욱 심했습니다.

어인의(魚寅義) 교수님의 철저한 지도와 대선배님들의 위엄에 눌려 젊음을 마음껏 구가하는 제동이 걸렸지만 도량이 넓으신 선배님들의 보살핌 속에 따스한 인간애를 만끽할 수 있었습니다.

대학에서는 공부보다 주색잡기가 선행한다고 외치면서 Technique 전수에 아낌없는 투자를 하시는 선배님들과의 공동 생활이 저로 하여금 대학 4년을 한꺼번에 경험하게 한 것입니다. 뿐만 아

네번째 복학, '서울의 봄', 사법시험 합격 **255**

니라 겹치기 출연을 한 circle 활동이 고달픔을 가르쳐주기는커녕 개근으로 귀결되어진 freshman 시절이었습니다. 고시에 대한 피상적인 인식을 벗어나지 못하고 막연한 동경 속에서 헤맨 1년이었습니다.

거리에다 뿌리는 시간의 아까움과 경제적 안정을 위해 연구실을 떠나기로 했습니다. 기말 시험 종료와 함께 입주 arbeit 생활이 시작된 것입니다. 마음만으로의 고시 공부가 황금의 겨울방학까지 연장되어서는 안 되겠다는 강박 관념에서 고대하던 법서, 즉 헌법(문홍주), 민총(곽윤직)을 구입했습니다. 동도의 학교 선배, 동료들과 어인의 교수님의 민총특강(民總特講)을 듣는 것으로부터 실질적인 수험 생활이 시작된 것입니다. 이때 시간당 5page의 예습으로 30 page 독파가 하루의 성과였습니다. 영어는 민총과 병행했는데 대입용 참고서 한 권을 가지고 순번을 정하여 일일 선생을 하는 방식으로 공부하였습니다. 장소는 연구실이었는데 넓은 교실에 낡고 냄새나는 연탄 난로 두 개로서 몰아치는 북풍을 감당한다는 것은 도저히 불가능한 것이었습니다. 그러나 같은 처지의 동료나 선배님들의 총화된 열기에 기세를 부리던 강추위도 고개를 떨구었습니다.

우물안 개구리

민총 3회독, 물권법 3회독, 헌법 2회독, 영어를 약간 보는 것으로 기나긴 겨울방학을 마쳐갈 무렵 뜻하지 않은 시련에 봉착했습니다. 종산벌채(宗山伐採) 관계로 부친의 구속이라는 벼락이 떨어진 것입니다. 학비 전액 면제의 혜택을 입으면서도 arbeit를 해온 저로선 어찌할 바를 몰랐습니다. 입주를 하고 있었기에 외면적인 급변이 없었던 것은 불행 중 다행이었습니다. 시골집 방문이 가물에 콩나듯 하였고 그것도 오후 11시가 넘어 도착할 때가 많았습니다. 그때마다 훤하게 불이 켜진 마당에 비치는 어머님의 분주한 거동이 나의 눈시울을 뜨겁게 하곤 했습니다.

모든 것을 팽개치고 흙과 씨름하면서 부모님의 고충을 함께 나누고 싶은 충동, 집 밖에서의 나태한 제 생활에 대한 양심적 가책이 저를 동요시켰습니다.

저 때문에 중학 진학을 포기한 여동생을 비롯하여 어린 세 동생을 생각하면서 평범한 생활을 박차고 어떠한 고행도 감수하리라 다짐했습니다. 이 당시의 극한 상황을 함께 나누며 가까이 지내던 친구 M군과 과우(科友) 그리고 친족들에게 감사드립니다. 이때 읽은 「적극적 사고 방식」「이기려면 버려라」라는 책은 물론 부친의 문제(9월에 선의의 해결), 피지도(被指導) 학생의 예측불허한 외출 등 정규를 벗어난 행동, 오르지 않는 성적 등의 입주생의 고충을 감내하는 데 힘이 되어주었으며 이러한 상황에서 공부할 용기를 얻었습니다.

그해 겨울에 있었던 17회 1차에 응시할 용기가 어디서 나왔는지 모릅니다. 학교 강의와 관련하여 읽은 헌법 3회독, 지난 여름 방학 내내 읽은 민법 2회독, 형총 5회독, 형법각론 2회독 정도로 기본법에 대한 이해도 부족할 뿐만 아니라 기타 과목도 기본서 1~2회독에 얄팍한 문제집 한 두 권으로 대처하려 했던 우물안 개구리의 결과는 명약관화한 것이었습니다.

고시 경력 3~4년의 선배님에게나 알맞는 특유의 style을 초심자인 내가 그대로 모방한 것, 수향거사(守鄕居士)를 뵙겠다고 찾아오는 타향 인사를 거절하지 못하는 개방적인 성격, arbeit 등으로 인한 충분한 시간 확보(평균 11시간)도 하지 못한 것에 패인을 돌리며 새로운 돌파구를 모색하고 있었습니다. 이때 지방 학생의 불리한 조건을 합심해서 극복하고자 행시 4명, 사시 4명 등 8명이 팔기회라는 모임을 74년 11월 11일에 결성한 것입니다. 팔기회원들은 이후 거의 생활을 같이 하다시피 하고 좋은 책을 권하며 서로의 Counselor가 되어 고시 여정(考試旅程)에 나타나는 어려움을 헤쳐 갈 기초공사를 다질 수 있었습니다.

열리기 시작한 門

좁은 시야를 넓히고 지금까지의 얽매인 생활에서 벗어나고자 발버둥치다 보니 하나의 계기를 포착했습니다. 즉 홍신희 교수님, 어인의 교수님의 노력과 정석규 학장님의 배려로 2년 여를 계속해 온 아르바이트 생활에 종지부를 찍게 된 것입니다. 이때가 1975년 5월이었습니다. 즉시 1학년 때에 나를 성장시켰던 청석고교 뒷편에 자리잡은 연구실에 들어갔습니다. 이어서 펼쳐진 대학의 꽃, 축제에 참가하여 조그만 트로피를 차지하는 만용도 부렸습니다. 유난히도 더웠던 그 해 여름은 차갑기로 소문난 우물물로 맛사지를 하거나 금녀구역(禁女區域)에서 저절로 이루어지는 스트립쇼(?)를 하면서 보냈습니다. 한창 뜨거운 오후 2~3시 경에 있었던 친구 A군과의 탁구 시합도 더위를 잊는데 도움이 되었습니다. 달밤의 축구 시합, 잦은 술자리와 진지한 인생 토론, 2~3인조의 풍기순찰(風氣巡察) 등이 인상적이었던 연구실 생활이 타성화 되려하기에 장소를 변경할 생각을 했습니다. 그 뜻은 1975년 11월부터 다음 해 2월까지 3개월 간 서울 수유리에 있는 조양독서실에서 이루어졌습니다. 이때의 생활은 제 수험 과정에 있어서 가장 보람 있고 순수했던 것 같습니다. 서울 생리의 체득과 고독한 전진의 위대성이 증명된 시기였습니다. 도보로 10분 정도 걸리는 숙부님 댁에 기거하면서 독서실을 다녔습니다. 오전 6시 기상, 30분 정도 맑은 공기와의 대화, 그리고 1시간의 아침 공부를 마친 다음 독서실로 향한 발걸음은 마냥 가벼웠습니다. 점심시간은 오후 3시였습니다. 한동안 지난 후에는 점심 식사 동지가 생겼지만 처음에는 저 혼자였습니다. 그래서 소화를 돕고 자연스러운 분위기 조성을 위해 식사와 신문 보는 것이 동시에 끝나도록 계획을 짰습니다. 책상 위에서 약간의 잠을 청한 후 오후 10시에 독서실 문을 나설 때의 뿌듯함은 영구히 간직하고 싶은 것이었습니다.

그간에 각 과목 기본서 1회독, 문제집 2~3권을 3~4회독씩 마치고 자신감이 충만한 가운데 치른 18회 1차였습니다(편집자 주 : 문재인이 대학교 3학년 겨울방학 때 치른 사법고시 1차). 그러나 가까스로 합격한 것을 알았을 때 시험 당일의 강추위에도 없었던 소름이 온몸에 끼쳐 올랐습니다. 어려운 여건 하에서 제 뒷바라지를 맡으셨던 숙부님 내외분께 깊이 감사드립니다.

이때 2차를 응시하는 것이 사법시험을 모독하는 것 같아 포기하려했습니다. 다음 기회를 위한 준비 자료를 얻기 위해 1차 발표가 있은 다음 20여 일간 단권으로 되어 있는 과목 몇 가지만 2회독씩 하고 법전을 참조하면서 실력 과시 아닌 성실표시(誠實表示) 같은 답안을 작성한 후 조금도 손을 대지 못한 것이 없다는 식으로 자위하는 어리

석음을 보였습니다. 원래 모르는 것이 절대적으로 더 많은 시기였으므로 실패는 예정된 코스였지만 어쩌면 하고 요행을 바라는 유약한 인간의 욕망을 가졌으나 이것을 짓밟아 버리는 공평한 결과엔 숙연해지지 않을 수 없습니다. 그러나 과락 없이 평균 48점이란 나에게는 분에 넘치는 소득이어서 19회 합격에 고무적인 결과를 얻었습니다.

당연한 실패임을 너무나 잘 아는 저에게 보내지는 주위의 눈초리가 두려웠습니다. 관념상 길게 느껴져야 할 6개월이 쉽게 지나간 것은 다행한 일이라고 할까? 그 간에 세 번의 학교 시험, 군대 문제 해결, 졸업논문 작성, All night를 저에게 가르쳐준 여행이 있었습니다.

이 당시에 애독한 고 김홍섭 판사님의 유집(遺集) 「무상(無常)을 넘어서」는 저의 인격 수양과 수험 생활 등 모든 면에서 진실한 안내자가 되어 주었습니다. 법조인과 종교인들은 물론 수험생에게 일독을 권하는 데 주저하고 싶지 않습니다.

1976년 7월 10일, 다시 나그네의 길을 자청했습니다. 전에 효과를 본 조양으로 갔습니다. 전과는 다르게 밤공부로바꾸었으나 15일 만에 환원하지 않으면 안 되었습니다. 전 과목 1회독을 위한 몸부림이 빚어낸 눈병으로 인한 안과 신세만 지다가 청주로 내려오고 말았습니다.

뜻하지 않은 복병의 출현에 고심하면서 가벼운 마음으로 행정법을 넘기던 중 법률 과목에 대한 체계적인 인식을 어렴풋이나마 하게 된 것이 이때였습니다. 안타까운 상황에서 얻은 이것이 19회 합격의 원동력을 이룰 줄은 꿈에도 몰랐습니다. 이후부터는 전에 어렵던 부분의 이해가 잘 되고 항상 새로운 것을 대하는 지적 희열을 느끼곤 했습니다.

조급한 마음에서 20여일 간의 부족한 휴양을 끝내고 공기 맑고 조용한 안양법률연구원에서 2개월을 보내기로 했습니다. 서울에서의 고전을 여기서 재연할 줄을 그 누가 알았으랴? 서울대학병원 신세를 지면서 1개월을 허비하고 나니 눈 앞이 캄캄해졌습니다. 굳은 결심과 세밀한 계획을 세웠지만 상황이 이렇게 되고 보니 그것이 오히려 나에게 강박관념을 더해 주었습니다. 같이 공부하던 팔기동지(八起同志)들의 추상같은 호령과 아기자기한 격려, 각지에서 날아드는 친구들의 편지 세례 속에서 나머지 1개월간 4과목의 기본서와 문제집을 정성들여 일독했습니다. 이때 토론을 통해 많은 지도를 해주신 R 형님의 애석한 실패를 통탄하며 차기 합격을 기원합니다.

시험 연기 발표 후 여유를 찾는다고 일주일을 소비하면서 서울대학 주최 학술 논문 발표 대회에 참가, 가작 입선한 것은 나에게 합격에 대한 자신감을 더해 주었습니다. 경제 사정 때문에 집에서 생활하기로 하고 하향하여 졸업 시험을 끝냈을 때 갑자기 좋은 소식이 있었습니다. 어 교수님의 주선과 김기선 교수님의 각별한 배려로 해인사 원당암(海印寺 願堂庵)에서 공부할 수 있는 기회를 얻게 된 것입니다. 이곳에서 명문 출신 선배들과 같이 하는 공동 생활은 저의 안목을 넓히는데 결정적으로 기여했습니다.

토론 없는 자기 위주 공부의 위험성을 실감하였고 냉철한 자기반성만이 합격의 지름길이며, 화려한 과거의 영광에 사로잡혀 현재의 생활을 경시하지 말아야겠다는 것을 배웠습니다. 또 남에게 보이기 위한 것이 아닌 자신에게 부끄럽지 않은 성실이 객관적 지위보다 중요하다는 것을 인식했습니다. 여기서도 눈 때문에 고생을 했으나 같이 생활하던 선배·동료들의 따뜻한 보살핌과 혜은(慧恩) 스님의 염려로 위기를 넘기고 전 과목 문제집 1회독과 민법 기본서 1회독을 마쳤습니다.

그러나 해인사 생활이 고시 합격과 인간 도리의 갈등 속에서 끝을 맺을 때의 아쉬움은 이루 말할 수 없었습니다.

갑작스러운 청주(淸州) 귀환(歸還)으로 허둥대던 중 우암동(牛岩洞) 아주머님의 특별한 배려로 밝고 조용한 곳에서 마지막 정리를 할 수 있게 되었습니다. 졸업 전까지 3주간의 방황이 있었지만 4일 간의 감기 공세를 마지막으로 나머지 1개월 간은 평균 15시간의 작전을 아슬아슬한 순간을 넘기면서 성공적으로 끝내고 Stand까지 서울로 수송하는 극성을 피우면서 치른 19회 2차는 소나기가 내리는 가운데 막을 내렸습니다.

군더더기 말

기라성같은 선배님들에게 저 같은 애송이가 무슨 할 말이 있겠습니까만, 천진난만한 3살 먹은 어린아이의 솔직한 대화에 귀를 기울여 주시길 바라면서 제 생활 단상을 적어 보겠습니다.

(1) 오뚝이 철학

수백 번을 넘어뜨려도 계속해서 일어나는 불굴의 의지로서의 오뚝이 철학을 얘기하려는 것이 아닙니다. 잠이 깬 후 일어날까? 말까? 생각하지 말고 오뚝이처럼 오뚝 일어나서 옷을 입고 밖으로 나가는 생활 습관을 그렇게 명명하겠습니다. 특히 겨울에 이불 속에서 일어

나느냐, 계속 누워있느냐 하는 사고 투쟁에서 후자에게 승리의 월계
관이 씌워지는 것이 인간이 지닌 약점의 하나라고 볼 때 이의 탈피
에 오똑이 철학은 특효약이 아닌가 생각됩니다.

(2) 규칙적인 생활

생활의 Rythme을 거슬리지 않으려고 노력했습니다. 전날 밤에 늦
게까지 술자리가 마련되었거나, 인생상담소가 개설되었다 할지라도
다음 날 기상 시간을 어기지 않으려고 몸부림쳤습니다. 또 아침 공부
는 못할지라도 아침 운동은 거르지 않았습니다. 「잠자는 시간을 아까
와 하지 말라! 눈을 뜬 시간에 문제점이 있다」는 판사님의 Advice를
신봉했습니다(매일 평균 낮잠 포함하여 7시간 자고 12시간 공부함).
저녁 12시가 취침 시간이었는데 좀 더 공부하고픈 욕망을 억제하면
서 잠자리에 드는 영단(英斷)을 내린 적이 한 두 번이 아니었습니다.
경제 사정이 여의치 못한 저에게는 아침 운동과 사이사이의 심호흡,
물구나무서기, 윗몸 일으키기와 요가 중의 일부 동작을 흉내내는 것
은 규칙 생활과 함께 건강 유지에 불가결한 것이었습니다.

(3) 자기합리화 방지와 공부 실적 기록

매일의 시간을 새벽·오전·오후·밤으로 4등분하여 각 부분의 목표
시간을 정해 놓고 그 날에 공부한 시간과 공부량을 적어나갔는데 자
기 생활 통제와 반성에 많은 공헌을 했습니다.

또 자기합리화 방지에 주력했습니다. 지난해 눈병으로 애태울 때
떨어져도 할 말이 있다는 안도감이 저를 엄습해 왔습니다. 그때 저
는 생각했습니다. 만약 실패할 경우 눈병을 변명의 구실로 삼지 않

는다. 오히려 그러한 난관이 있었음에도 불구하고 합격하는 무서운 사람이 되어야 한다고 나 자신을 격려했습니다.

특히 지방대생의 경우 지방이라는 핸디캡, 즉 교수진이 미약하고 출제 위원이 서울에 편중되어 수험 정보에 어둡다는 등 불평들을 하는 데 이것은 잘못하면 자기 기만 이나 핑계 이상의 의미를 갖지 못하니 주의하십시오.

(4) 생활의 단순화

생활의 단순화는 절대 필요합니다. 그러나 지나친 생활의 단순화는 오히려 실패의 원인이 된다는 것을 명심하셔야 됩니다. 왜냐하면 고시 공부와 인격 도야는 병행되어야 올바르고 폭넓은 사고를 가진 법조인이 될 수 있기 때문입니다. 나는 고시 공부를 하니까 모든 것에서 떠나야 한다고 주장하면서 행하는 과잉 자기 통제가 비능률적일 수도 있다는 것을 경계하는 것입니다.

(5) 기타

Warming-up이라는 생각을 버렸으면 합니다. 공부한 기간이 짧다, 실력이 모자란다는 등의 월권(越權)이 포함된 자기 판단을 근거로 시험을 포기하거나 참가하는 데 의의가 있다는 식의 응시는 삼가는 것이 바람직합니다. 공부한 양의 다과(多寡)에 불구하고 그때까지의 자기 능력을 최대한 발휘해 보겠다는 자세로 시험에 응한다면 좋은 결실이 약속될 것입니다. 저의 경우 이번 시험에 많은 회의를 느끼다가 마지막 한 달을 남겨두고 전과(前過)를 뉘우치고 떨어질 때 떨어지더라도「최선을 다하자」면서 자신감을 가지고 공부했는데 이

것이 의외로 좋은 성과를 올렸습니다. 부끄럽습니다만 참고로 지난해 평균 48점이었던 제가 올해는 평균 57.87점으로 석차 20위로 합격한 것을 알려드립니다. 응시 경험은 차기 응시에 많은 도움이 됩니다만 타성화되지 않도록 신중을 기하십시오.

맺으면서

부채 많은 여정에 종지부를 찍고 수혜(受慧)로운 인생의 출발을 가능케 해 주신 여러분께 고마움을 전합니다.

어려운 상황에서 못난 자식을 위해 밤낮이 없고 심지어 끼니를 거르면서 헌신하신 부모님들께 영광과 은공을 드립니다. 대학 4년 동안 변함없이 이끌어 주신 정석규 학장님 이하 법·행정학과 교수님들 야전군 사령으로서 수고하시는 어인의 교수님 영전에 삼가 조의를 표합니다.

모든 어려움을 함께 하여 서로가 수족(手足)이 되어 헌신적으로 도와준 팔기회원(八起會員)들에게 무한한 감사를 보내며 홍형의 합격을 축하하고 타 회원들의 애석한 실패가 차기의 합격으로 승화되길 기원합니다. 그리고 홍·이·우군의 건투와 학교 후배들의 분발을 촉구합니다.

변변치 못한 담담한 글을 끝까지 읽어 주시고 당돌한 저의 비례(非禮)를 너그러이 용서하시는 동도 제형들의 소원 성취를 굳게 믿으면서 글을 맺습니다.

*　　　*　　　*

다섯번째 이야기

비밀 감찰관(監察官)
문재인

다섯번째 이야기

* * *

비밀 감찰관(監察官) 문재인

이어 문재인은 '변호사의 길로'라는 소제목으로 사법연수원을 수료하고 변호사가 되었다고 간략히 기술한다.

변호사의 길로

사법연수원 시절은 평탄했다. **생소한 법률 문장과 판결문 문제도 별로 어렵지 않게 익숙해졌다.** 적은 액수이지만 봉급을 받게 돼 처음으로 경제적 자립을 했다. 아내와 결혼하고, 첫 아이를 낳았다. 처음 만난 때로부터 만 7년, 긴 연애 끝의 결혼이었다.

---------------- (중략) ----------------

시위 전력으로 결국 판사 임용이 안 돼 변호사의 길로 나서게 됐다. 그때 나만 판사 임용이 안 된 게 아니었다. 연수원 동기 중에 여

성이 딱 2명 있었다. 그중 한 명이 연수원 전체 3등으로, 대한변협 회장상까지 받았다. 그녀의 아버지가 반공법 위반으로 복역 전과가 있고 보호관찰 대상자라고 했다. **연좌제가 없어진 후였는데도 아버지의 반공법 전과 때문에 판사 임용이 안됐다. 그 때문에 다른 여성 동기와 함께 검찰로 갔고, 둘이 사상 첫 여성 검사가 됐다.**

심지어 그때 법원은 소아마비 장애가 있는 동기생 4명을 임용에서 제외해 엄청난 여론의 비판을 받기도 했다. 결국 법원은 3개월 후에 그들을 판사로 추가 임용하는 것으로 손을 들었지만, 당시 법원의 의식 수준이 그 정도였다.

그런 것들을 보면 내가 판사로 임용되지 않은 것이 외압 때문은 아니었다. 법원, 특히 대법원의 시대에 뒤처진 의식이 <u>스스로 낙후된 결정을 내리게 한 것이다.</u> 그래서 어쩔 수 없이 변호사의 길로 들어서게 됐다. 그 길목에서 노무현 변호사를 만났다.

내가 변호사가 된 그 모든 과정들이, 결국은 노무현 변호사를 만나기 위해 미리 정해진 운명적 수순처럼 느껴진다.

문재인은 자서전 1부 만남에서 '첫 만남'이란 소제목의 글에서 검사로 임용될 수 있었는데도 변호사가 되어 부산으로 내려간 과정을 밝힌다.

첫 만남

1982년 8월, 사법연수원을 수료하면서 판사를 지망했다. **연수원 성적이 차석이어서, 수료식에서 법무부장관상을 받았다. 사법고시 합격자 수가 많지 않은 때여서, 연수원을 마치면 희망자 전원이 판사나 검사로 임용됐다.**

그래서 판사에 임용되지 않을 것이라는 생각은 미처 하지 못했다.

【운이 좋아 합격했다고 했으니 문재인은 합격자 가운데 등수가 상위권은 아니었을 것이다. 연수원 졸업 성적은 사시 2차가 3분의 1, 연수원 성적이 3분의 2이다. 연수원 성적이 차석이라는 말은 연수원 시험 성적만은 수석이었다는 말인가? 확인이 필요하다.】

--------------- (중략) ---------------

당시 법원행정처장은 내가 학교 다닐 때 민사소송법을 가르쳤던 은사였다. *검찰에서는 받아들여 줄 것이라는 이야기가 있자, 그분은 내게 우선 검사로 임용 받을 것을 권유하기도 했다. 검사로 임용받아 2~3년간 근무하면 임용 불가 딱지가 떨어 질테니 그때 판사로 전관(轉官)하라는 것이었다. 그렇게까지 하고 싶지 않았다.*

【먼저 검사로 임용되어 판사로 전관하는 것이 무리수인가?】

할 수 없이 뒤늦게 변호사 개업으로 방향을 바꾸었다. 연수원을 마친 사람이 전원 판·검사로 임용되던 시기여서, 바로 변호사 개업을 한다는 것은 아주 희귀한 경우였다. 성적도 괜찮았던 덕에 금세 소문이 돌았다.

【연수원 졸업 성적이 차석이라면서 '우수한 성적'이 아닌 '괜찮았던'이란 표현을 쓰는 것이 이상하다.】

지금처럼 로펌이 많은 시절이 아니었는데도 〈김앤장〉을 비롯해 괜찮은 로펌 여기저기서 스카우트 제의가 들어왔다. 몇 군데 만나 제안을 들여보기도 했다. 조건이 좋았다.

보수도 파격적이고 승용차도 제공해 준다고 했다. 3년 정도 근무하면 미국 로스쿨로 유학도 보내 준다고 했다. 잠시 솔깃했다. 하지만 내가 생각했던 변호사 상(像)과 너무 달랐다. 대학 시절 학생운동을 했기 때문만은 아닐 것이다. 내가 그렸던 법률가 상은, 꼭 인권변호사가 아니더라도 보통 서민들이 겪는 사건들 속에서 억울한 사람을 돕고 보람을 찾는 모습이었다. 이건 좀 아닌 듯했다. 그때 로펌의 스카우트 제의를 받아들였다면 전혀 다른 삶을 살게 됐을 것이다. 국제변호사나 기업 전문 변호사, 뭔가 고급스러워 보여서 오히려 내키지 않았다.

【영어가 제로인 재인이에게 미국 로스쿨 유학은 오히려 부담이었을 것이다. 검사가 되지 않은 것, 〈김앤장〉으로 가지 않은 것 모두, 형편없는 법률 지식이 탄로 날까 두려워한 때문이 아니었을까?】

그냥 보통 변호사의 길을 가기로 했다. 이왕 그렇게 한다면 어머니도 모실 겸, 아예 부산으로 가는 게 좋을 것 같았다. 별 주저는 없었는데, 잠시 고민이 됐던 건 아내에 대한 미안함이었다. 음대를 나온 아내는 그때 서울시립합창단 합창단원으로, 서울에서 직장 생활을 하고 있었다. 대학 시절부터 내가 구속되는 걸 지켜보며 면회도 오곤 했던 아내는 부유함을 꿈꾸는 여자는 아니었다. 사법고시 된 것만으로도 충분히 고마워했다. 그렇다 해도 서울에서 좋아하는 일을 하고 있는 서울 여자에게 부산으로 가자고 하니 미안했다. 다행히 동의해 줬다.

그렇게 해서 만난 게 노무현 변호사다.

【왜 어머니를 모시러 부산으로 갔다고 사기칠까? 이후 어머니란 말도 나오지 않는다. 문재인은 변호사사무소 사무장 노릇했지 실질적인 변호사 활동은 하지 않았다. 문재인이 찾아온 이후 노무현은 시국 사건 변호를 열심히 했다.】

* 표병관 수기 *

문재인을 이해하는 데, 표병관 선생의 수기가 도움이 될 것이다.

 -남로당 경남 의령지부장 지낸 아버지, 中2학년부터 공산주의 사상
  학습
 -전교조 필두로 영화산업·문학·역사업자, 反한국 헤게모니 성공
 -1986년 '공산주의의 조국' 소련의 현실 시찰한 뒤 너무나 억울
 -미제 식민지란 서울의 거리가 너무나 아름답고 싱그러워져 갔다.
 -자유민주주의자들의 목소리에 내 목소리 보탤 것을 맹세한다.

오늘날 수구꼴통이라 불리는 자유민주주의자들이 문재인 정부에 의한 자발적인 적화를 우려하면 자칭 진보적 시민들이 반응하는 말이 있다. "이것이 적화라면 살만하네" 이 말에 자유주의자들은 경악하겠지만 어린 시절 학창 시절 철저하게 공산주의 교육을 받은 나에겐 퍽이나 친근하게 들리는 소리다. 미국의 식민지라 생각한 대한민국 서울에 대학 공부하러 올라온 내가 자신에게 던진 말이랑 같다. "미국 식민지가 이 정도면 살만 하네" 이 말을 아버지에게 했다가 태어나 두 번째로 뺨을 많이 맞았다.

아버지는 1921년생, 남로당 경남 의령 지부장으로 해방 후 한국에서 일어난 첫 번째 '광주사태'인 10·1 폭동을 주동했다고 사형선고를 받은 분이다. 물론 장시간 도피와 도망자로, 또 위기의 순간마

다 당신을 구해준 아내이자 내 어머님의 목숨을 건 재치로 살아 남으셨다.

그 댓가로 어머님은 한겨울에 몽둥이 찜질과 권인숙보다 더 혹독한 고문을 받으셔야 했다. 그럼에도 세월이 흐른 뒤 어머니는 자신을 고문한 경찰에 대한 원망보다 석방되던 날 남편 없이 아이를 키운다며 쌀 한 가마를 보내준 경찰서장의 마음을 더 진하게 간직하고 계신다.

1961년생인 나는 중학교 2학년인 시절부터 아버지에게 정치학습을 매몰차게 받았다. 공산주의 사상을 기반으로 훗날 조국 통일의 일꾼으로 쓰기 위한 훈련이었다. 대구 남산동에 살던 나에게 아버지의 전력을 아는 집안이나 동네의 또래 아이들은 나를 향해 빨갱이 아들이라고 놀리곤 했다. 그때마다 난 오히려 더 서슬퍼런 얼굴로 "우리 아버진 영웅이다"라고 외쳤다. 그리고 나는 아이들을 대한민국에 세뇌된 무(無)개념의 '얼라'로 취급하였다. 당시 나는 학교에서 나누어 주던 반공 방첩 리본을 내동댕이치는 호기어린 모습을 주변아이들에게 보여주기도 했다.

교육청에서 실시하는 백일장 대회의 글쓰기 제목이 "이승복 어린이"면 난 당당하게 나의 주장을 펼쳤다.

"공산주의란 경제적 개념인데 한낱 어린 국민학생인 승복이가 공산주의 경제를 어떻게 알고 무작정 싫다고 외치다 죽었겠느냐? 대한민국 박정희의 무서운 세뇌공작으로 인해 승복이가 죽었다"며 열변을 토했다. 선생님에게 맞고 친구들에게 욕도 먹었지만 이런 일로 정보부에 끌려가지는 않았다. 당시 간첩 사건이 터지면 정보부 사람들이 구둣발로 우리 집으로 들어와 온 장농과 책상 서랍을 뒤졌지만 당돌하게 대항하는 나에게 어떤 제재도 가하지 않았다.

동네 친구들에게 김일성은 다수를 위한 독재지만 박정희는 재벌, 군벌, 문벌 등 소수 특권층을 위한 독재라고 주장하여도 큰 문제는 없었다. 돌이켜 생각해 보면 박정희는 형식적인 민주주의는 추진했다고 볼 수 있다. 박정희 집권 시기 민주당 전 대표 김한길의 아버지인 김철을 사회당 대표로서 1974년 영국의 세계 사회당 기구 지도자 회의, 1977년 동경에서 개최된 사회주의 인터내셔날 지도자 회의에 참석 시킨걸 보면 박정희의 독재는 상당히 열린 독재로 보여졌다.

1975년부터 아버지와 재일교포 아저씨(조총련)의 교육은 참으로 치밀하고 깊이가 있었다.
당시 조총련을 비롯한 공산주의자들의 핵심사업은
첫째, 용어 전술로 남쪽을 공략하라
둘째, 역사를 무기화하라였다.
이 두 가지 역점 사업은 완벽하게 성공하였다.
우선, 이들은 정치집단에 보수와 진보란 용어를 차용했다. 진보의 반대는 보수가 아니고 퇴보기에 이러한 용어를 남쪽이 수용하는 순간 대한민국의 국민들이 인민화되는 건 부지불식간이란 것이다.

진보정치란 말은 세상에 없는 말이다. 사안에 따라 전통을 따라야 할 게 있고, 뛰어넘어야 할 것이 있다. 과거 한때 공산주의 사회주의를 진보라고 부른 적이 있지만 20세기 말에 이것을 진보라고 부르는 사람은 없다. 북한이나 소련이 대한민국, 미국보다 더 진보적이라고 생각하는 사람은 없을 것이다.

노무현이 연세대학에서 "어떤 놈의 보수를 가지고 와도"란 표현에도 입을 닫고 있는 대한민국 정치인을 보면 "참으로 적화가 늦어지고 있구나"란 생각과 함께 대한민국 사회가 정치부재란 판단을 하게 되었다.

노무현이 언급했듯이 "자기처럼 머리 좋은 사람이 대학 못가는 사회가 건강하냐?"는 말에 분명히 대답해야 한다. "노무현 당신의 생각보다 대한민국은 훨씬 더 건강하고 위대하다"고. 상고 나온 사람을 국회의원, 장관, 대통령으로 시켜준 나라가 바로 대한민국이다. 노무현이 북한에 태어났다면 결코 김정일, 김정은 자리에 갈 수 없을 테니 말이다. 정치학습이 턱없이 부족한 노무현이 대통령 임기를 마친 시점에 진보라는 것이 용어 전술의 허구라는 것을 알아차렸으리라 생각한다.

역사의 무기화는 단 한마디로 친일파와 반일주의를 기점으로 친미파 미제국주의로 확장해 나가는 것이다.

"역사란 모두가 현대사일 뿐이다"란 말은 현대 역사가들의 공통된 인식이다. 역사란 "일어난 역사"가 아닌 "쓰여진 역사"기 때문이다. 특히 국사라는 거울은 백설공주에 나오는 마녀가 보는 거울일 뿐이다. 한국의 국사 교육은 민족이란 단 하나의 개념에 의거해 역사를 파악하는 것을 당연시해왔다. 친일행위를 개인의 악이 아니라 한 시대의 불행으로 인식해야 함에도 늦게 태어났다는 것만으로 100년 전의 사람들을 일방적으로 비판과 심판을 일삼는 남쪽 국민들을 보면 황당하기도 했다.

하지만 북한의 역사를 무기화하는 전략이 남한 사회에 먹혀 가는 걸 보면 혀를 차게 한다.

햇볕정책으로 청바지와 자유가 북한에 들어가면 김정일 정권이 무너진다는 건 완전한 착각이다. 2차 대전 당시 할리우드 영화가 일본에서 인기였고, 나치 조종사가 전투기 동체에 미키마우스를 그려 전장으로 간 이야기는 유명하다. 그렇다고 일본과 독일 정신이 미국에 물들지 않았다. 이것은 지금도 적용된다. 북한보다 훨씬 자유로운 남한의 경우 1998년 일본의 문화 수입이 자유롭게 된 뒤부터 반일감정은 더욱 증폭되었다. 바로 최상층에 있는 북한 세력이 문화운동을 전방위로 전개한 정치공작이 유효했기 때문이다.

이러한 공작은 쉽게 통일전선전술이라 말할 수도 있지만 기존의 통일전선과는 판이하게 달랐다. 통일전선은 소수파에 놓여있는 집단이 상대편의 세력을 약화 또는 고립시키기 위해 이해관계가 같은 계층이나 집단이 정치적으로 협동하는 공산당의 전통적인 전술이다. 그러나 남한에서의 전술은 사회공산주의란 이해나 동조가 없더라도 역사란 과거의 힘으로 정의를 정당화하고 사기적인 역사로 역사에 위배된 자를 배제시킴으로써 통일전선을 완성하는 것이다. 가히 업그레이드된 통일전선이다.

남한의 경우 전교조를 필두로 영화산업, 문학, 역사업자들의 입체적인 운동이 자신들도 모르게 무기가 되어 한국 정신이 가질 자부심을 파괴하고 反한국 역사란 무기가 한국 사회에서 헤게모니를 잡는 데 성공한 것이다.

1975년부터 1980년까지 "아름답지 않은 것은 공산주의일 필요가 없다"고 믿으며 난 10대 중후반에 세계가 사해동포주의에 입각한 사회주의를 건설하는 기수가 되겠다는 생각을 마음에 문신처럼 새기고 있었다.

그런 나의 마음에 빨간불이 참으로 빨리 켜졌다. 1980년 5월 광주사태였다.

아버지와 그의 동료들은 모여 미국이 광주를 도와주기 위해 항공모함을 끌고 온다는 얘기를 전파하고 나에게 은밀한 지령을 내렸다. 그것은 당시 20살이란 내 나이에 받아들이기엔 너무나 힘든 일이었다.

나에게 주어진 임무는 경찰이 사용하는 곤봉으로 대전에 사는 운동권 대학생을 피투성이가 되도록 린치를 가하라는 것이었고 그로 인해 학생이 사망해도 무관하다는 것이었다.

아버지는 광주사태를 대전 등 전선을 전국으로 확대하기 위해선 반드시 필요한 과업이라 했지만 난 선뜻 받아들일 수 없었다.

이 사실을 알게 된 어머니는 당분간 집에 오지 말고 여행이나 친구 집에 있으란 말로 아들을 보호하였다. 아버지가 내 앞에서 백번도 더 되풀이하신 "목적을 위한 수단은 그 어떤 것도 정당하다"란 말씀에는 늘 맞장구치며 머리로 수긍했지만 막상 주어진 임무에는 난 손가락하나 까딱할 수 없었다. 목적을 위한 모든 수단이 정당하다는 말이 괴물처럼 들렸기 때문이다.

광주사태를 지금은 민주화운동이라고 부른다. 이것을 민주화운동이라 명명하면 전두환의 신군부를 비난할 수 없는 일이 된다는 걸 모르는 건지 개의치 않는 것인지 사뭇 궁금하다.

민주화 운동이라면 사전에 모의하고 작당하며 비전을 제시해야 한다. 그건 신군부의 주장을 도와주는 일임에도 불구하고 5·18 단체는 겁 없이 민주화운동이라 말하고 이젠 사전모의를 했다고도 언급하는 지경이 되었다. 가히 혁명의 만조기를 넘어 지배하는 양상이다.

5·18은 북한의 역사이기도 하기에 광주의 유족들은 대한민국적인 감성도 발휘되지 않는다. 5·18의 희생자는 군인이든 민간인이든 현대사의 피해자다. 우리 정서로 이해할 수 없는 광주정신은 아직도 5·18 희생자인 군 사망자 23명, 경찰 사망자 4명의 위령제를 지내지도 않고 있다. 그들을 5·18 희생자에 함께 포함시키지도 않고 있다. 이런 처세는 대한민국에서 결코 보편적이고 상식적이지 않다.

그러나 우리의 정서가 아닌 북한정서로는 충분히 가능한 일이다. 북한소설에 가족이 죽임을 당한 광주의 어머니에게 선량한 군인이 어머니라 부르며 사죄를 하자 어머니는 그 군인에게 돌을 던지며 "한국의 엄마는 너 같은 아들을 낳은 적이 없다"라고 말하는 장면이 나온다. 이런 창작은 철저하게 북한적이고 주체사상적 마음이지 반대

진영에 대해 돌을 던지기보단 화해하려는 한국적인 마음이 아니다.

광주사태 이후 난 "아름답지 않고, 인간중심이 아닌 것은 공산주의일 필요가 없다"는 공산주의자들의 말이 너무나 공허하게 들렸다. 난 아버지와 당신 동료들의 교육으로부터 멀어져갔다. 인간본성을 무시하고 개인주의가 가지고 있는 이기주의 그 '초월성'을 보지 못한 마르크스로부터 나는 자연스레 벗어나고 있었다.

대학 졸업 후 조총련의 세포가 되겠다던 나의 희망은 이미 썩어버린 낙엽이 되었다.
미제 식민지란 서울의 거리가 너무나 아름답고 싱그러워져 갔다. 대학 졸업 후 나는 아버지에게 여러 핑계를 대며 직장생활을 하게 되었다.
1986년 내가 근무하던 직장에서 유럽산업 시찰이 있었다. 당시 항공편이 일본 국적기 JAL이라서 모스크바를 경유한다기에 나는 시찰단 모집에 적극적으로 지원하였다. 아버지의 사상적 모국인 소련! 그곳이 어떤 곳인지 모스크바 공항이라도 샅샅이 살펴보겠다는 마음에 무척이나 설레였다.

독일, 프랑스에서 산업시찰을 마치고 모스크바 공항에 도착했다. 트랜스퍼 시간이 길지 않아 바쁜 걸음으로 공항내부를 누비고 다녔다. 화장실에 들어간 순간 나는 커다란 충격에 휩싸였다. 인터내셔널 에어포트 화장실에 화장지 대신 신문지 같은 종이가 못에 꽂혀 있는 것이었다. 그리고 쇼스타코비치의 혁명이란 부제의 음반을 사

다섯번째 비밀 감찰관(監察官) 문재인 **281**

러 가게에 발을 들어놓았을 때 여자 점원의 불친절과 잔돈을 던지다시피 하는 행동에 내 가슴은 무너지기 시작했다. 이런 나라를 사상적 조국으로 받들며 살아오신 내 아버지를 생각하니 너무나 억울했기 때문이다.

겨우 이런 것으로 소련을 평가해서는 안된다는 사람이 있다면 나는 큰 소리로 그를 욕할 것이다.

우리에게 가장 중요한 것은 현실이며 일상이다. "저 높은 곳"이 아니다. 한국에 돌아와 아버지에게 모스크바 공항의 비루한 현실에 대해 말했을 때 난 태어나 가장 많은 뺨을 맞았다. 얼마나 맞았는지 내 뺨은 복어 볼떼기가 되버렸다. 그러나 나는 아무런 고통도 느끼지 않았다. 아버지가 내면에 지니고 계셨던 사상적인 의문과 늘 자신이 상상하던 아름다운 소련은 현실이 아닐지도 모른다는 불안감을 아들의 입을 통해 확인하게 되는 게 두려워 매몰차게 나의 뺨을 내리치시지 않았을까란 짐작에 가슴이 먹먹해졌다.

그러나 세월이 지난 지금은 아버지의 생각과 신념이 이긴 게 아닐까란 생각을 지울 수 없다.

아버지와 그의 동료들은 88 올림픽 이후 노래를 부르듯이 말하였다.

"공화국은 남한의 경제성장을 부러워할 필요가 없다.

어떤 이기심을 부려도 통장 잔고만 늘려 나가는데 만족하는 집단은 결국 정치학습으로 무장된 사람들에게 질 수밖에 없다.

박정희의 과오는 정치학습을 포기한 거야. 결국 대한민국은 잘 익은 스테이크로 우리 차지가 된다"

1994년 유행처럼 번지는 분신 정국 아래 서강대 박홍 총장의 주사파 발언에 난 내심 "이놈들 큰일 났구나"했다. 그러나 이러한 상황을 메카시적 현상처럼 가볍게 처리하고 오히려 박홍 총장이 조롱받는 한국을 보며 망치에 맞은 것처럼 횡한 기분이었다.

그랬다. 80년대 중반 이후 몸에 신나를 뿌리고, 옥상에 메달린 채 독재타도를 외치는 주사파 아이들을 지켜보며, 확고한 세상의 가치 방향과 정치철학 없이 시집, 장가 잘 가기 위해 도서관을 전전긍긍하는 아이들이 40대, 50대가 되면 과연 정치권에서 이들을 이겨낼 수 있을까란 불안을 오래전 가진 적이 있다. 그 불안을 오늘날 현실로 보고 있다.

되돌릴 수 있을까?.
이런 나의 불확실한 마음이 기우가 되었으면 하는 바램이다. 이 바램이 현실이 되기 위해선 자유민주주의자들의 목소리가 비겁해선 안된다. 여러 사람들이 담아갈 수 있게 가치 있고 비전 있는 참신한 목소리를 만들어 가야 한다. 미력하나마 내 목소리를 보탤 것을 맹세한다.

*   *   *

공부의 신, 문재인 바로 알기
– 문재인은 어떻게 사법시험을 합격했는가?

초판발행 **2025년 7월 11일**
지 은 이 **이윤섭**

발 행 처 **도서출판 혜민기획**
인쇄·디자인 **대명피엔피컴**
출판등록 **제2-2017호**
주   소 **서울시 중구 퇴계로 226, 405호(복조빌딩)**
전   화 **02-722-0586 FAX 2-722-4143**
이 메 일 **dmo4140@hanmail.net**

ⓒ 2025. 이윤섭
ISBN 979-11-88972-91-4

정가 15,000원

※ 이 책은 저작권법에 따라 보호를 받는 저작물이므로
   무단전제와 복제를 금지합니다.
   잘못된 책은 교환해 드립니다.